머리말

바둑의 묘(妙)는 바로 접바둑에 있다고 해도 과언이 아닐 것이다. 왜냐하면 모든 게임이, 막상 막하의 실력을 가진 상대끼리의 대결이라야만 그 진행이 가능해진다. 그러나 바둑에 있어서만은 예외이다. 실력차가 월등한 상수(上手)와의 게임도 막상막하의 열전 속으로 몰고갈 수가 있다. 이것은 바둑의 룰에 '접바둑'이라는 제도가 있기 때문이다.

실력차가 많이 나면 많이 날수록 하급자가 몇점의 돌을 놓고 두면 된다.

그러나 접바둑의 묘리(妙理)를 잘 터득하지 못하면 상급자도, 하급자도 별로 재미없는 바둑을 두게 된다.

하급자는 이미 놓여있는 돌을 충분히 활용할 수 있어야 하며, 상급자는 하급자의 놓여있는 돌을 역이용하여 그 영향권에서 벗어나야 한다.

접바둑의 경우에는 대개 초반에서는 하급자가 유리하지만 중반·종반에 이르러서는 상급자가 유리한 국면을 이끌어가는 것을 종종 볼 수가 있다.

이것은 하급자가 놓여진 돌을 충분히 활용하지

못하는 데서 그 원인을 찾아볼 수가 있다. 중반을 넘어서면서, 이미 놓여진 돌이 유명무실하게 될때 상·하급자의 순수한 실력차로 되돌아가기 때문이다.

이 책은 접바둑에 있어서의 효율적인 국면(局面) 운행과 필승태세를 만들 수 있는 본격적인 작전법을 소개하여 강의함으로써 철저한 기사(棋士) 정신을 가질 수 있도록 유도하였다.

특히 초보 정도의 실력자에게 큰 도움이 될 수 있으리라 확신한다.

저자 씀

프로바둑강좌 · 초급이상 10

武宮秀樹의 초급접바둑입문

本人坊 武宮秀樹 지음

프로바둑연구회 편

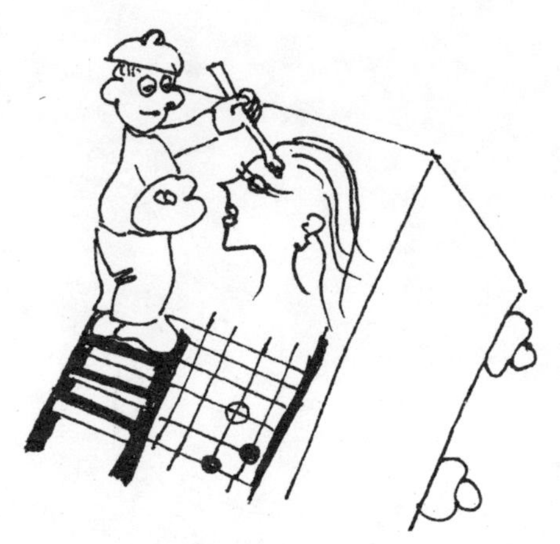

도서출판 眞華堂

차 례*

필승(必勝) 초반전(初盤戰)

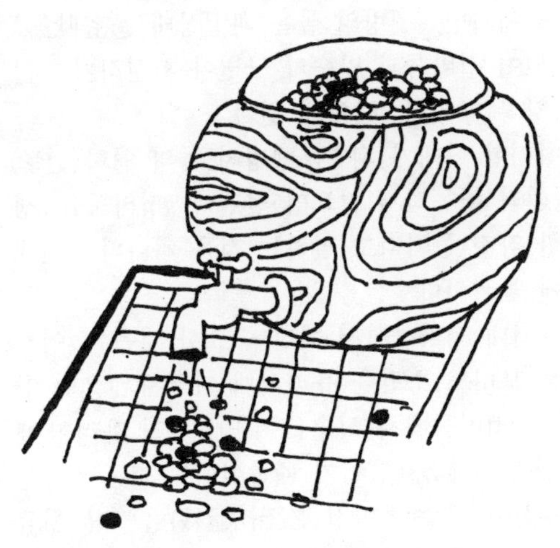

당신이 알고 있는 바와 같이, 수수(手数)를 진행 하는데 있어서 중반(中盤)도 후반(後半)으로 들어가면, 쌍방의 돌은 과밀상태(過密状態)가 되어 접바둑과 맞수의 구별이 확실하지 않는 양상(様相)을 보이게 된다.

이러한 상태가 되면, 쌍방의 돌의 역학(力学)에 따라 행동하지 않으면 안된다. 접바둑을 생각한 작전 등이라고 말하는 것은 하나의 넌센스에 불과하다.

요컨대 접바둑에서 가장 중요한 것은, 어느 부분 보다도 초반을 유리하게 이끌지 않으면 안된다. 접바둑에서 하수(下手)가 가장 유리한 때는 초반전(初盤戦)이기 때문이다.

당신이 필승 초반전(必勝初盤戦)을 잘 이끌어 나간다면 승률(勝率)에 비약적인 발전이 있을 것이다.

6점— 9점 바둑

알다시피 바둑의 초반은 포석이 아닐 수 없다. 그러나 접바둑에선 다소 모양을 달리 한다. 특히 6점 이상의 바둑에서는 어느 정도 포석의 마무리 단계까지 다다름을 본다. 초심자들은 평소에 돌을 놓고 두기 때문에 초반의 전투 방법을 알지 않으면 안된다. 6점 이상의 접바둑에서는 변화의 여지가 작지 않다. 비슷한 모양을 알고 있어야 한다.

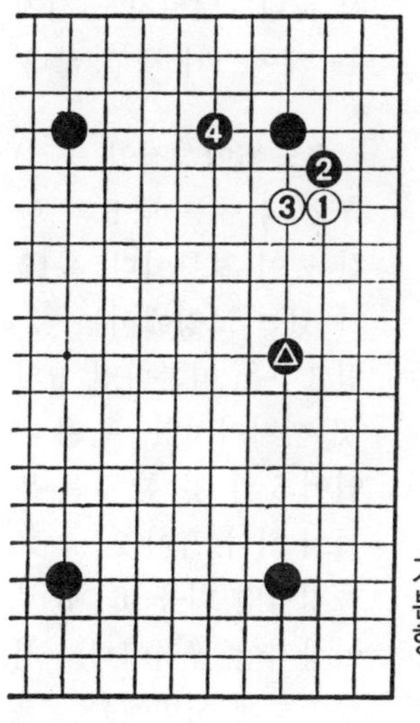

기본형 1

1. 걸침

귀의 화점에 대하여 백의 날일자 걸침에 대한 시작이다.

〈기본형 1〉

변에 흑▲가 있는 모양에서는 흑 **2**, **4**가 최강이며 최선이다. 이것은 8점이나 6점의 접바둑에서도 같다.

결국 백 **1**과 **3**의 수는 무기력한 존재가 되고 있다. 이에 대해 흑은 윗변을 강력하게 지

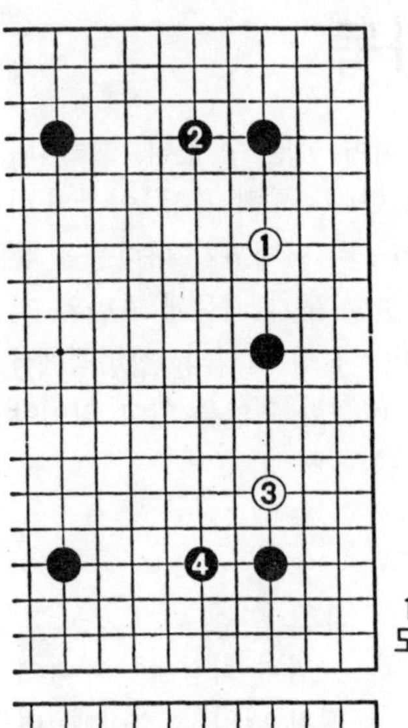

1
도

키는 모양이 되었다. 오른쪽 변도 흑 ◬ 한 점의 버티고 선 모양이 위력적이다.

1 도 (한칸 뜀) 백의 걸침에는 이외에도 1 에서 3 까지가 있다. 흑 2, 4 의 한 칸 뛰어 받음이 알기 쉽다. 백 1 과 3 은 변화의 여지가 작지 않다. 날일자로 걸치는 케이스가 제일 많다.

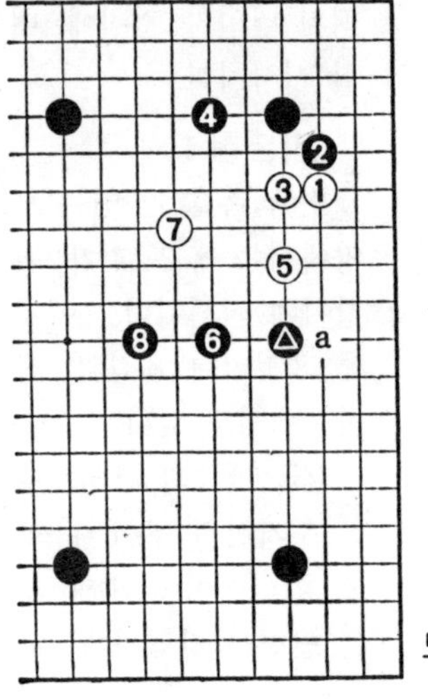

2
도

2 도 (이상적인 공격) 흑 2 , 4 에는 백 5 의 한 칸 뜀이 보통이다. 흑 ◬ 가 있는 모양에서는 2 립 3 전을 따른다면 a 의 곳 까지이지만 흑 ◬ 가 있어 5 의 곳 한 칸은 부득이 하다. 흑이 2 , 4 로 움직이면 다음 6 , 8 로 이상적인 공격이다. 자연스럽게 하변에는 흑 모양이 완성된다.

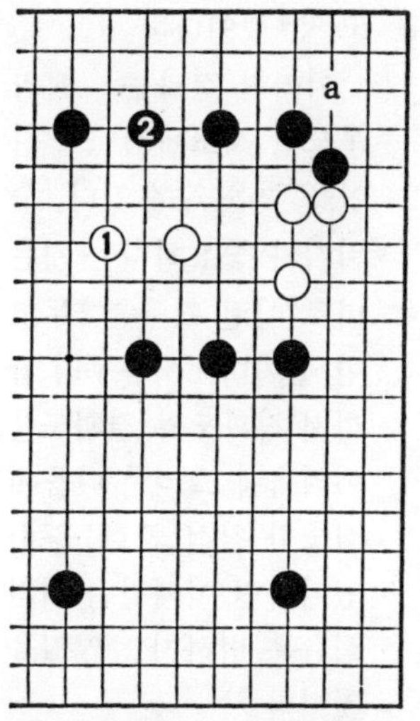

3도

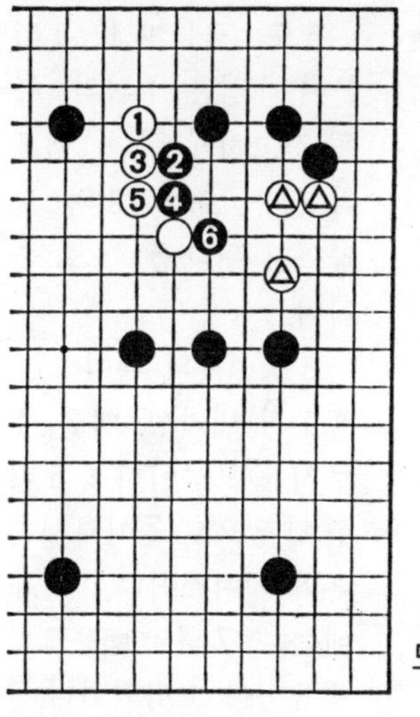

4도

3도 (상변) 흑이 1의 곳을 봉쇄하기 전에 1의 곳을 뛰어둔다. 여기에서는 a의 곳 침입의 맛이 남는다. 그러나 백의 대마가 안전을 도모한 연후라야 한다.

백 1로——

4도 (침입은 무리) 1로 침입을 하는 케이스는 한 눈에 보아 무리형이다. 2, 4, 6으로 오른쪽 백 ◬표 3점이 분리된다.

백 1에 대한 흑 2의 마늘모는 당연한 붙임수이다. 백 3의 나감에는 흑 4가 제격이다. 백은 5로 계속 진행하여 이미 놓여있는 백돌과의 연결을 꾀하지만, 마음 대로 되지만은 않는다. 흑 6의 기습 복병이 기다리고 있기 때문이다.

백은 결국 우변의 ◬ 3점과도 이별수가 생기

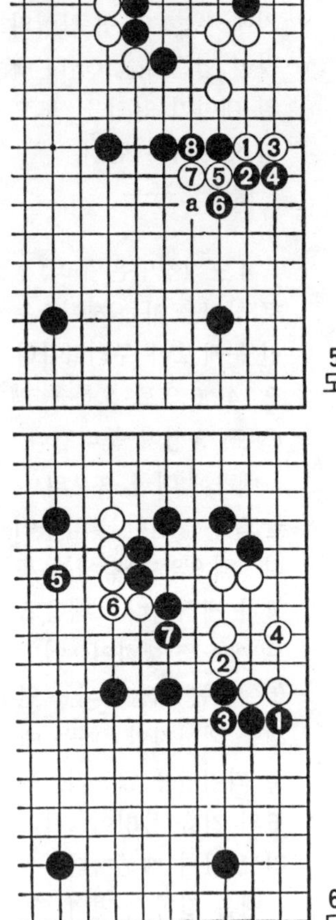

고 만 것이다.

이러한 결과는 백의 무모한 시도에서 그 원인을 찾을 수가있다. 수읽기가 중요하다는 것은 바로 이런 경우를 두고 한 말이다. 처음부터 끝까지 경과도와 결과도를 머리속에 그려본 다음에 신중한 착점(着点)을 하였더라면 이와같은 어리석음은 범하지 않았을 것이다.

5도 (축) 백 1, 3의 붙여 내림은 주위의 흑을 견고하게 한다. 백 5의 끊음, 흑 6, 8의 모양까지 된다음 a로 축이다.

6도 (흑의 페이스) 흑 1의 내려섬. 백 2, 4로 사는 모양이다. 흑 5의 한 칸 뜀으로 돌아와서는 흑의 페이스이다. 백 6에는 흑 7의 뻗음으로 백 5점이 고립되었다.

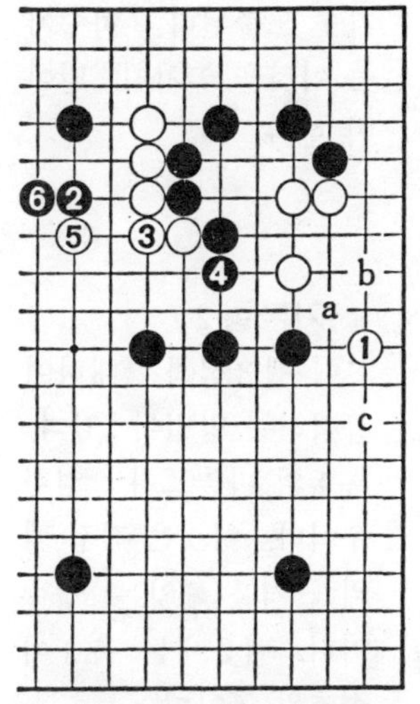

7도

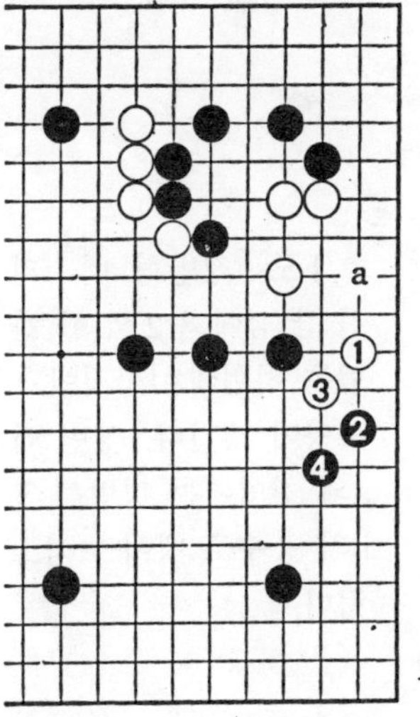

8도

7도(맥) 백1로 두는 수는 맥인가? 이것은 옳은 수이다. 흑에서 a나 b의 찌름이 있는 곳이다. 백은 고전을 말할 수 없다. 다음 왼쪽의 백 일단을 공격하고 수를 생각해 보아야 한다.

8도 (유력) 백1에 직접 흑2는 유력한 수단이다. 백3에 흑4, 나중에 a의 곳 급소가 남는다.

이러한 문제는 접바둑에서 자주 볼 수가 있다. 하수자(下手者)는 상수자(上手者)의 약점이나 결점을 빨리 발견할 수 있는 안목을 기르는 것이 중요하다.

보통 상수자는 하수자의 실력을 무시하고 두는 경우가 많기 때문에 접바둑에서는 의외로 상수자의 결점이나 약점이 자주 노출된다. 하수자는 이것을 놓치지 말아야 한다.

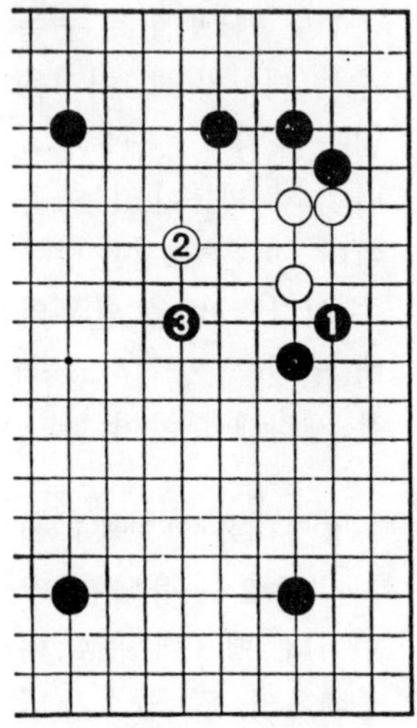

기본형 2

〈기본형 2〉

이 백 3 점에 대하여 공격하는 방법이 있다. 흑 1 의 마늘모가 엄한 수이다. 이것은 직접 백의 근거를 빼앗는 강수이다. 백 2 에는 흑 3 이 절호의 곳이다.

1도

1 도 (정방형) 백 1 의 한 칸 뜀에 흑 2 의 한 칸 뜀은 하변에 이상적인 흑 모양이 생긴다. 상변 백 a의 침입에는 평범히 흑 b의 응수로 백이 고심스럽다.

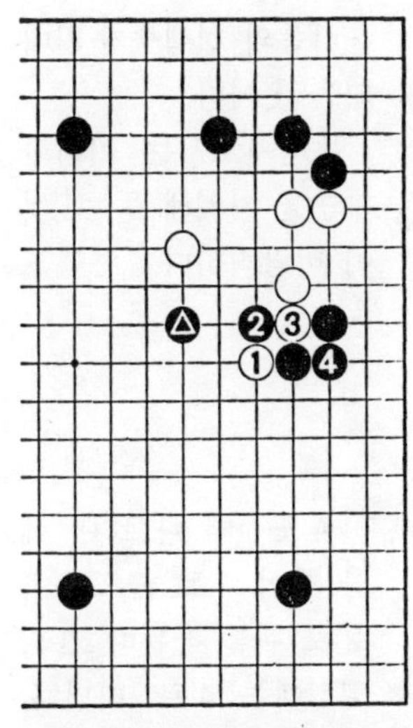

2도

2도 (반격) 흑△의 공세에 백 1의 붙임이 반격 수단이다. 아에 대한 응수를 찾아보자. 흑 2의 젖혀 나감에 4의 이음, 이것이 최강의 수단이다.

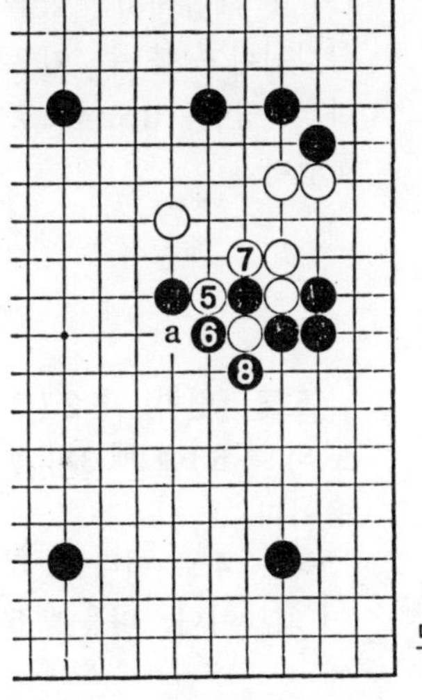

3도

3도 (맥) 백은 5의 단수에서 흑 6, 8은 상용의 맥점이다. 전도의 흑 2에서 본도의 8까지는 관련된 응접이다. a의 곳 패맛이 남아 있는 곳이다.

백 5의 단수에 대해 흑도 6으로 단수를 쳤다. 백이 7로 한 점을 따내자, 흑은 또 8로 백 한 점에 대해 단수를 하였다.

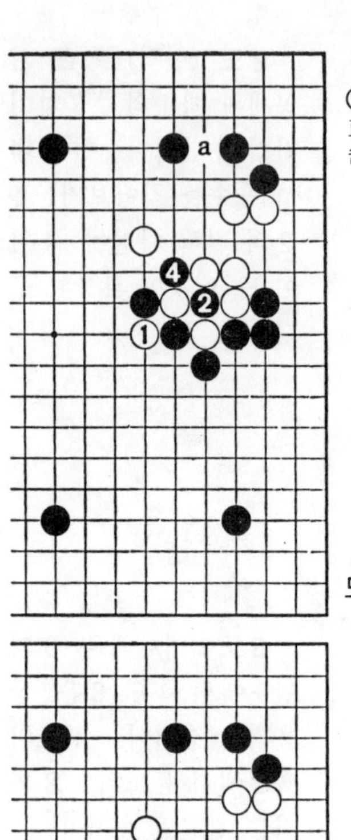

③ 패씀

4도

다음의 진행수가 기대되는 곳이다.

초심자로서는 이러한 수순을 기억해 두는 것이 바람직하다.

4도 (백 나쁘다) 예를 들어 1로 끊으면 흑 2로 패를 잡는다. 3의 팻감에는 4로 따낸다. a의 곳 패씀에서 귀는 삭감된다고 볼 수 있으나 중앙이 압도적으로 두텁다.

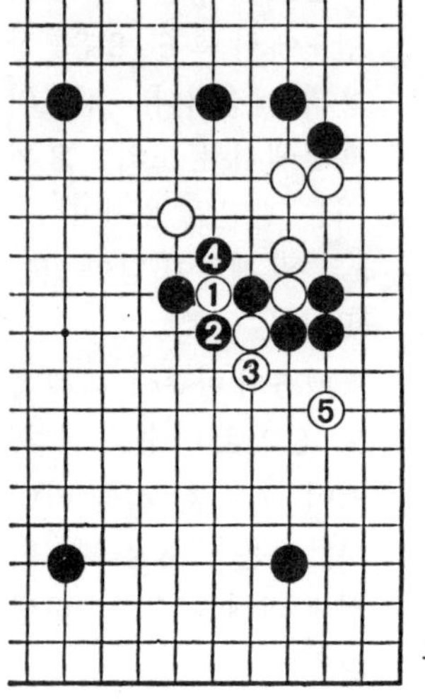

5도

5도 (변화) 흑2(3도의 흑6)에 백3의 뻗음이다.

흑은 4로 때리는 것이 최강이다. 다음 백5에——

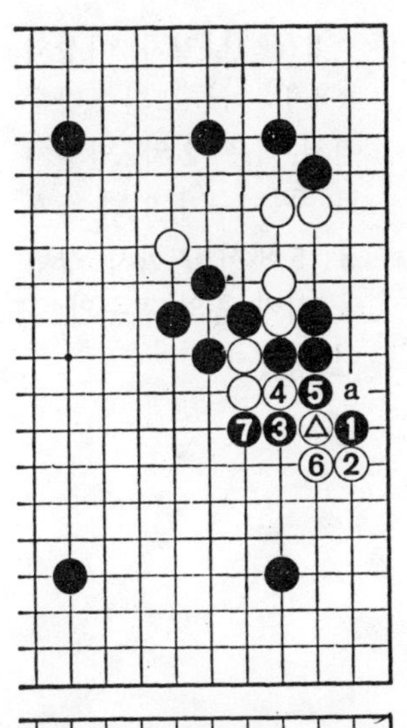

6 도 (아래붙임) 백 △ 가 엷은 수이다. 흑 1 의 아래붙임은 좋은 수이다. 흑 5 에서 7 까지 축이다.

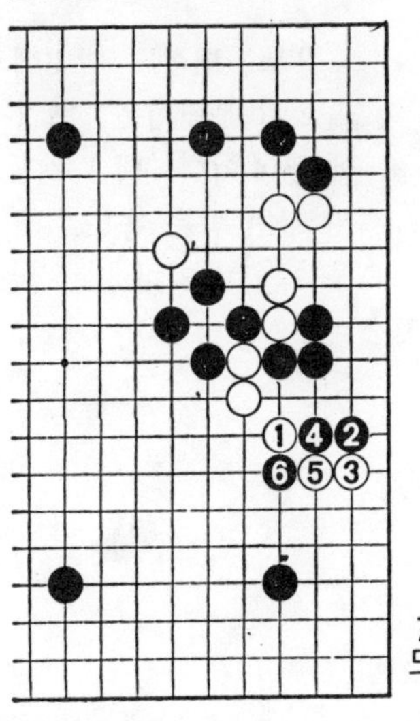

7 도 (마늘모) 날일자 대신에 백 1 의 마늘모는 어떨까? 흑은 4, 6 으로 끊어서 고전이다. 백 3 을 5 는 흑 3 으로 민다.

이와같은 진행으로 백은 서로 분리되었다. 흑 6의 끊음수가 성립된 이상 백은 크나큰 고민이다. 흑 6 을 어떻게 하지 못하면 두 군데의 백이 다같이 위험에 처한다. 수순의 묘가 아쉬운 곳이다.

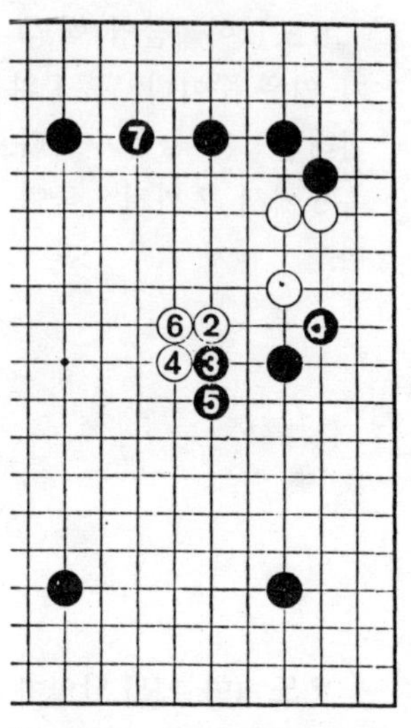

8도 (날일자) 이상의 흑1 마늘모의 강수에서 백은 2의 날일자로 두는 수가 있다. 흑3, 5에서 7까지 상변을 지켜 흑의 필승의 국면이다.

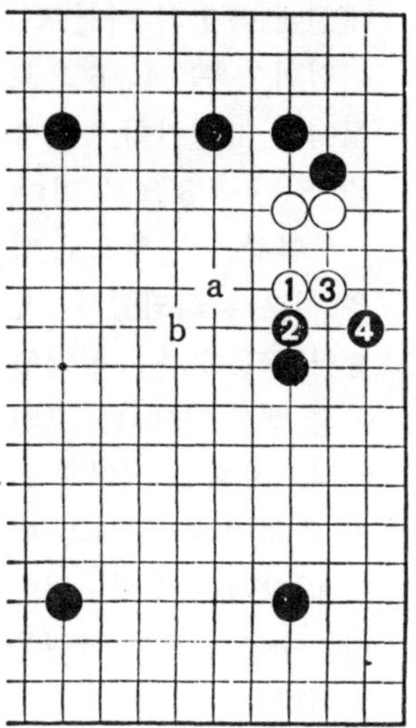

9도 (변화) 백1에 흑2의 부딪힘은 백3에 흑4이다. 백3을 a의 한칸 뜀은 흑b로 씌우는 수가 있다.

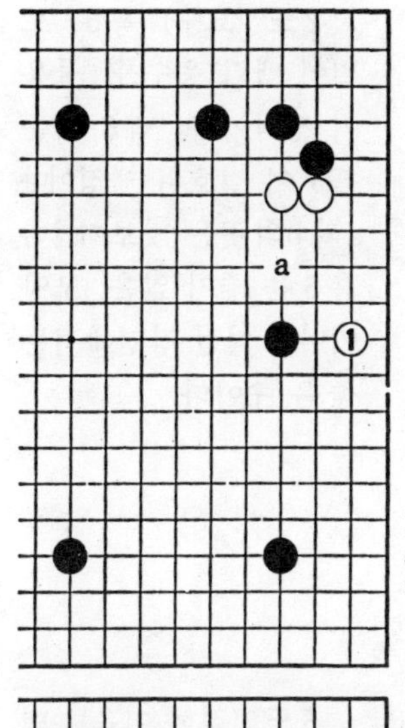

기본형 3

〈기본형 3〉

여기까지의 설명에서 백 a의 한칸은 본수이다.

이에 대한 변화를 생각해 보자. 백 1의 미끄러짐이 경쾌한 수이다. 바른 응접이다.

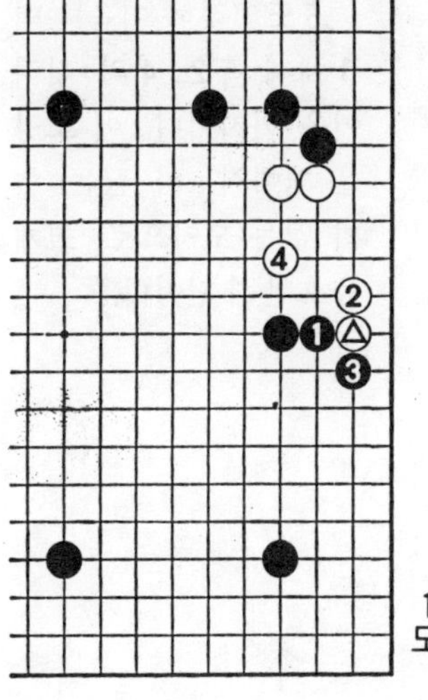

1도

1도 (변화) 백 △ 에는 흑 1의 부딪힘의 응수이다.

백 2, 흑 3의 막음 다음에 4의 지킴까지이다. 흑의 페이스이다. 자, 다음의 흑의 착수가 좋다.

흑은 과연 어느 곳에다가 두어야 할까?

수읽기의 힘을 이용하여 진행도를 그려본 후에 제대로 착점(着点)할 수 있도록 해야한다.

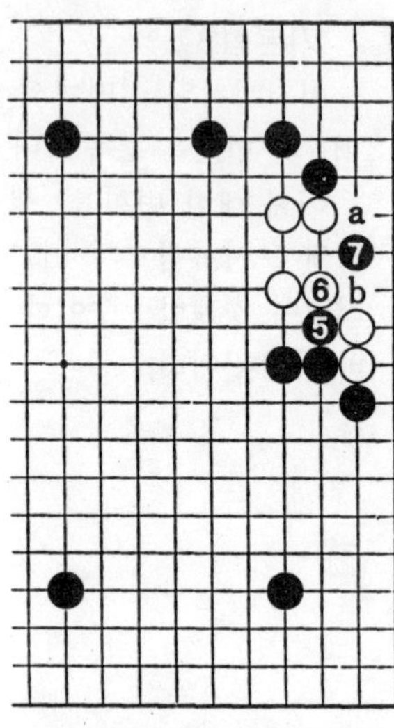

2도 (묘수) 흑5 로 밀어 백의 응수를 물음이 정착이다. 백6 에는 흑7 이 절호의 맥점이다. a와 b의 곳은 맛보기이다. 흑5 는 좋지 않은 모양이나, 이런 장면에서는 좋은 수이다.

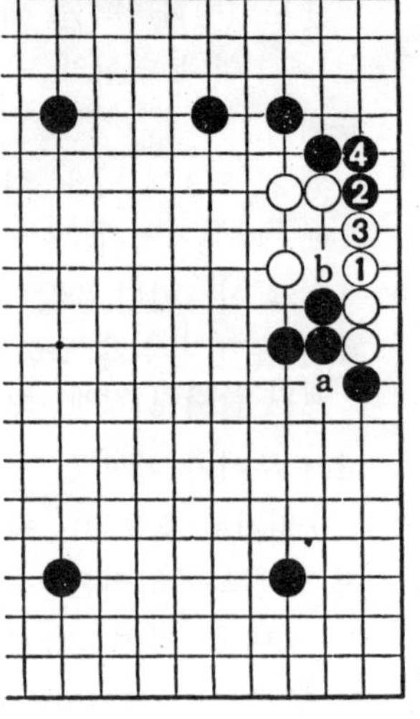

3도 (젖혀 이음) 백1에서 흑2, 4의 젖혀 이음 까지이다. 이 모양은 백에서 a의 끊는 수가 없는 모양으로 크게 유효한 수단이다.

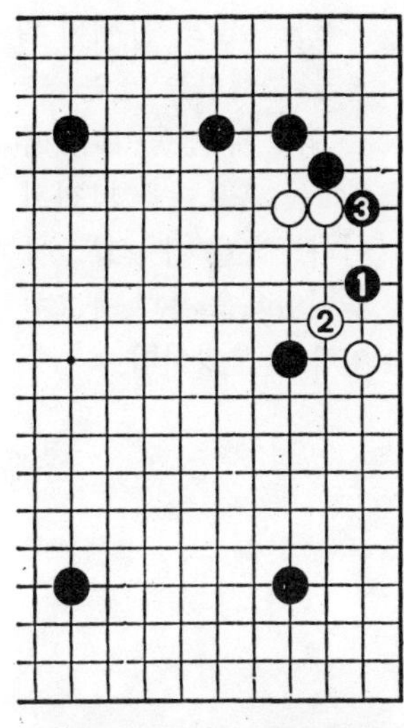

4 도

4도 (맥점) 이 백 모양의 약점은 흑1이 맥의 일착이다. 백2에는 3으로 건너간다. 백의 집을 빼앗는다.

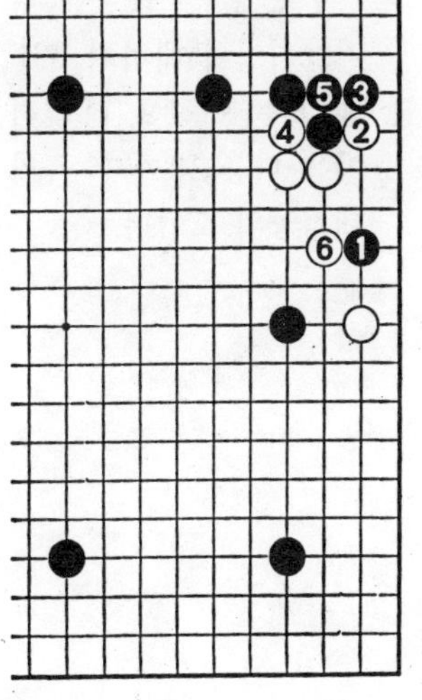

5 도

5도 (응수 수단) 흑1은 백의 급소를 찌르는 수이다.

백2, 4를 선수한 다음 6의 붙임까지이다. 이 다음의 수단을 살펴보기로 하자.

백의 울타리 안에 갇힌 모양이 된 흑1의 탈출은 가능할 것인가? 진행도를 머리속에 그려보자. 그리고 최선의 수를 찾아내어보자.

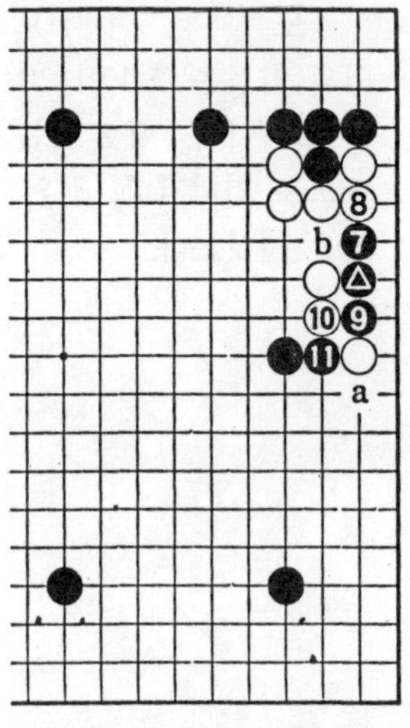

6
도

6 도 (맛보기) 백의 의도를 분쇄하는 좋은 수는 흑7의 뻗음이다. 백8에는 흑9 다음 11까지이다. 흑▲가 급소에 놓여있음을 본다. 유효한 일착이 분명하다.

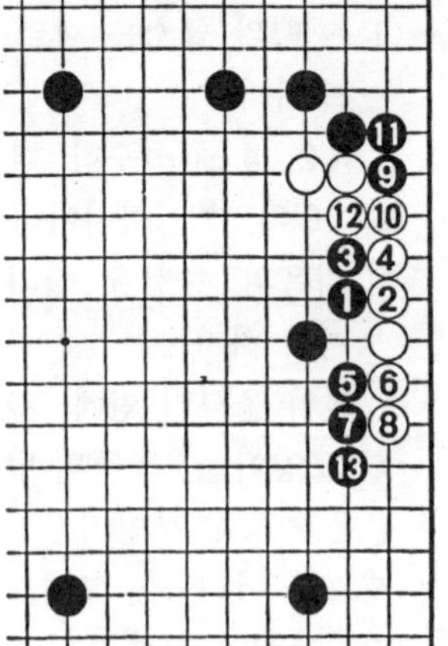

7
도

7 도 (마늘모) 백의 미끄러짐에 대하여 흑1, 3, 5는 이하9, 11 젖혀 이음 다음 13까지 흑의 대성공의 도이다.

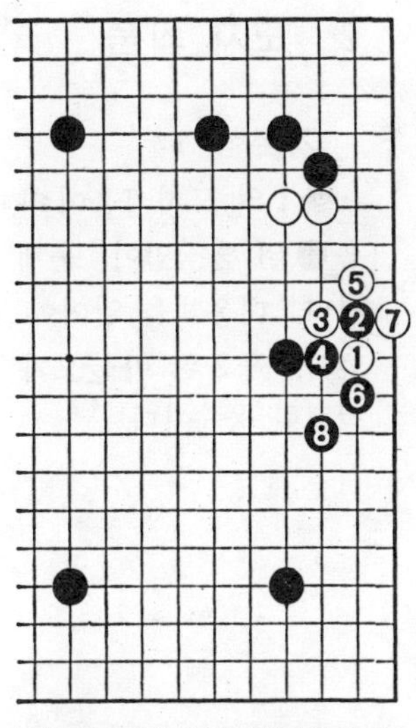

8 도 (실패 1) 여기서 실패의 예를 소개하고자 한다. 흑 모양에 대하여 백 5, 7 의 때림에서 흑 6, 8 까지는 실패이다.

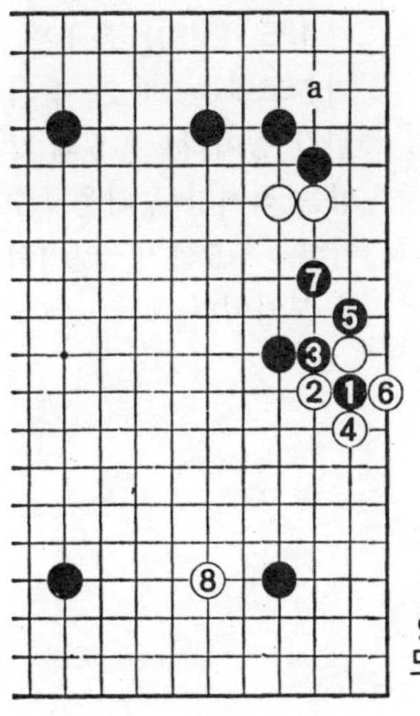

9 도 (실패 2) 이것도 실패예의 대표적이다. 흑 1 에는 이하 5, 7 까지이다. 다음 백 8 의 걸침까지이다. 즉, 흑은 백이 4, 6 으로 따내어 실패라는 말이다. 우상의 백은 a의 곳 침입의 맛이 남는다.

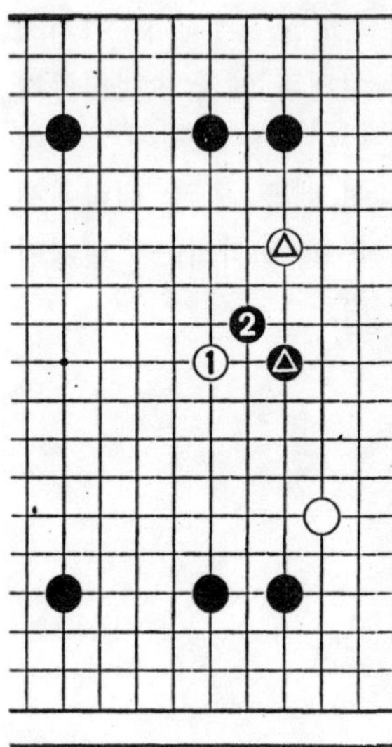

2. 모자 씌움

〈기본형 1〉

백 1 의 모자씌움이 다. 흑◭의 움직임이 문제이다. 대응책을 알아야 한다. 흑 2 의 마늘모가 적절한 응수이다.

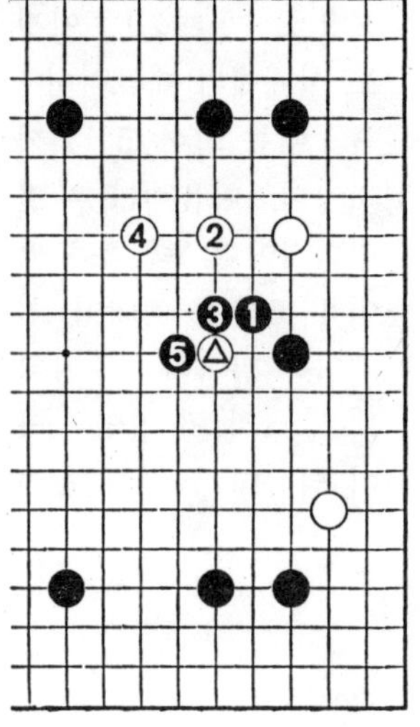

1 도 (젖힘) 흑 1 의 마늘모에는 백 2, 4 의 한칸 뜀이다. 흑 5 의 젖힘은 작지만 두터운 수이다. 흑 5 까지 알기쉬운 모양이다.

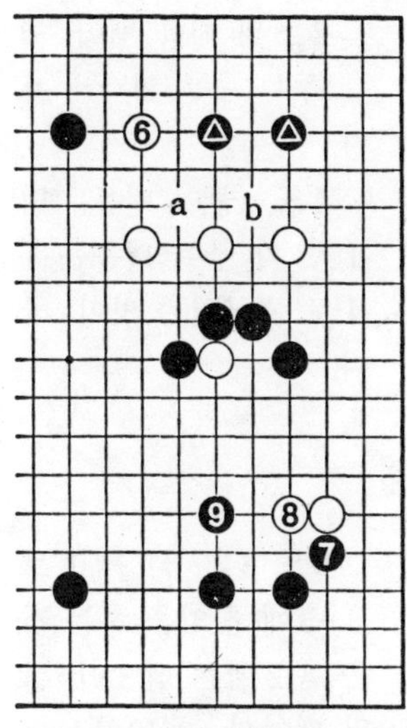

2도

2도 (이 다음) 전도의 다음의 진행을 생각하여보자. 백 6으로 침입하여 우상귀를 손빼고 7, 9로 작전을 전개함이 적절하다. a와 b의 곳 들여다봄이 선수이다.

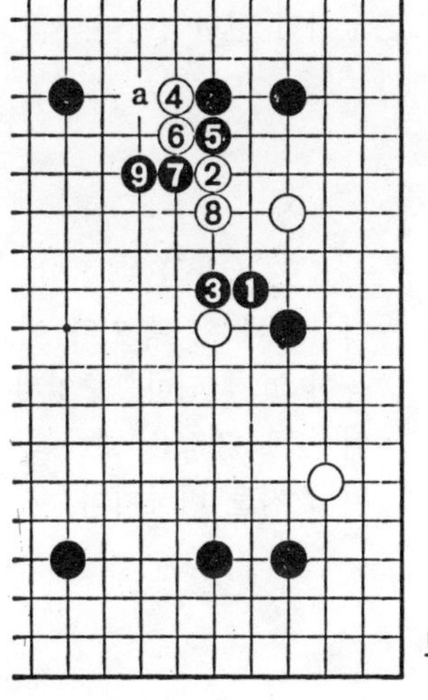

3도

3도 (날일자) 흑 1의 마늘모에는 백 2의 날일자 받음이다. 흑 3은 두텁다. 백 4의 붙임 다음 5, 7의 나가끊음, 백 4를 9로 하는 것은 흑a로 받아서 좋다.

이 그림 역시 수읽기의 힘을 필요로 한다. 진행과정을 음미해 본 후, 실전에서 활용할 수 있도록 해보는 것도 좋다.

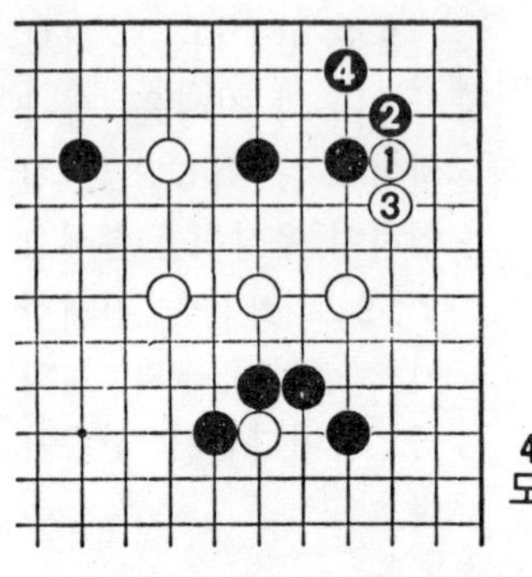

4도

2도의 다음 백이 귀를 두는 수를 생각해 보자.

4도 (붙여 뻗음) 백 1, 3의 붙여 뻗음은 흑 4로 호구치는 맛이 좋다.

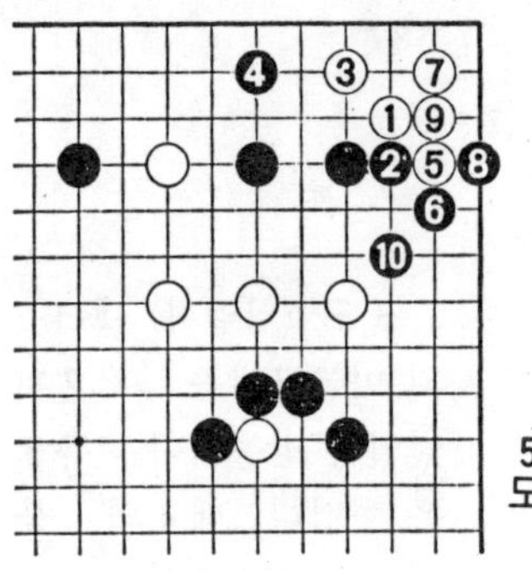

5도

5도 (3·3) 백 1로 3·3에 침입을 하는 것은 흑 2에는 백 3이 삶의 맥이다. 10의 호구까지 일단락이다.

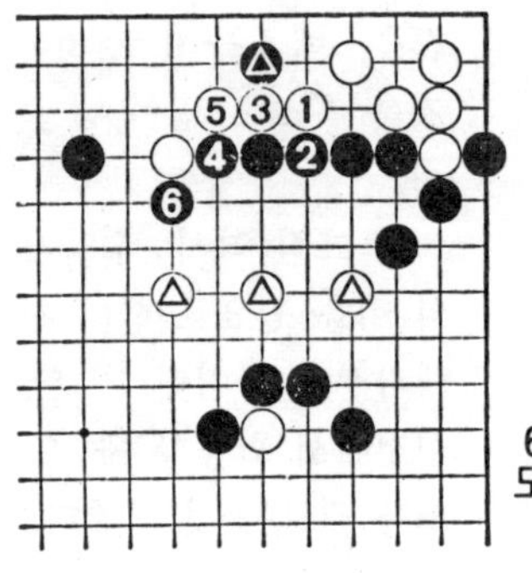

6도

6도 (사석) 백 1의 마늘모에는 흑 2의 이음이 알기 쉽다. 중앙의 백 △표 3점은 엷어 흑의 즐거운 바둑이다.

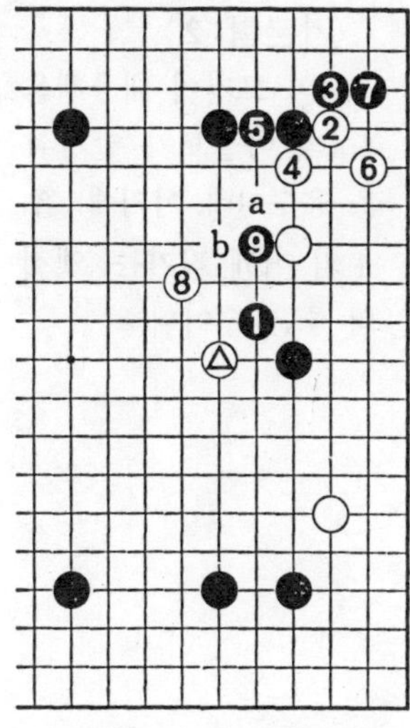

7
도

7 도 (붙이고 젖힘) 흑 1에 대하여 백 2, 4의 붙이고 젖힌 모양이다. 흑은 3 이하 7 까지이다. 백 8 의 날일자에는 흑 9 의 붙임이다. 이상에서 보았듯이 백 △의 모자에는 1의 마늘모가 알기 쉽다.

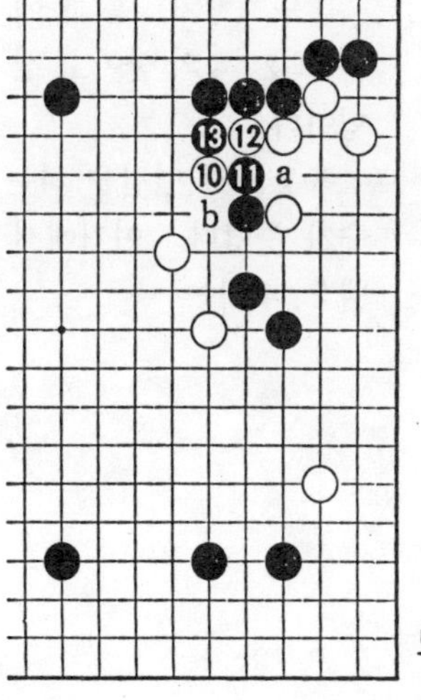

8
도

8 도 (씌움) 백 10 의 씌움, 11, 13의 끊음이 있다. a와 b는 맛보기이다.

과연 다음의 착수(着手)는 어떻게 될까? 이 그림에서는 다분히 백쪽이 고민스러운 양상이다. 백의 모양은 흑쪽에서 들여다 볼 수 있는 맥점이 많이 있기 때문이다.

자, 효과적인 수순을 생각해보자.

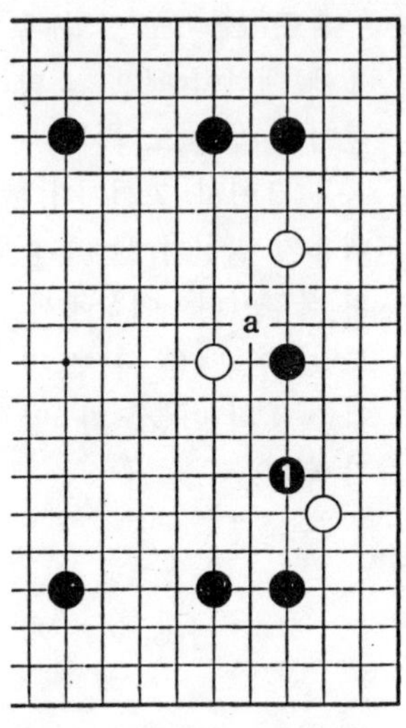

〈기본형 2〉

백의 모자에 대응책은 흑a의 마늘모가 알기쉬운 응수인데, 이외에 흑1의 어깨 짚기는 옛적의 좋은 수이다.

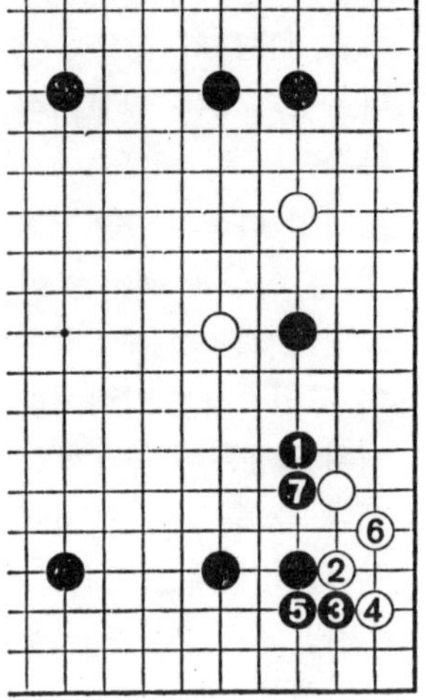

1도 (쟁처) 흑 1에는 백2, 4의 붙이고 젖힘이다.

흑7까지 연결을 하는 수가 두텁다. 여기에서 백2, 4에는——

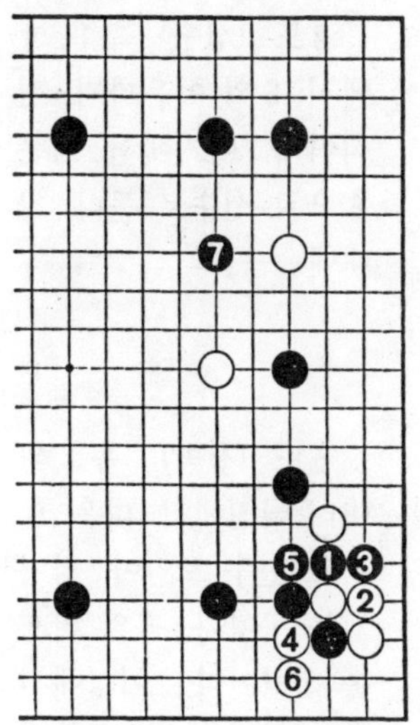

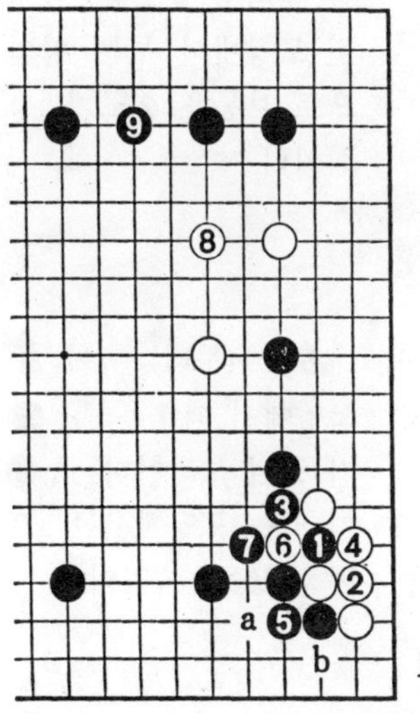

2도 (바꿔치기) 흑1의 단수에 백2, 다음 3으로 두는 수가 유력하다. 백4의 끊음에 흑5, 백6의 내려섬까지이다. 흑이 선수로 7의 곳에 두어 우세의 국면이다.

3도 (이음) 백2의 이음에 흑3으로 두는 수도 유력하다. 백4의 단수에 흑5의 받음이 중요하다. 백4로 5의 곳 끊음은 흑a 단수, 백b, 흑4로 응접을 한다.

다음에 백6으로 흑1을 따내면 흑은 다시 백6에 대해 단수한다. 이것은 필연적인 수순이다. 백은 일단 손을 빼어 8의 곳을 짚었다. 흑은 9로 놓아 윗변에 대해 철벽을 만들었다. 재미있는 진행이 예상되는 그림이다.

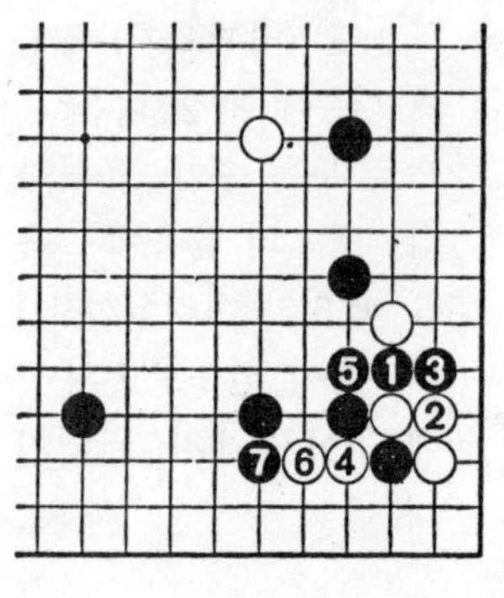
4도

4도 (선수) 흑**1**, **3**에서 **5**의 이음까지 정석이다. 여기에서 백은 **6**으로 선수로 둔다. 장래에——.

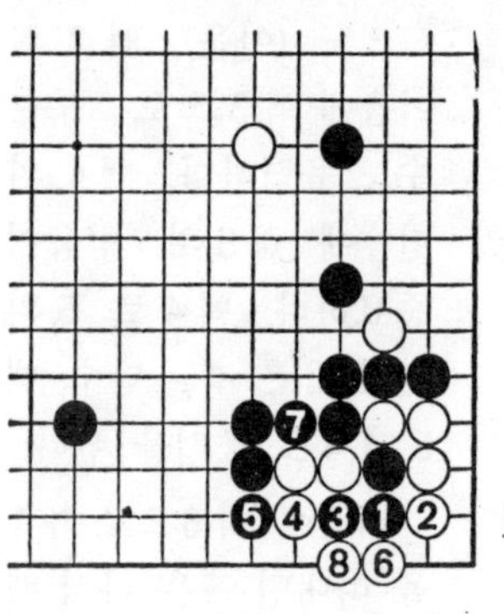
5도

5도 (철벽) 흑**1**의 내려 빠짐에서 다음 **5**, **7**로 선수 조임이 남아 있는 곳이다. 흑의 외세는 철벽이다. 이상에서 본 것처럼 **4**도는 특별한 모양에서 두는 방법으로 보통은 **2**도가 정석이다.

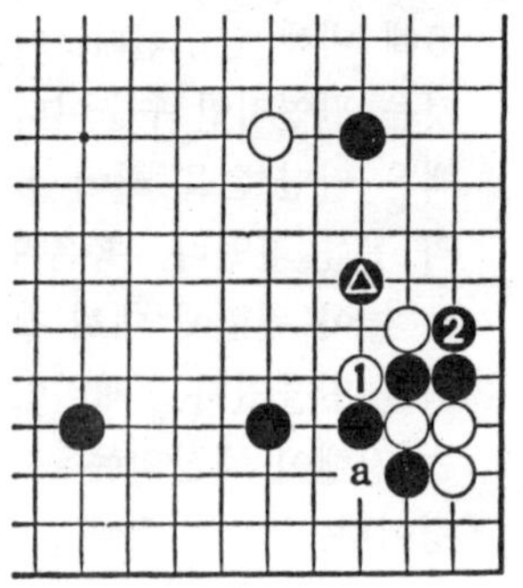

6도

6도 (무리) 흑이 둔 모양에서 백**1**은 흑 ▲가 있어 무리이다. 흑▲가 있는 모양에서는 a의 곳을 끊을 수 없다.

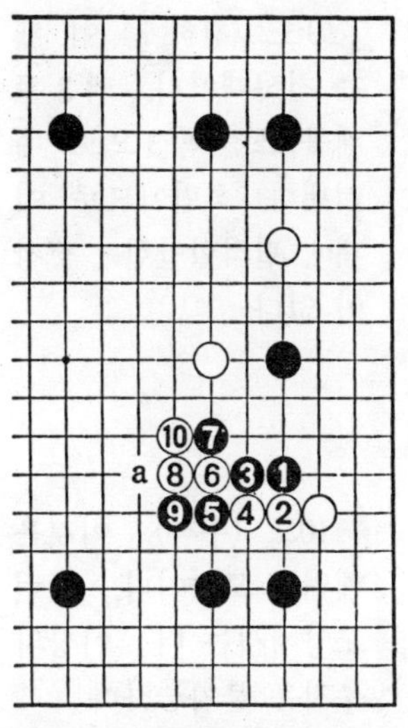

7도

7도 (최강) 흑 1의 어깨짚기에 대하여 백 2, 4는 최강의 수이다. 여기에서 흑의 바른 응수를 소개하고자 한다. 백 4에는 흑 5의 머리내밀기. 백 6의 끊음에 7, 9가 최강이다. 백10을 손빼면 축이다.

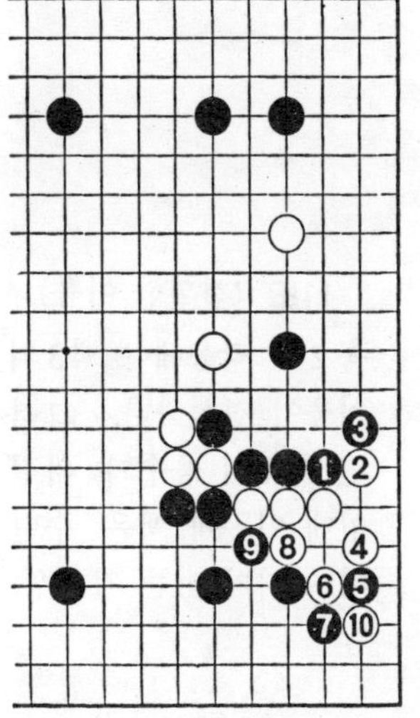

8도

8도(변화) 흑 1의 내려섬에 대해 백은 2로젖혀두었다. 흑 3의 젖혀막음은 당연한 수순이다. 백은 4로 호구를 벌렸고, 흑은 5로 한 칸 뛰어 막았다. 백은 6으로 호구를 벌리면서 끼워 두었다.

흑 7의 단수에는 백 8로 응수, 패싸움의 비장한 각오를 나타내었다. 흑 9는 필연적인 막음이다. 백은 10으로 흑 5를 단수하여 비로소 패싸움을 시도하였다.

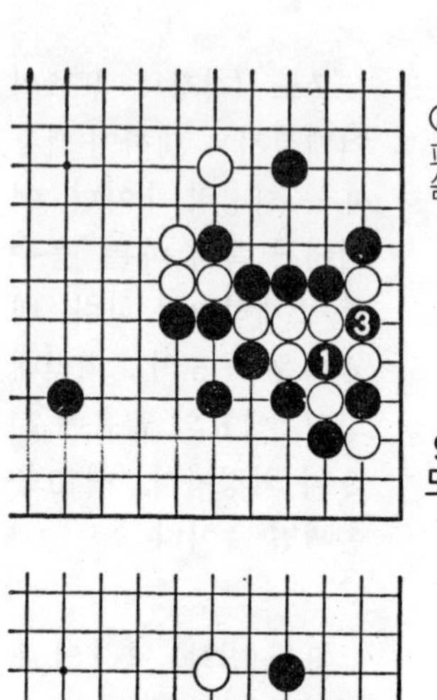

9도 (천하패) 이 패는 천하패이다. 백 2 로 패를 쓰면 흑 3 으로 때려낸다. 초반이므로 이 패에 필적할만한 팻감이 없다.

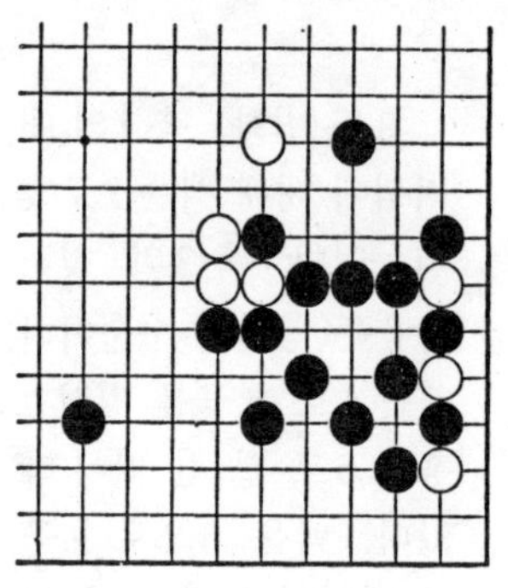

10도 (추적) 이것은 때려낸 모양이다. 이런 모양에서는 더 이상의 추적은 불가능하다.

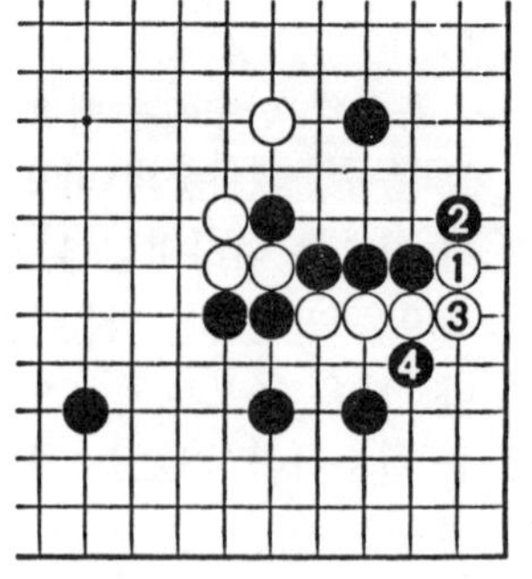

11도 (견실한 이음) 흑 2 의 막음에는 백 3 의 이음이 견실하다. 그러면 흑 4 의 응수가 외길인데 이곳에 백은 수단의 여지가 있는 걸까?

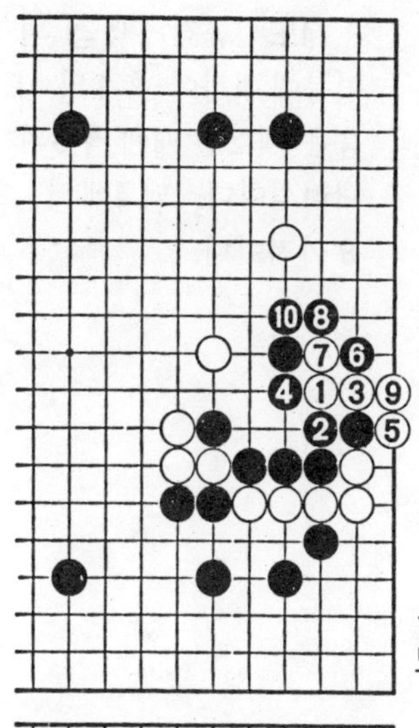
12도

12도 (노림) 백 1 에 대하여 흑 2 의 이음, 백 3 에는 흑 4 가 현명하다. 백 5 의 건너감에 6 의 곳 붙임에서 10까지이다.

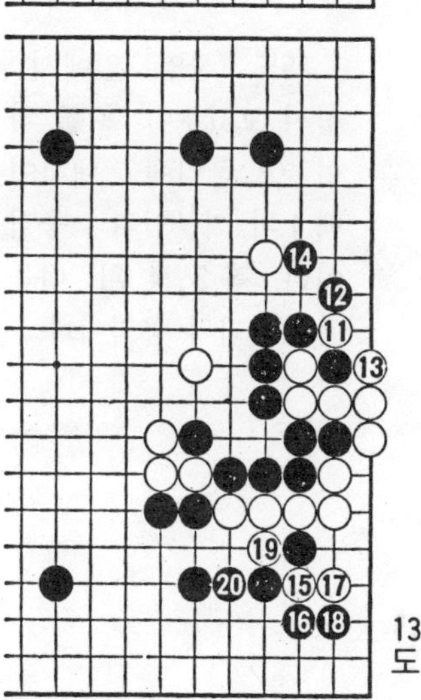
13도

13도 (쉽게 둠) 백은 11, 13으로 한 점을 잡는다. 이 사이에 흑은 12, 14로 둔다. 흑20까지 알기쉬운 국면이다.

백이 15로 붙이자, 흑은 16으로 단수를 하였다. 백17의 내려섬은 당연한 수순이다. 흑 18도 필연적인 막음이다. 백은 19로 흑 한 점을 끊어서 단수하였고, 이에 대해 흑은 20으로 이었다. 이로써 백의 삶은 일단락되었다.

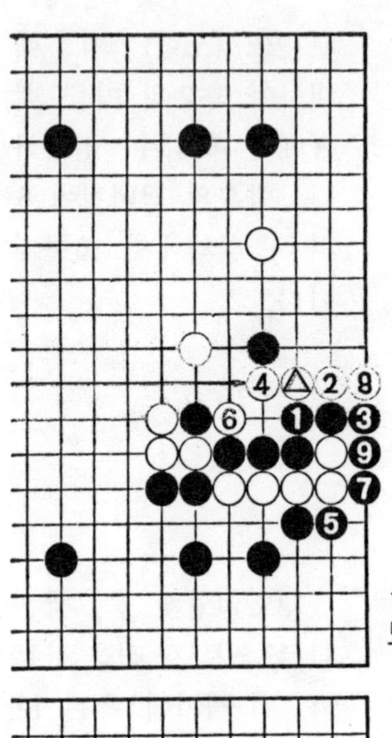

14도

14도 (공격) 백△의 엿봄에 대하여 흑 1의 이음은 백 2일 때에 흑 3의 내려섬이다. 백 4에서 9까지이다.

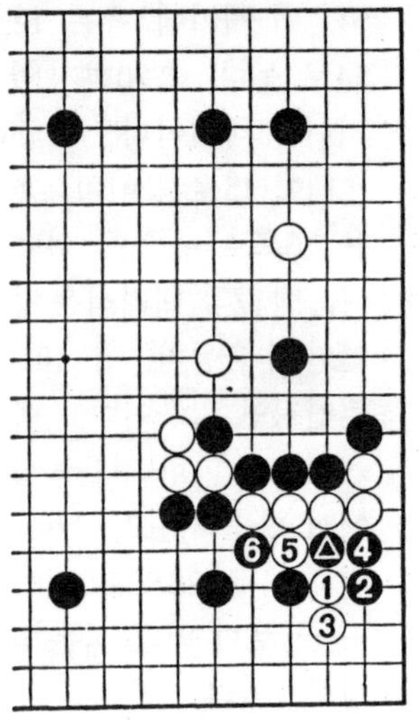

15도

15도 (붙임) 앞에서 잠시 보았듯이 흑▲의 마늘모 붙임에 대하여 백 1의 껴붙임의 응접이다. 흑 2, 4의 다음 흑 6까지의 공격이다.

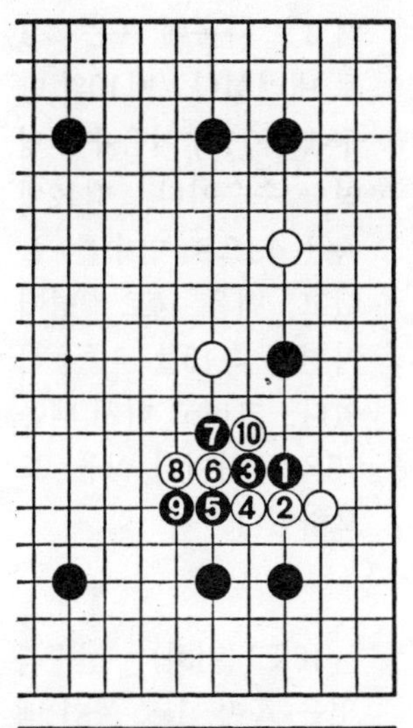

16도 (끊음) 백 6 의 끊음에는 흑 7 , 9 로 둔다. 앞에서 얘기하였듯이 외길 수순이다.이를 소개하고자 한다. 백 6 , 8 에 흑 9 의 뻗음은 10 의 끊음이 응급처치이다.

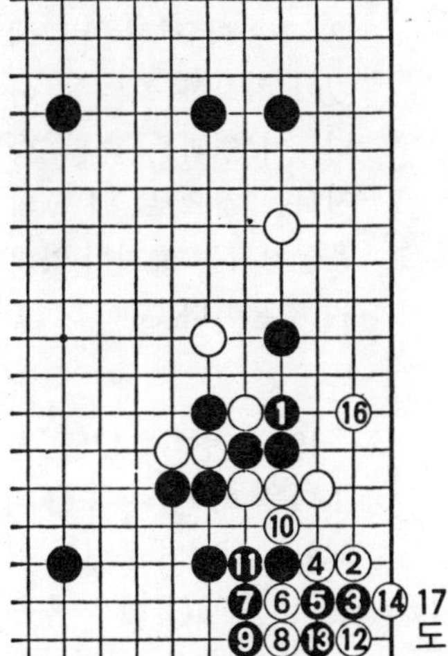

17도 (외길) 흑 1 로 단수를 하는 시점에서, 축을 해소하면 우변의 백 3 점이 삶의 수. 백 4 에서 14까지 선수로 결행을 한다. 외길의 응접이다.

백 2 의 날일자 뜀에 대하여 흑은 3 으로 붙여 막았다. 백 4 의 섬에는 흑 5 의 늘어막음이 성립한다. 백은 6 으로 끊고, 흑은 7 로 단수하였다.

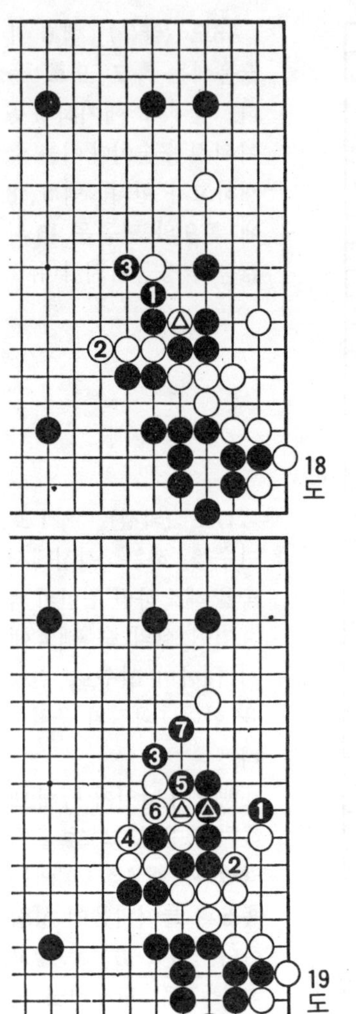

백 8로 나옴에 흑은 9로 내려섰다. 백10의 단수에 흑11의 이음수는 당연한 수순이다. 백12에 흑은 13으로 단수를 불렀고, 백은 14로 넘어가면서 흑15를 종용하였다. 그리고 나서 백은 16으로 뛰어서 삶을 도모하였다.

18도 (변화) 선수를 얻은 흑이 1로 두면 백 2, 흑 3의 젖힘이다. 이것이 침착한 좋은 수이다. 이 결과는 축을 방지하는 것으로 백△의 응급처치는 효과가 없다는 결론이다.

19도 (변화) 17도, 흑 1 다음 백△와 흑▲의 교환이 있다면 우변의 백은 살 수 있을까? 흑은 5, 7로 좋은 국면이다.

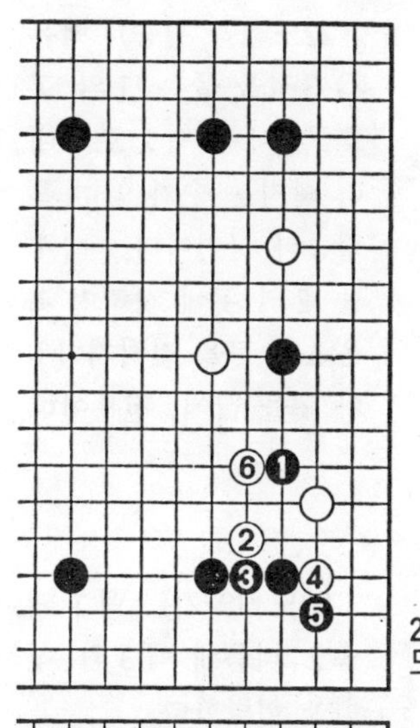

20도

20도 (붙이고 붙임) 흑 1 의 어깨에 대하여 백 2 다음 4 , 6 으로 붙이고 붙이는 것이 상용의 수단이다. 접바둑에서 많이 두는 수법으로 백 6 에는 —.

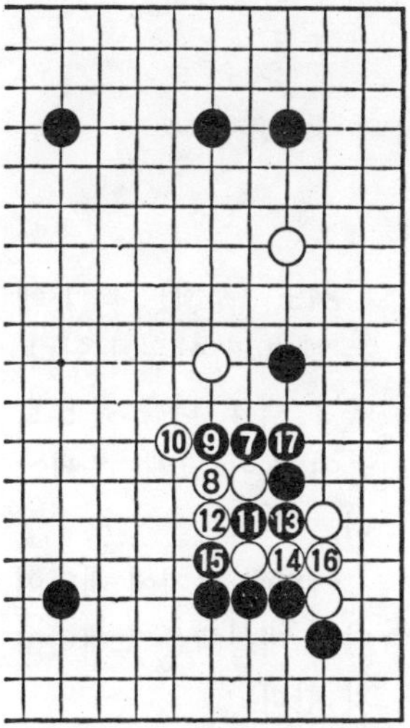

21도 (젖힘) 7 의 젖힘에서 9 의 뻗음까지이다. 중앙을 돌파하여 백 10의 젖힘은 당연하다. 백12에서 16의 응수에는 흑17의 이음까지이다.

이상의 결과로서 우하변의 백은 흑에게 쫓기는 신세가 되었다. 수읽기를 염두에 두지 않고 바둑을 진행하였기 때문에 이와같은 답답한 결과가 생겨나게 된 것이다.

자, 다음의 진행이 문제이다. 어떻게 될까?

21도

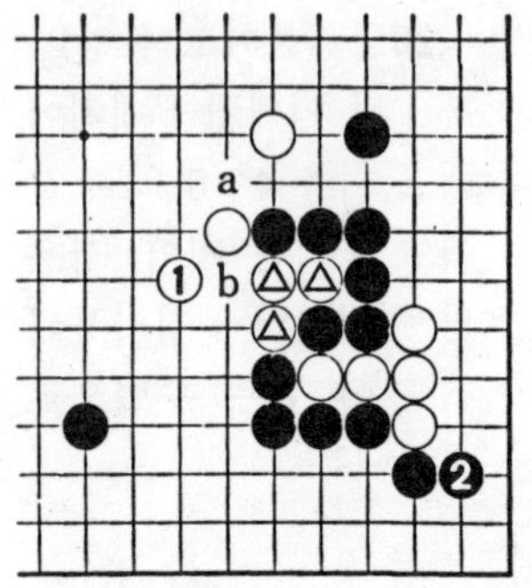

22도 (흑 필승) 백은 △3점을 돕는 1의 곳 호구침에는 백2로 내리 빠지는 수가 있다. 흑 필승의 국면이다. 백1을 2의 곳에 젖히면 흑은 a의 곳을 젖히거나 b의 곳을 끊어 전투이다.

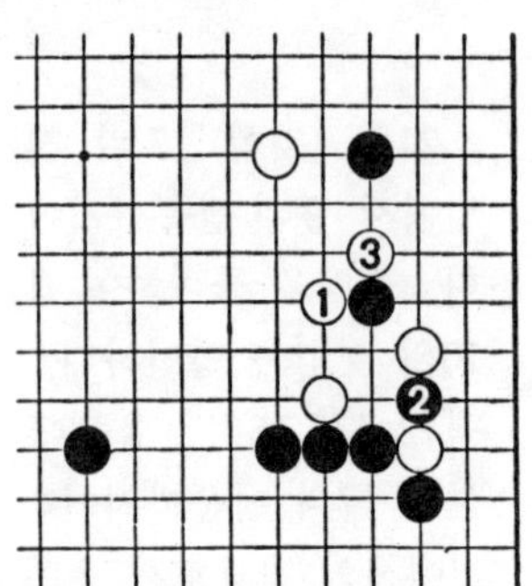

23도 (약기) 백1에 흑2, 다음에 백3의 젖힘을 허락한다.

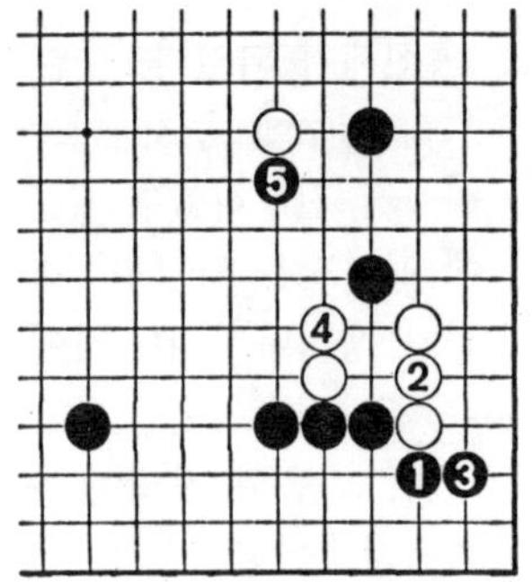

24도 (쟁처) 흑1에는 백2의 이음이 있다. 흑3, 백4 다음 흑5로 붙여 흑이 크게 우세이다.

이외에 모자에 대하여 다음 대항책을 소개하고자 한다.

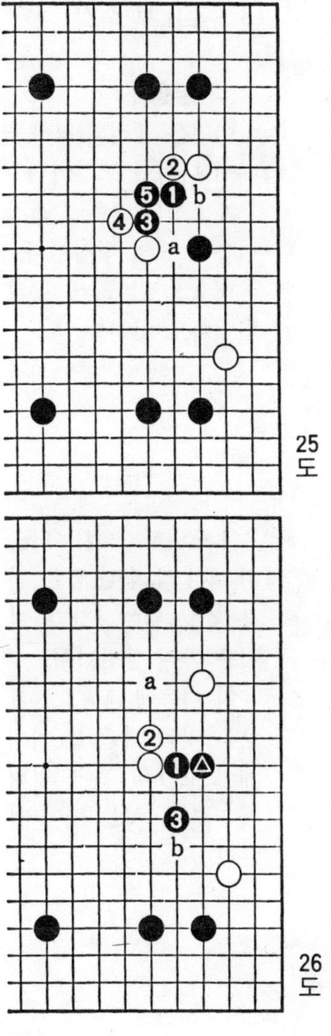

25도

26도

25도 (나쁜 모양의 좋은 수) 흑 **1** 의 날일자로 나가는 수이다. 백 **2** 에는 흑 **3** 의 마늘모가 중요하다. 백 **4** 에는 흑 **5** 가 빈삼각의 좋은 수다. 백 a에는 흑 b, 백 b 에는 흑 a이다.

26도 (변화) 흑 **1** 의 부딪힘이 책략의 한 수이다. 백 **2** 에는 흑 **3** 의 한 칸 뜀. 흑 **1** 로는 a나 b로 두어 흑▲를 사석으로 이용하는 것도 유력하다.

현재의 진행 상황으로서는 우하변의 백 한 점이 고립되어 있는 것이 주목된다. 흑과 백의 한판 접전이 예상되는 곳이기도 하다. 또한 a의 점도 문제가 된다. 서로의 수순에 따라 형세에 차이가 날 것으로 간주된다.

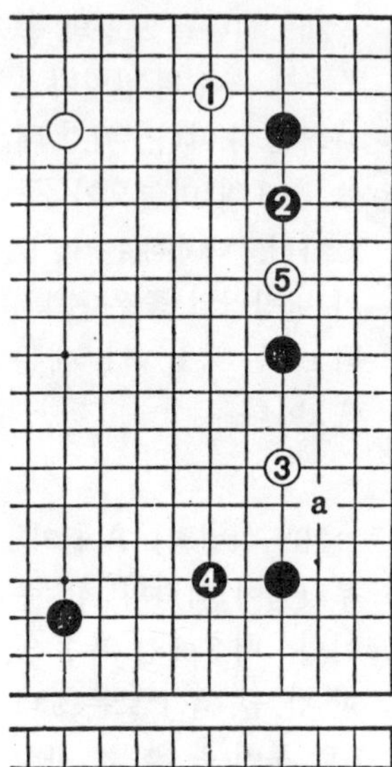

3. 침입(3칸)

〈기본형 1〉

이것은 4점의 접바둑에서 나타난 모양이다.

제4선의 3칸 걸침 다음에 5의 침입이다.

백 3으로는 a의 곳의 날일자도 있다.

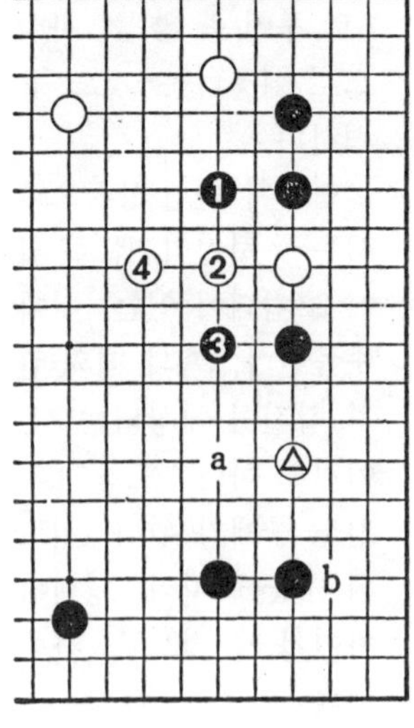

1도 (한칸 뜀) 단순한 흑 1의 한칸 뜀은 백 2, 4로 뛰어나간다. 이것은 흑의 불만이다.

이 다음에 흑a로 씌우는 것은 백△를 가볍게 보고 b의 곳에 젖혀서 타개를 하는 맛이 남는다.

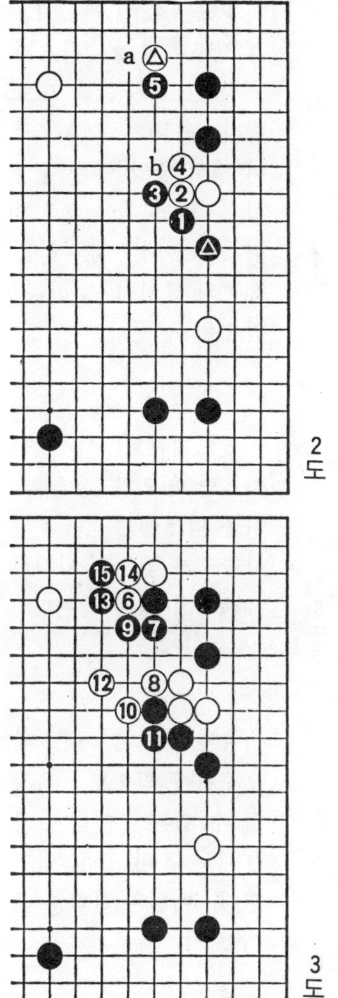
2 도

3 도

2 도 (마늘모) 정착은 흑 1 의 마늘모이다. 백 2 에는 흑 3 이 2 점 머리의 급소이다. 백 4 에는 흑 5 로 붙여 응수 타진한다. 이것은 당연하다. 흑 a나 b는 맛보기의 곳이다.

3 도(내려섬) 백 6의 젖힘에 대해서 흑은 7로 늘어 두었다. 이에 대해 백은 8로 꺾어 두었다. 흑은 백 6에 대하여 9로 젖혔다.

백은 계속 우변쪽에서 흑 한 점에 대해 단수를 하였다. 흑 11의 이음은 당연한 수이다.

백12로 호구벌림이 있은 후, 흑은 13으로 백 6에 대해 단수를 하여 백14의 이음수를 주문하였다. 계속하여 흑은 15로 밀어 붙였다.

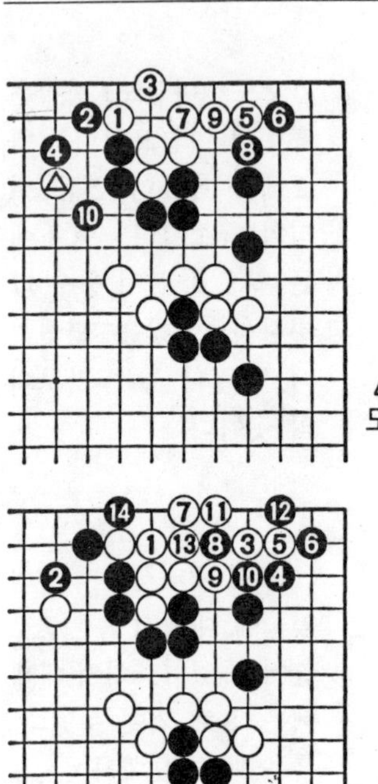

4도

5도

4도 (호조) 백은 1, 3으로 흑 4를 강요하고 5로 붙여 삶을 도모한다. 흑10으로 호구쳐서 백의 중앙 말을 공격할 수 있어 흑이 호조이다. 또한 백 7을 8은 흑 7의 붙임이 엄하다. 백 3을——.

5도 (위험) 백 1로 이으면 흑 2의 호구침, 다음 백 3에는 흑 4의 마늘모가 좋은 수이다. 흑14까지 백이 죽는다.

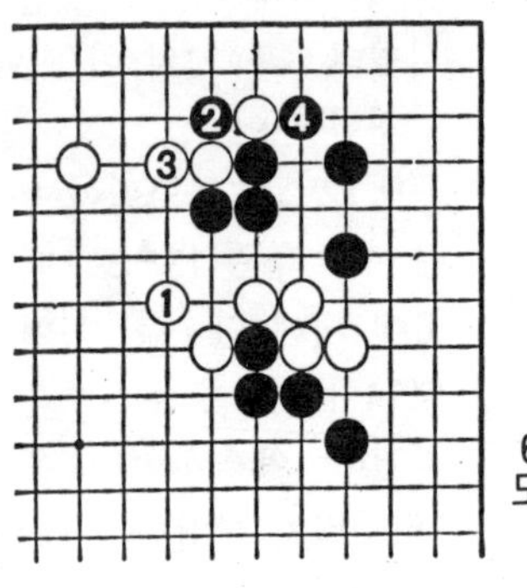

6도

6도 (좋다) 백 1의 호구침에 흑 2도 생각할 수 있는 곳이다. 백 3에는 4의 곳을 단수한다. 이외의 변화를 살펴 보자.

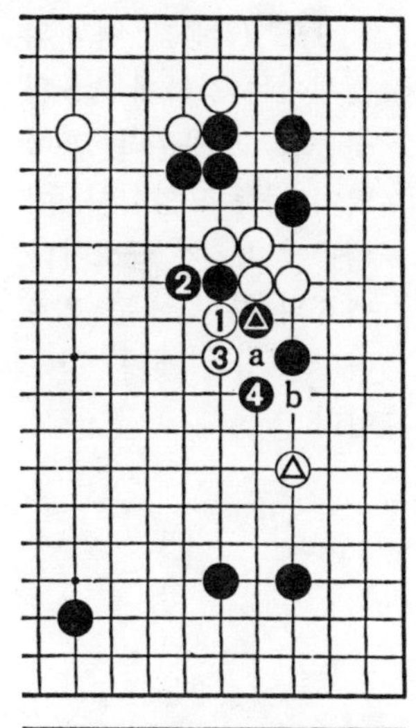

7도

7도 (뻗음) 백 **1**의 끊음에 흑 **2**의 뻗음은 백 **3**으로 뻗는다. 백 △는 가볍게 생각한다. 백 **3**에 흑 **4**. 이 다음 백 a에는 흑 b로 잇는다.

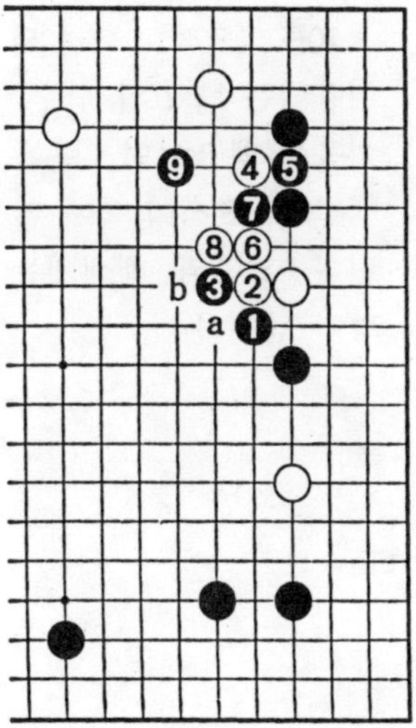

8도

8도 (들여다봄) 흑 **1**, **3**의 젖힘에는 백 **4**의 들여다보는 수가 있다. 흑 **7**, **9** 까지이다. 이 다음 백 a의 끊음에는 흑 b로 뻗는다.

여기에서는 백 **4**의 들여다봄을 이용하여 백 **6**으로 늘어 놓는 방법이 있다. 흑 **7**, **9**로 때리는 것은 결코 백의 괴로운 기세(棋勢)에 변화가 없다.

끊어진 백은 크게 패색(敗色)이 짙다.

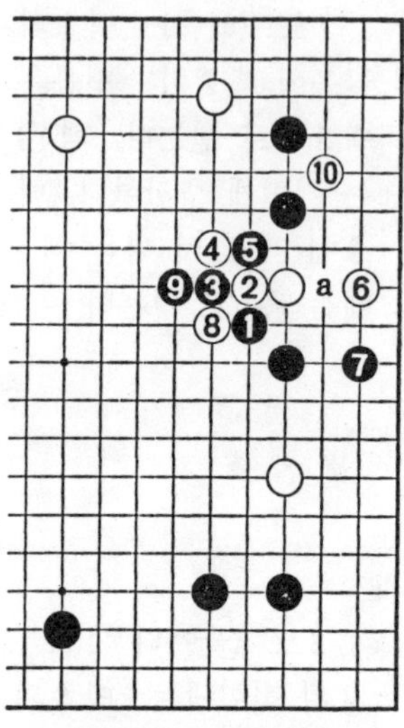

9도

9도 (끊음) 백 4 의 젖힘에는 강하게 5 의 곳을 끊고 싸운다. 흑이 맛이 나쁜 모양이다. 이 다음에 흑a가 급소이다. 백 6 의 한 칸에는 7 로 바깥은 막는 것이 강수이다.

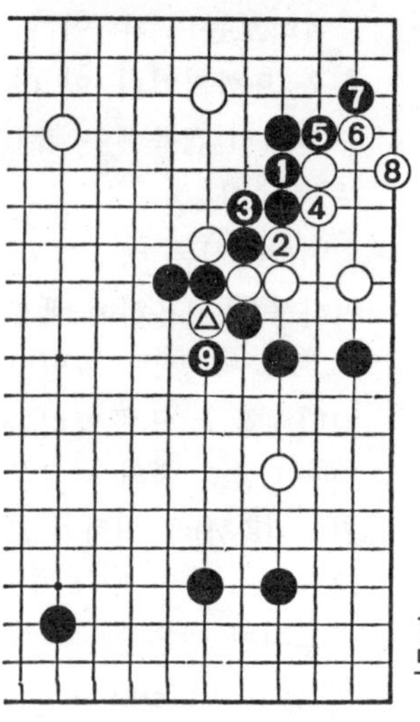

10도

10도 (요석) 흑 1 의 이음에는 백 2 의 단수. 다음에 백 8 이면 흑은 백 △의 요석이 축에 걸린다. 왼쪽의 백에게는 맛이 남는다.

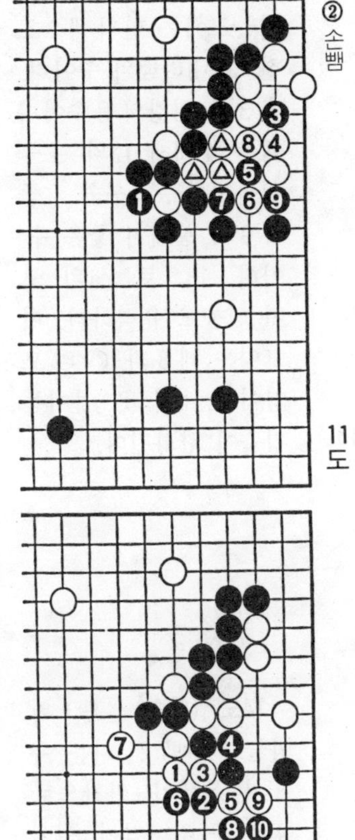

11도 (급소) 흑 1로 때리면 오른쪽 백의 선수 조임이 있는 곳이다. 백 2를 손빼면 흑 3이하 9까지의 수순으로 대마가 횡사한다. 여기에서 백은

12도 (무리) 집모양을 만들지 않고 백 1로 두는 것은 다음 백 3, 5의 절단 다음 9의 곳을 내려서도 10을 내리면 후속 수단이 없다. 백 3, 5는 무리이다.

이러한 그림은 실전에서도 자주 나타나므로, 초보의 단계에 있는 사람은 정확한 수순을 살펴두고 실전에서 유리하게 응용할 수 있도록 하기 바란다.

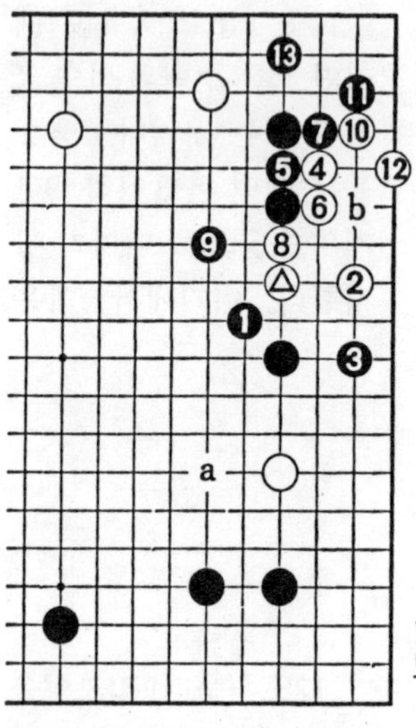

13도 (변화) 흑 1의 마늘모에는 단지 백 2로 한 칸 내려뜀의 수이다. 흑 3이 최강의 응수이다. 백은 4에서 12의 호구 침까지——. 수순 중 흑 9의 봉쇄가 좋은 수이다. 13으로는 a의 모자 씌움도 유력하다. 이 모양은 백 8과 ◬의 모양이다. b의 곳 붙이는 강습이 완화된다.

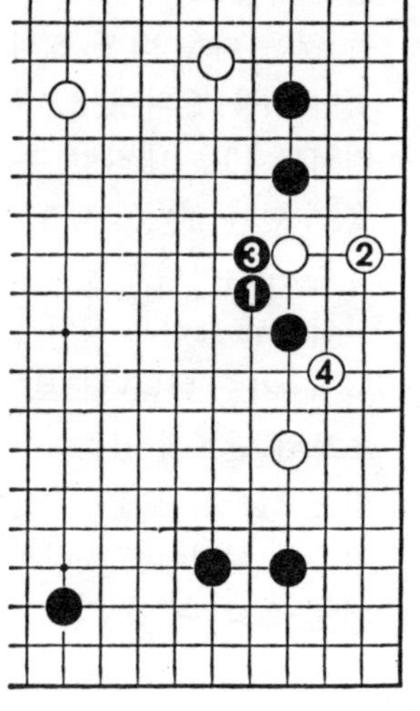

14도 (완착) 흑 1의 마늘모에 백 2, 다음 흑 3의 봉쇄가 완착으로 4의 곳 건너감이 있어 흑의 실패이다.

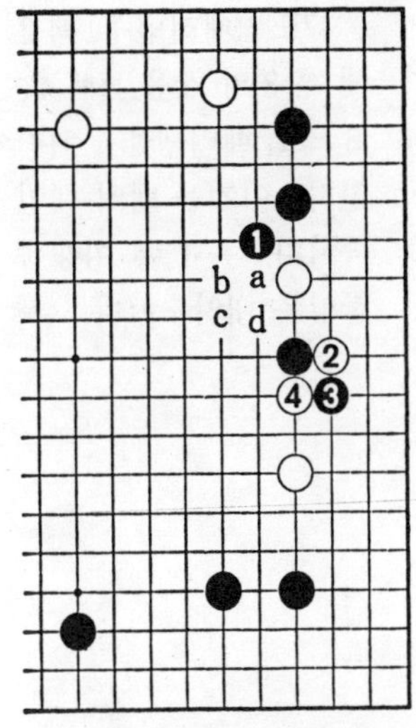

15도

15도 (방향 착오) 흑 1로 흑 2점이 있는 쪽에서 부터 두는 것은 실패이다. 백은 2, 4의 여유가 있다. 흑 1에 대하여 백 a로 두는 것은 흑 b, 백 c, 흑 d의 끊음에서 9도의 응접과 비슷하다. 백△의 침입에 대하여 흑의 나쁜 받음의 견본을 소개하고자 한다.

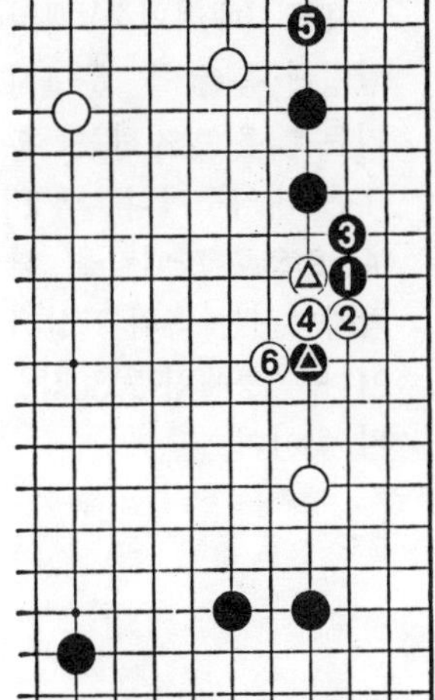

16도

16도 (아래 붙임) 흑 1로 아래쪽 붙임에는 백 2, 다음 흑 5까지 우상귀를 확보하는 것은 백 4, 6의 수순으로 특히 충분하지 않다.

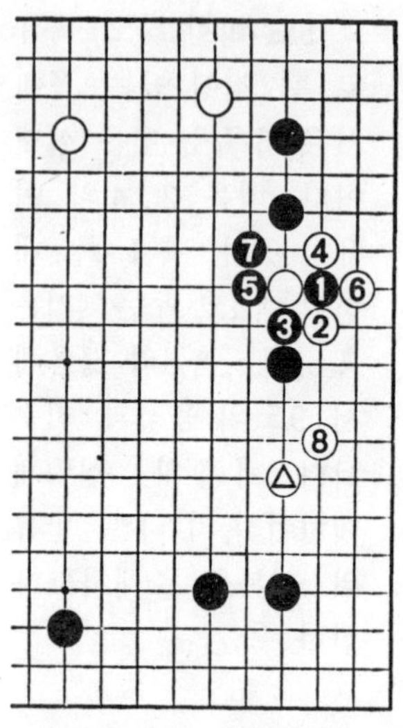

17도 (때려냄 1) 백 2에 흑 3의 끊음, 백 4, 6으로 때려냄을 허락한다. 이것은 백의 대만족이다. 흑 1로 아래쪽 붙임은 대악수이다.

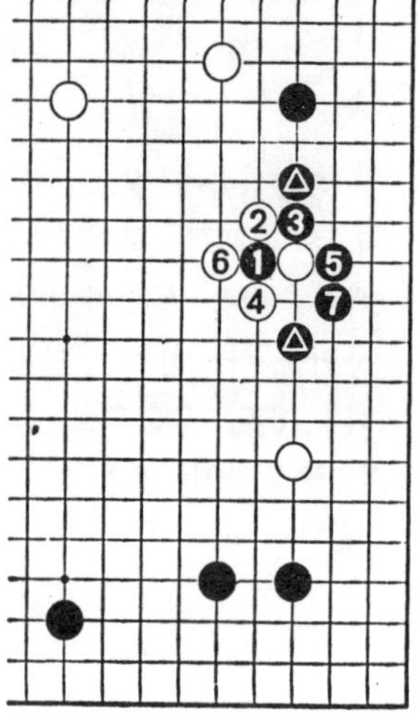

18도 (때려냄 2) 백의 침입에 흑▲를 분단시키는 것을 방지하는 흑 1은 대악수이다. 백 2, 4, 6으로 빵때림을 허락하여서는 흑의 실패이다. '빵때림은 30집'의 곳이다.

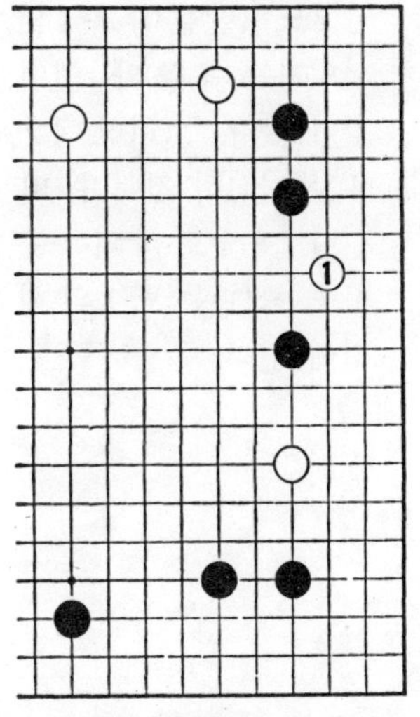

기본형 2

〈기본형 2〉

백 1 로 제 3 선에 날일자 침입을 하였다.

선악을 논하기 전에 접바둑의 초반에 자주 나타나는 모양이다. 바른 응접을 생각하여 보자.

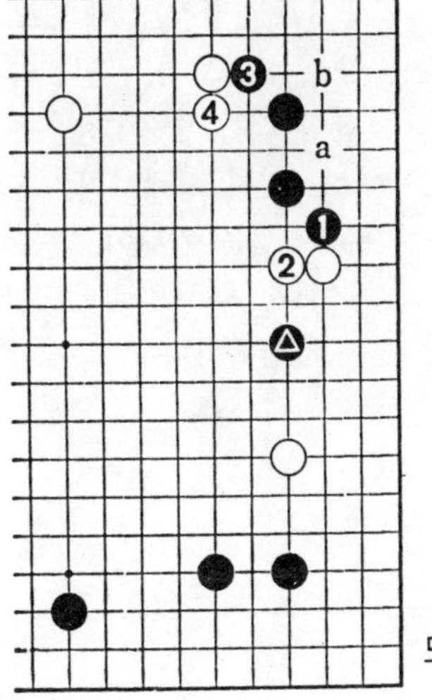

1 도

1 도 (악수의 견본)

흑 1, 3 은 악수의 견본이다. 왜냐하면 백은 2, 4 로 중앙을 향하여 선 모양이기 때문이다. 또한 백 2 로 섬으로써 흑 ▲가 엷어진다.

흑으로서는 엷어진 ▲ 한 점을 그대로 방치해 둘 수만은 없을 것이다.

따라서 다음의 접전이 예상된다. 흑백이 함께 탈출과 세력다툼을 벌이게 되는 형세이다.

과연 진행도는 어떻게 될까?

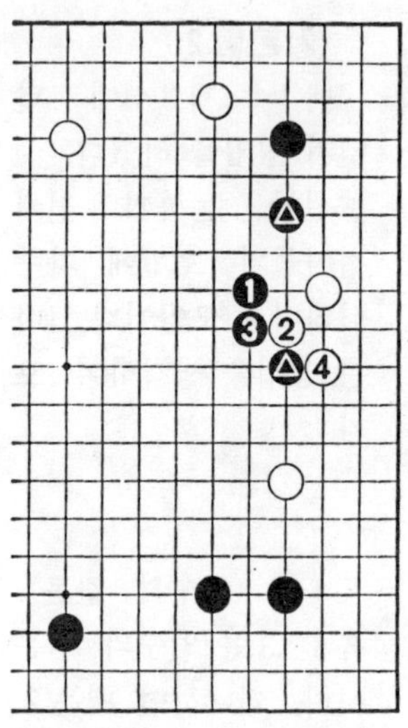
2도

2도 (날일자) 흑 1의 날일자는 흑▲와 연대감이 있다. 그러면 백 2, 4로 간신히 건너가 버린다. 흑 1로 4의 곳 철주(鉄柱)는 백 1의 한 칸에 뛴다.

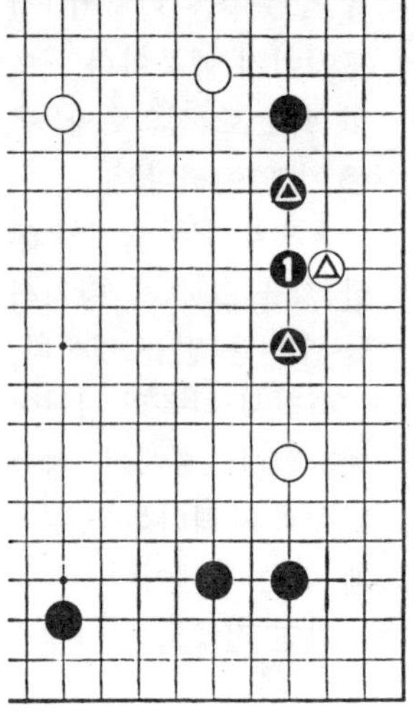
3도

3도 (정착) 정해의 모양을 살펴보자. 흑 1의 붙임으로 중앙 진출을 막는 것이 정해이다. 흑▲와 십분 관련이 깊은 수이다. 최선으로 2도는 차선책이다.

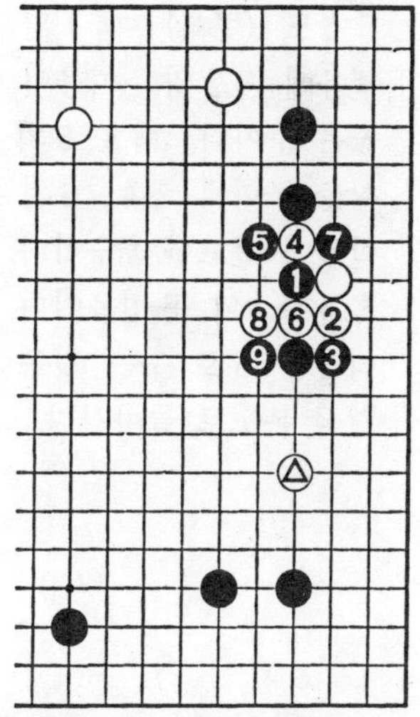

4도

4도 (때려내다) 백 2를 옆으로 뻗으면 강하게 3의 곳을 내린다. 백이 4, 6으로 두는 것은 흑 5, 7로 때려내어 흑 성공의 국면이다.

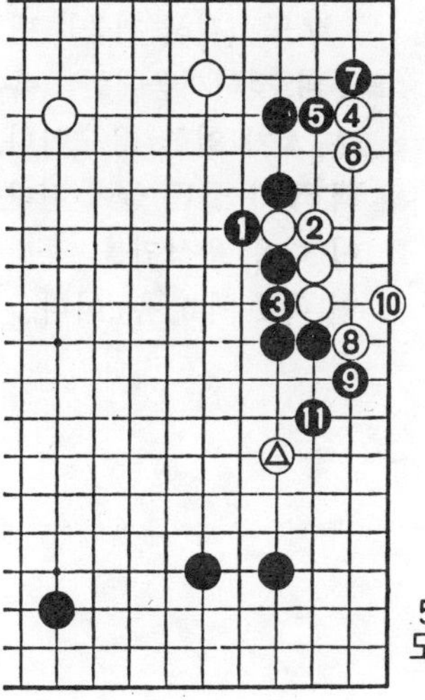

5도

5도 (변화) 흑 1의 단수에 백 2의 이음에는 흑 3으로 잇는다. 이하 11까지이다. 백 Ⓐ은 폐석으로 움직이지 않는다.

백 4의 뜀에는 흑 5의 머리붙임이 당연한 응수이다. 백은 6으로 늘어나가고, 흑은 7로 젖혀 막는다. 이에 대해 백은 8로 젖혀서, 흑 9의 젖혀 막음과 동시에 백 10으로 호구벌려 눈 모양을 만든다. 흑 역시 11로 호구벌려 주위를 굳힌다.

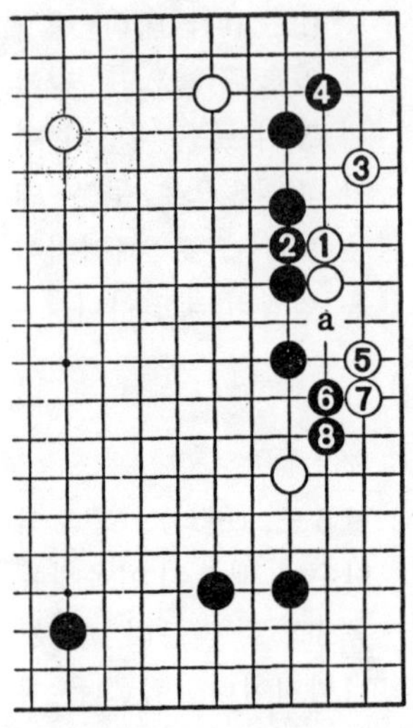

6도 (변화) 백1의 뻗음에 흑2의 이음이 좋은 수이다. 백3, 5의 삶을 구함에 흑4, 6의 받음이 견고한 응수이다. 흑4로 a의 곳 받음이다. 백3을 5로 두는 것은 결국 본도로 돌아간다.

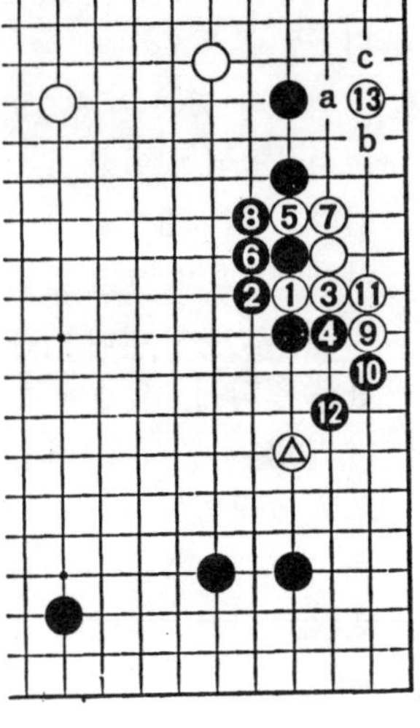

7도 (젖혀 끼움) 백1의 젖혀끼움에는 흑2, 4가 엄한 응수이다. 백△가 들뜬 돌이 된다. 이 다음 우상귀를 둔다면 흑a, 백b, 흑c이다.

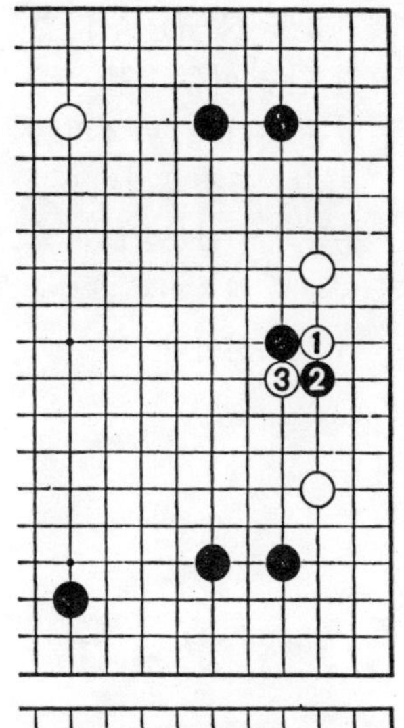

기본형 1

4. 변의 맞끊음

〈기본형 1〉

맞끊음에 대처하는 수가 접바둑에서는 승부를 좌우한다. 배석의 모양을 보자. 백 1로 붙이고 3으로 끊었다.

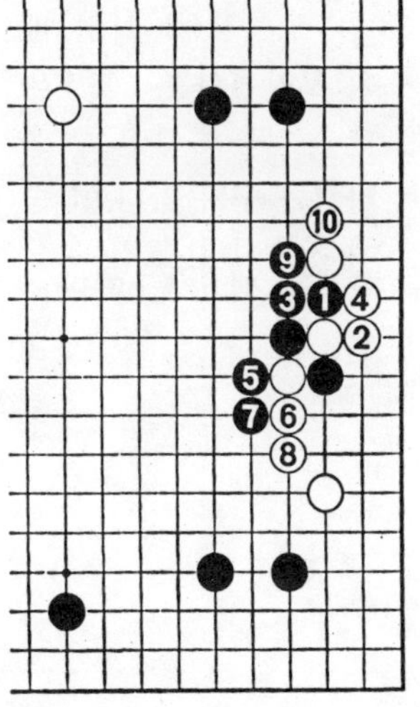

1도

1도 (속수) 실전에서 자주 나타나는 '속수'의 견본이다. 엷은 백 모양을 두텁게 하여 주어서 흑이 나쁘다.

흑 1, 3에서 5, 7까지 된 다음 백10으로 늘어서 좋다.

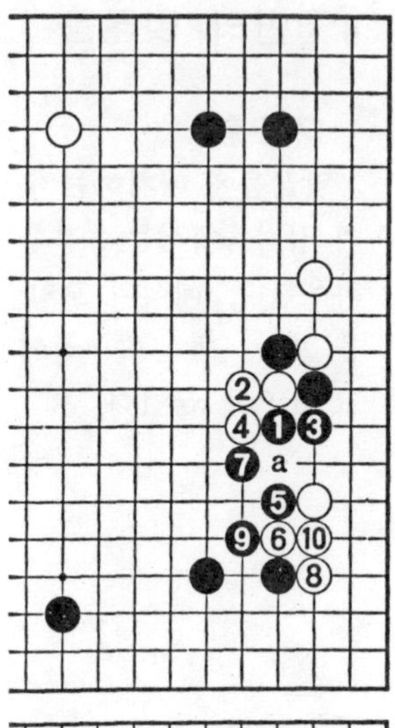

2도

2도 (분규) 흑1, 3의 단수 이음도 볼 수 있는 곳이다. 백4의 꼬부림이 급소의 모양으로 분규의 시발점이다. 흑5에서 백6의 젖힘에서 10까지이다.

3도

3도 (정석) 이런 배석 모양에서는 흑1의 단수 다음에 3으로 올라서는 수가 있다.이 수가 정수이다.

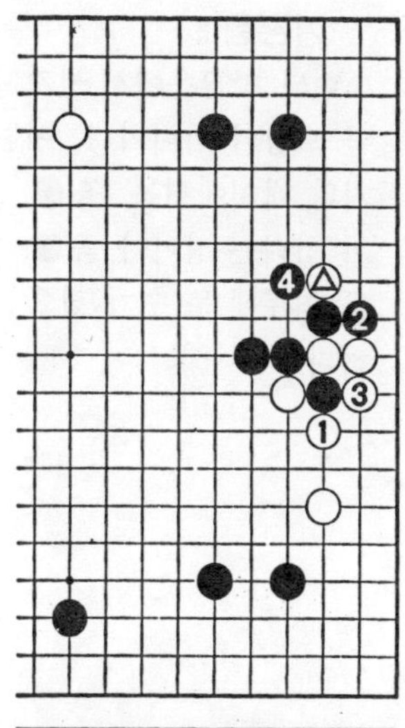

4 도

4 도 (이상형) 백 **1** 의 단수에는 흑 **2** 로 내려선다. 백 **3** 에는 **4** 가 이상적인 모양이다. 우상의 모양으로 보아 바둑은 여기서 마무리된다.

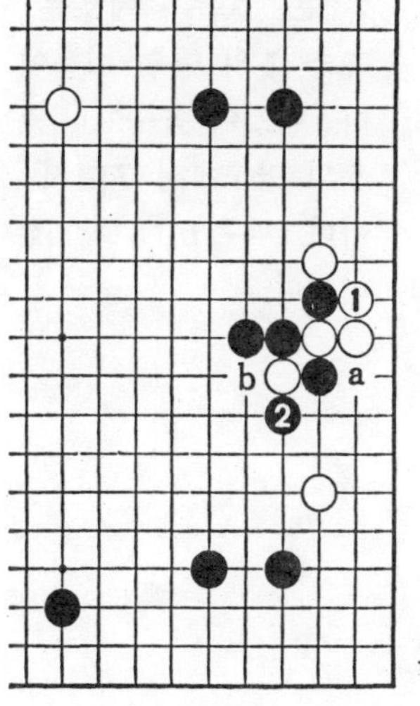

5 도

5 도 (축) 백 **1** 에는 흑 **2** 로 몰아서 축이다. 이 다음에 둔다면 백 a, 흑 b의 때려 냄이다. 이 결과는 모두 **3** 도의 흑 **1**, **3** 이다.

이로써 백은 우변의 실리(実利)를 굳힌 셈이고, 흑은 중앙으로의 세력(勢力)을 키운 모양이 되었다.

다음의 진행 상황이 주목되어지는 그림이다.

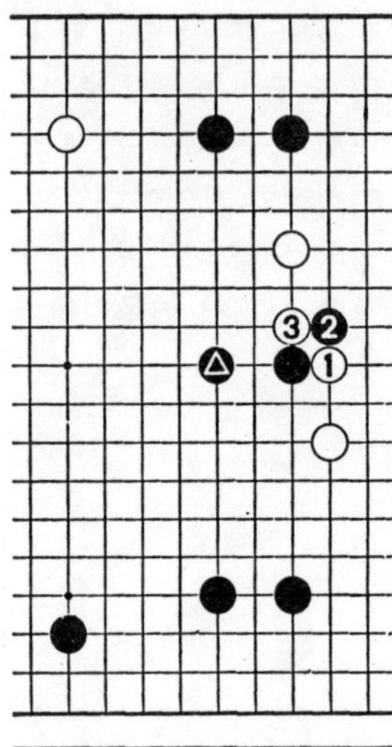

기본형 2

〈기본형 2〉

변의 맞끊음에서 생겨난 모양의 하나이다. 여기의 배치에서는 흑▲가 있다는 점이다. 흑▲를 염두에 둔 수가 필요하다.

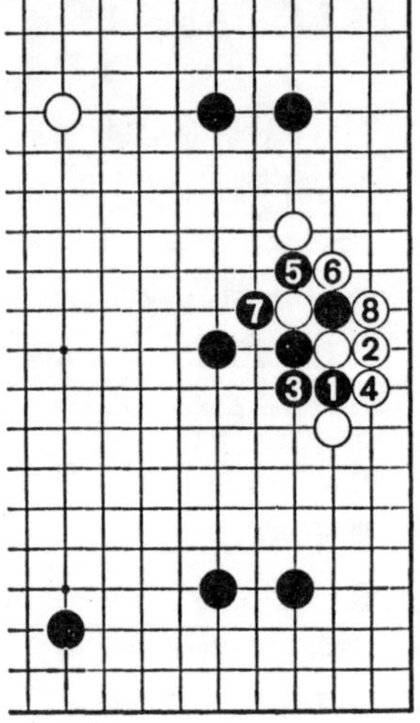

1도

1도 (속수) 예로는 흑 1, 3의 단수 이음이다. 이것이 속수이다. 흑 5의 단수에서 7까지이다. 백은 6, 8로 건너간다.

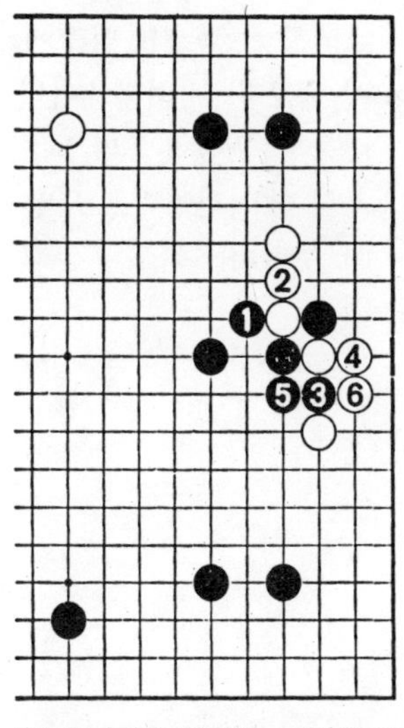

2 도

2 도 (속수) 흑 1 의 단수에서 3, 5 로도 많이 두는 수이다. 이것도 속수의 견본이다. 흔히 초심자가 많이 두는 수로 3 도 이하의 정착이다.

3 도

3 도 (정착) 〈기본형 1〉의 모양은 흑 1 의 단수에서 5 의 이음까지이다. 흑▲가 십분 좋은 모양이다.

흑 1 로 끼워넣어 단수를 치면 백은 2 로 내려둔다. 이것은 필연적인 수순이다. 흑 3 으로 다시 단수하면 백 4 로 나가고, 이어서 흑 5 로 잇지 않을 수가 없다.

다음의 착수(着手)가 문제로 남는다.

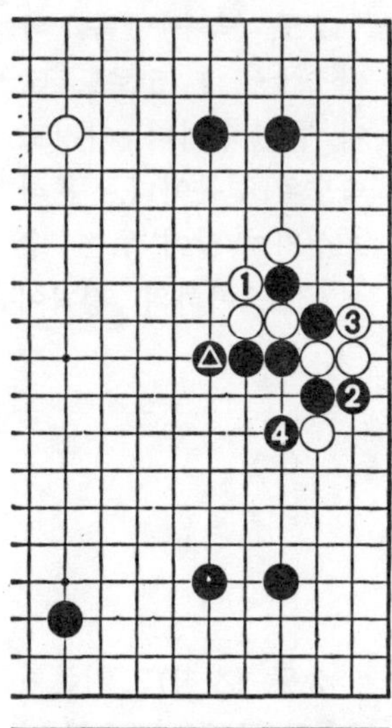

4 도 〈그후 **1**〉 백 **1** 에서 흑 **2** 의 내려막음이다. 바둑의 우하 4분의 1은 흑의 세력전이다. 모양이 두텁다.

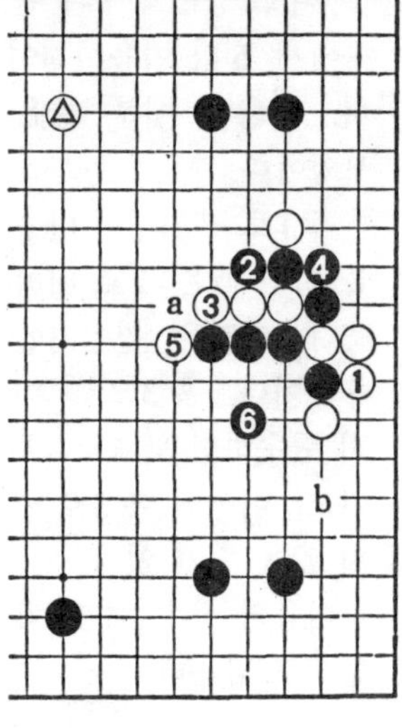

5 도 〈그후 **2**〉 백 **1** 에 흑 **2** 의 단수 다음에 **4** 의 이음이다. 백 **5** 에는 흑 **6** 의 뜀, a의 끊음과 b의 뜀은 맞보기이다. 백 ◬ 가 있어서 흑 a의 끊음의 축은 성립하지 않는다.

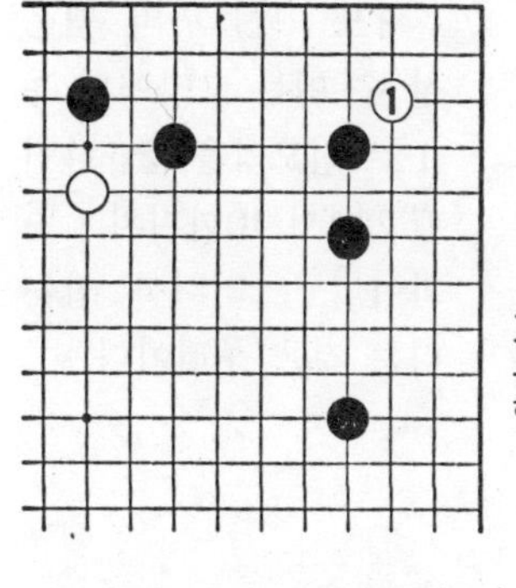

기본형 1

5. 3·3대책

접바둑에서 나타나는 수로 3·3의 침입이 있다.

이곳을 지키지 않는다면 침입을 피할 수 없다.

〈기본형 1〉

이런 배석에서 백 1의 3·3 침입에 대책을 강구하여 보자.

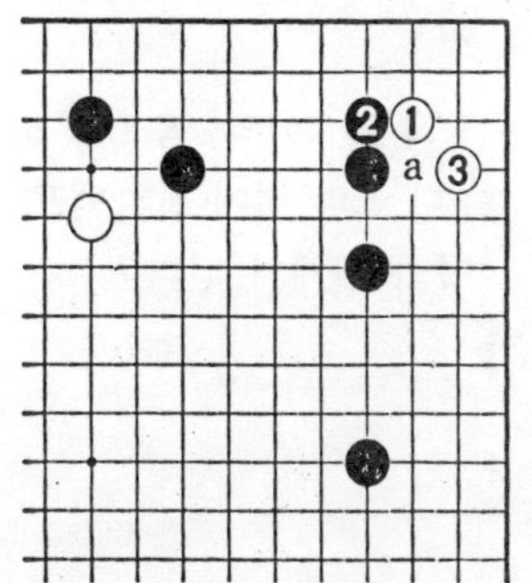

1도

1도 (마늘모) 흑 2의 막음에는 백 3의 마늘모가 한 수이다. 흑 2를 a로 받는 수도 있다.

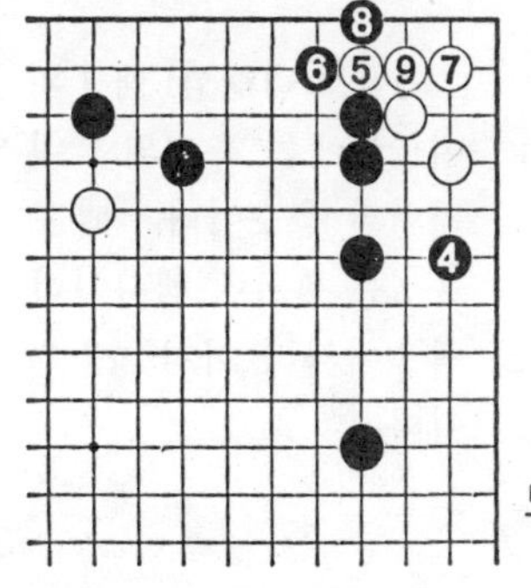

2도

2도 (삶) 흑 4가 보통의 수이다. 백은 5, 7로 젖혀 9까지이다. 흑 8의 단수를 생략할 수 없다.

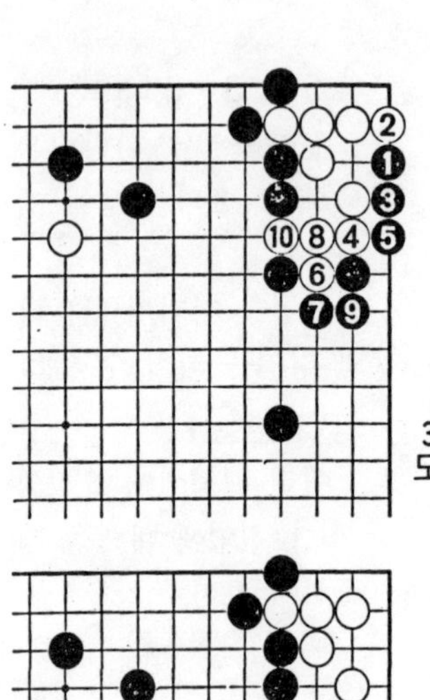
3도

3도 (맛) 귀의 백은 살 수 있는 모양이다. 흑 1로 집모양을 급습하면 백 2에서 10까지의 변화이다. 그러니까 잡는 다는 것은 무리이다.

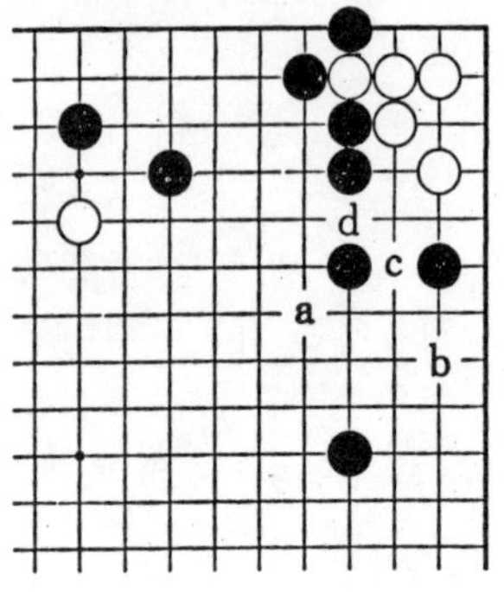

4도

4도 (이익) 흑 a나 b, c나 d의 점이 귀의 백모양과 관계가 된다.

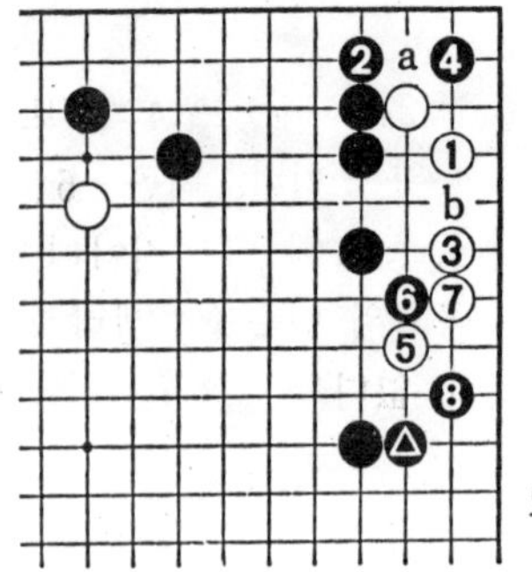

5도

5도 (내려섬) 백 1의 마늘모에는 흑 2의 내려섬의 응수이다. 백 3을 a는 흑 b로 백사이다. 백 3에서 5까지 응수이다.

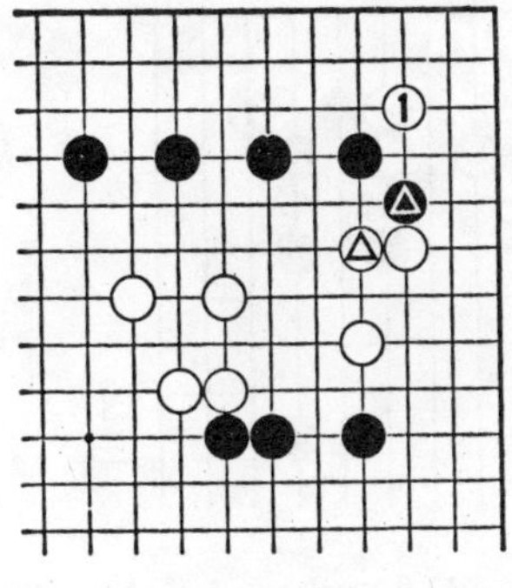

기본형 2

〈기본형 2〉

이것은 접바둑에서 나타나는 모양의 하나이다. 흑▲와 백△의 교환이 있는 곳이다.

1 도

1 도 (내려섬) 흑 1 로 내려서는 수가 일반적인 수이다. 중앙의 백이 두터운 모양이다. 백 2 에서 4 , 6 까지이다.

2 도

2 도 (정석) 중앙의 백이 두터워 흑 1 에서 7 까지이다. 귀는 흑 집으로 화한다.

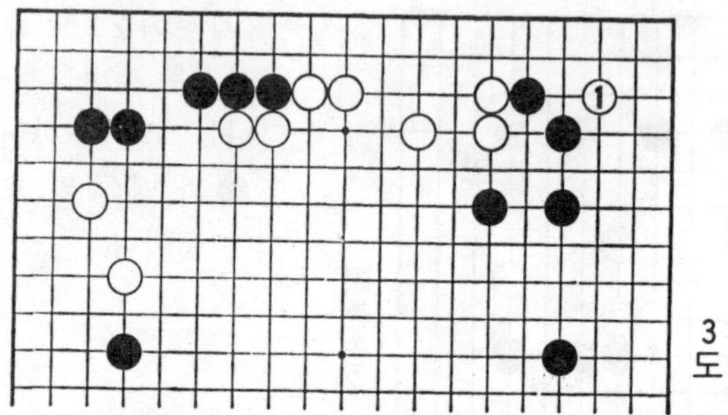

3 도 (문제) 백 1 의 침입에 흑의 응수가 기다려지는 국면이다. 여기에는 냉정한 대처가 필요하다. 이 모양을 살펴보자.

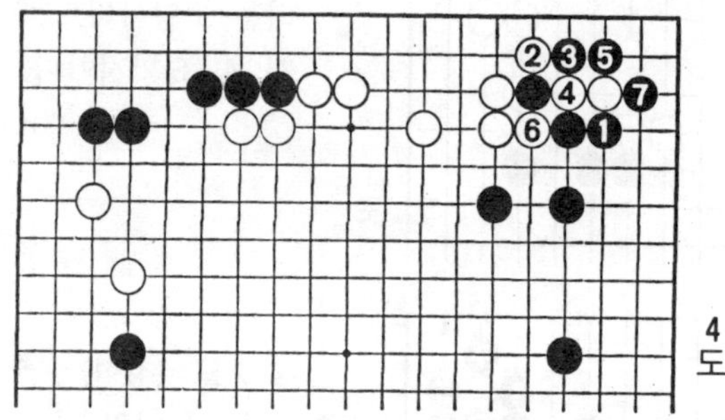

4 도 (정해) 이것도 흑 1 의 받음에, 백 2 에서 7 까지이다. 이것이 정해이다. 백의 두터움은 중복된 모양이다.

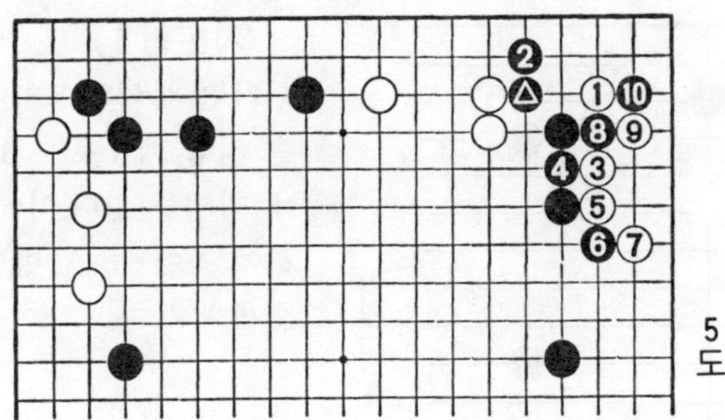

5 도 (내려섬) 백 **1** 의 침입에 이 케이스는 흑 **2** 의 내려섬의 한 수이다. 흑 **2** 를 **8** 로 내리는 것은 상변 백이 두터워진다. 흑**10**의 끊음이 상용의 응접이다.

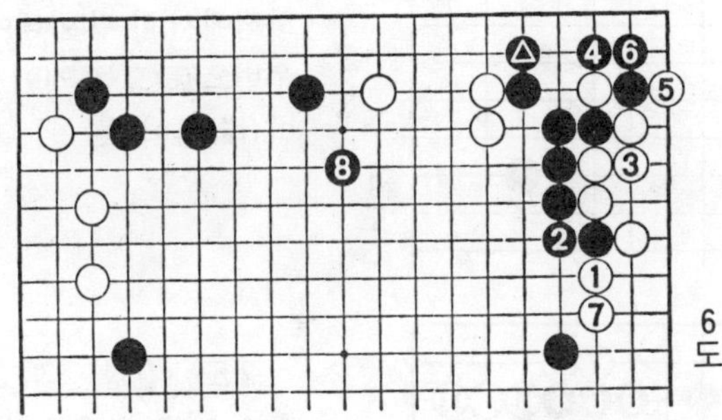

6 도 (계속) 백 **1** 의 단수에 흑 **2** , 다음에 **3** 의 곳 이음이다. 백 **7** 까지이다. 다음 흑 **8** 의 날일자 씌움으로 백 3 점을 공격한다. 흑▲가 빛나는 한 수이다.

결국 윗변에 갇힌 백 3 점의 탈출과 이에 대한 흑의 위협 공격이 문제로 남는다. 효율적인 공격이어야만이 해결의 실마리를 찾을 수 있다.

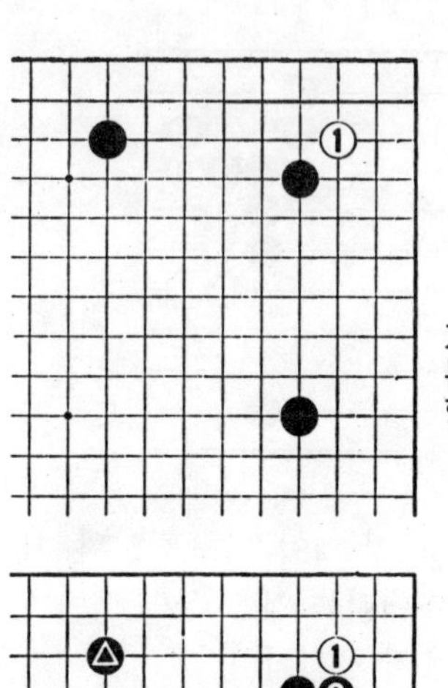

〈기본형 3〉

이런 배석의 모양에서는 직접 백 1 로 3·3 에 침입을 한다.이에 대하여 흑이 두는 방법을 소개해 본다.

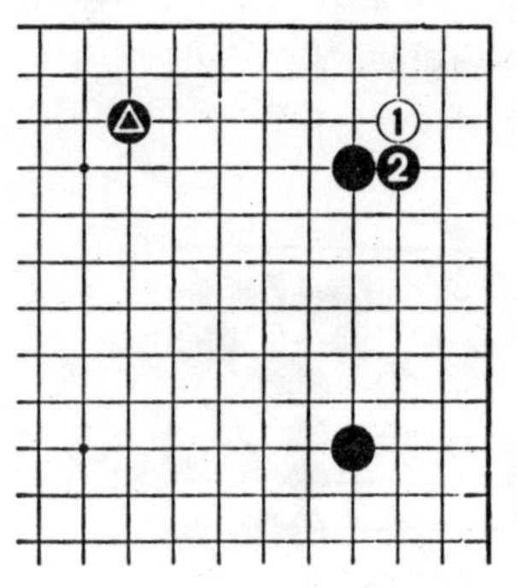

1 도 (넓은 곳) 이런 곳에서는 흑 2 의 막음이 한 수이다. 흑▲ 가 화점에서 한 길 아래이니 우변으로 모는 것이 기리(棋理)이다.

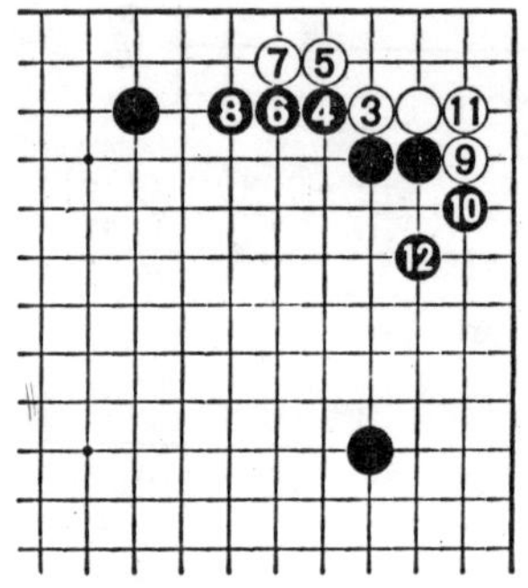

2 도 (간명) 백 3 에 흑 4 , 백 5 에 흑 6 의 뻗음이면 7 에서 12 까지 알기 쉬운 결론이다.

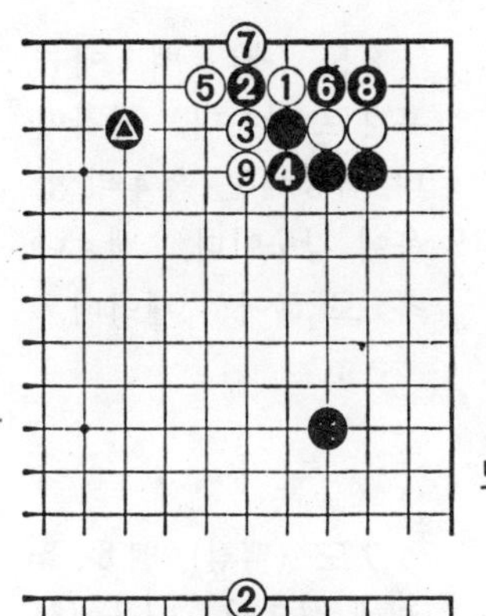

3도

3도 (2단 젖힘) 백 1에는 흑 2의 2단 젖힘이 엄한 수이다. 백 3, 5에는 흑 6, 8까지 바꿔치기를 한다. 흑▲가 있어 백 9의 올라섬이 두텁다.

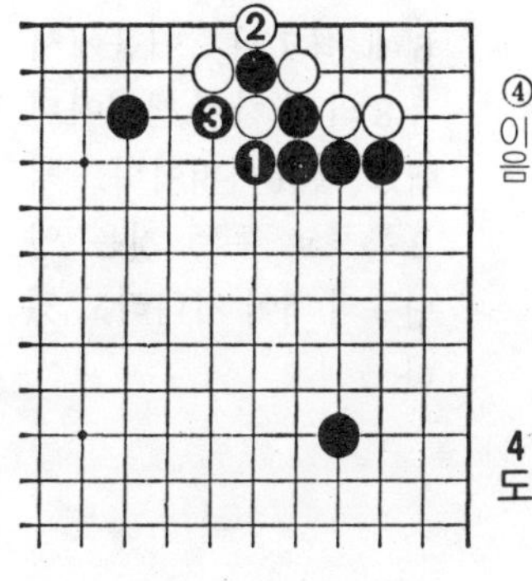

4도

4도 (단수) 흑 1의 단수에 백 2는 흑 3으로 조인다.

흑은 이 다음에 손을 뺄 가능성이 크다.

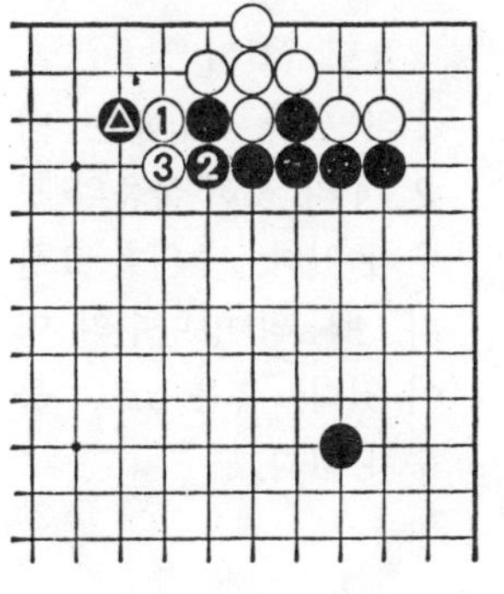

5도

5도 (악수) 백 1의 단수에는 흑 2의 이음이 악수이다. 백 3으로 돌파 당하여 흑▲가 고립이 된다. 이 문제를 생각해야 한다.

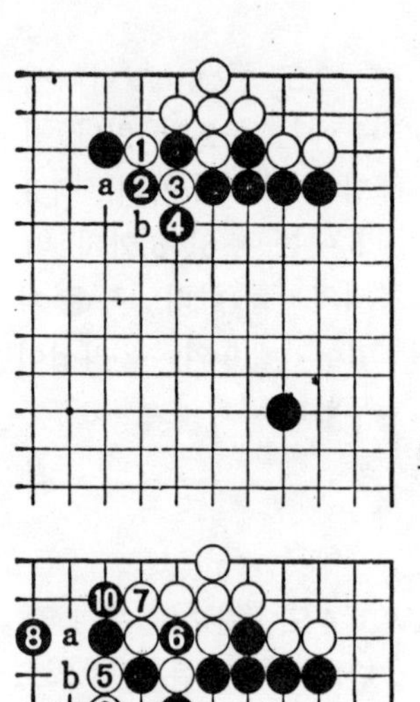

6도

6도 (패) 백 1에는 흑 2로 받는다. 정착이다. 백 3에는 흑 4의 받음이 강수이다. 백 a나 흑 b로 끊어서 패이다.

7도

7도 (맥점) 백 5, 흑 6에 백 7의 이음에서 흑 8의 한 칸이 맥점이다. 백 9, 흑10까지이다. 백 9를 a로 두는 것은 양단수의 맥이 기다리고 있다.

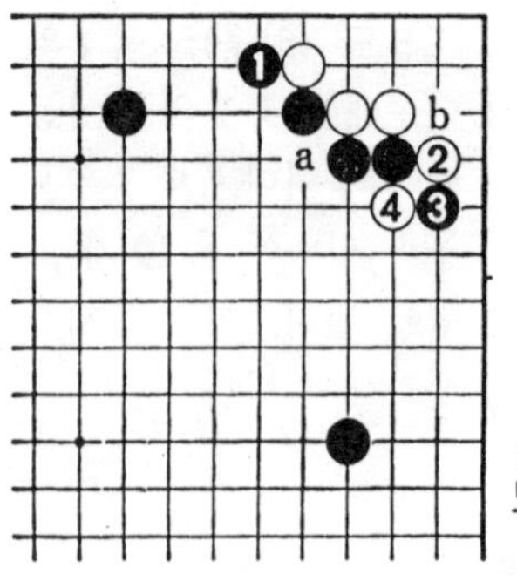

8도

8도 (젖혀 끊음) 흑 1의 2단 젖힘에는 백 2, 4의 젖혀 끊음의 강수가 있다. 주의를 요한다. 백 a의 양단수의 맥이 있다. 흑은 b로 둘 수가 없다.

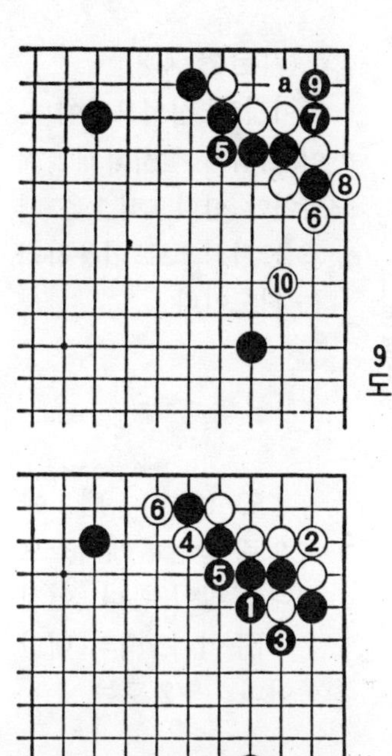

9도

9도 (정석) 백의 강수에는 흑5의 이음이 무난하다.

백6 다음 흑9까지 된 다음에 백10까지이다. 흑9로는 a의 곳을 단수하는 수도 있다. 여기에는 일장일단의 문제가 있다. 흑5를——.

10도

10도 (수습) 1로 단수를 하면 백2, 다음에 흑3으로 때리면 4, 6으로 반대쪽을 잡는다. 이것은 흑이 나쁜 모양이므로 주의를 요한다.

11도

11도 (무리) 백1의 이음에 흑이 2로 두는 것은 무리이다. 여기에서는 3, 5로 빠져나가는 수가 있다. 흑이 2선에 있음을 주의하여야 한다.

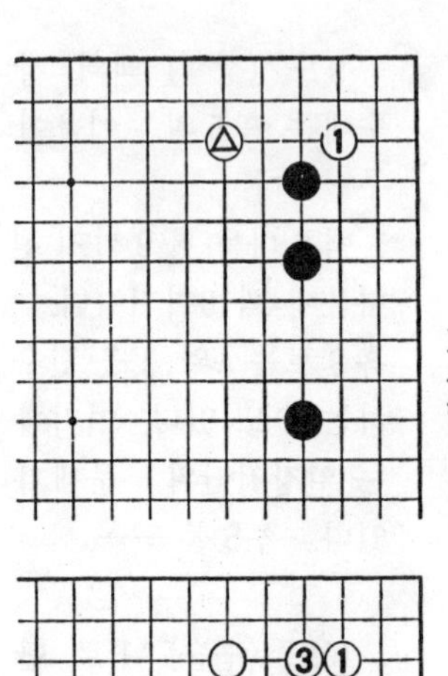

〈기본형 4〉

이것도 정석모양이다. 이 기회에 철저하게 깨달아야 한다. 백 1은 백 ⓐ를 사석으로 이용하려는 의도이다.

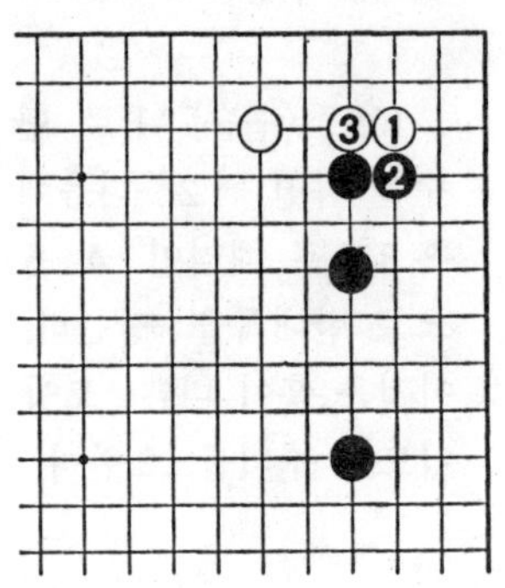

1도 (악수) 백 1에 흑 2로 받는 케이스도 때때로 많이 본다. 이것은 악수이다. 백의 대만족이다. 흑 2 로는,

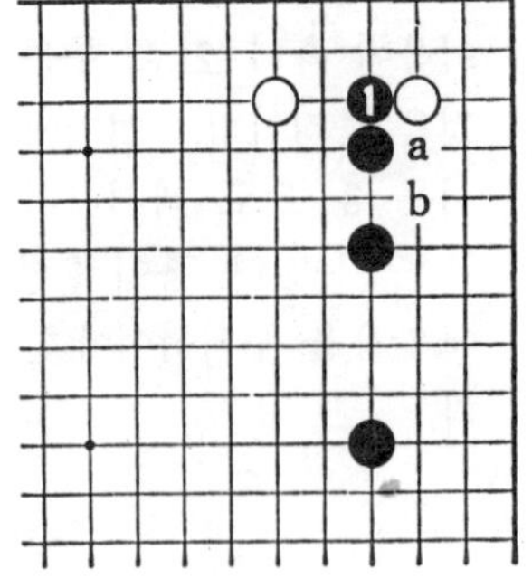

2도 (분단) 1로 두는 한 수이다. 양쪽의 백을 분단시키는 한 수이다. 흑 1에 백 a는 흑 b이다.

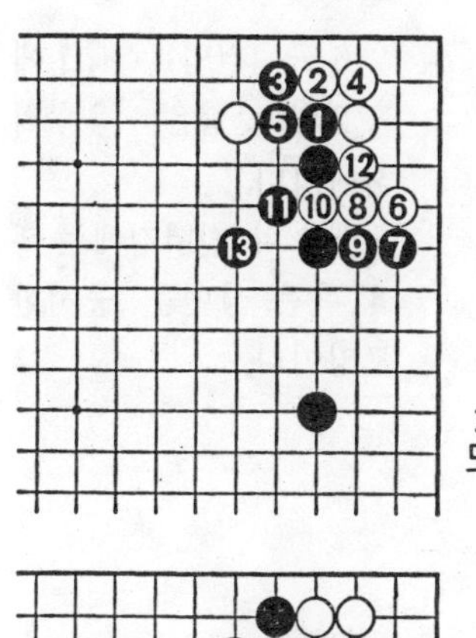

3 도 (정석) 흑 1 에는 백 2, 4 의 젖혀 이음이다. 백 6 의 날일자 다음 13까지는 외길의 수순이다. 알기가 쉬운 모양이다.

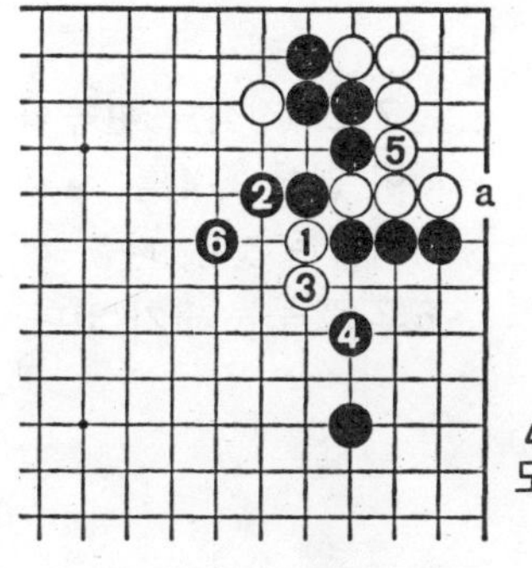

4 도 (마늘모) 1 로 끊음을 생각할 수 있는 곳이다. 귀는 백 5 를 생략할 수 없다. 흑 6 의 마늘모로 흑이 십분 좋다. 백 5 를 손빼면 귀의 백은 흑a의 젖힘으로 죽는다.

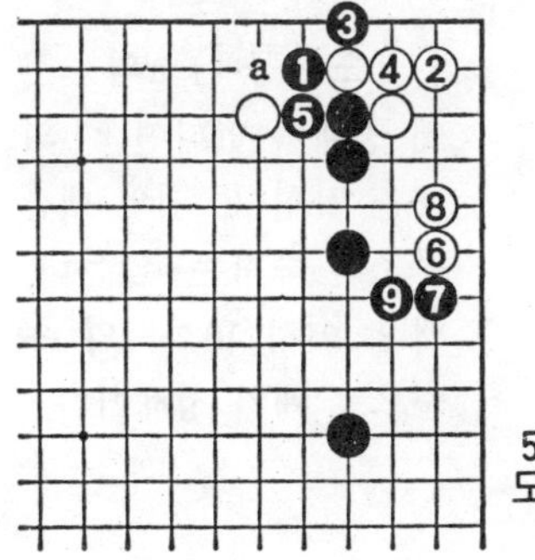

5 도 (벌리고 이음) 흑 1 의 내려섬에는 백 2, 4 로 호구쳐 잇는 정석이다. 이하 9 까지 일단락이다. 3 도에 비하여 흑집은 삭감의 여유가 있다. 백 a의 선수이익이 있는 곳이다.

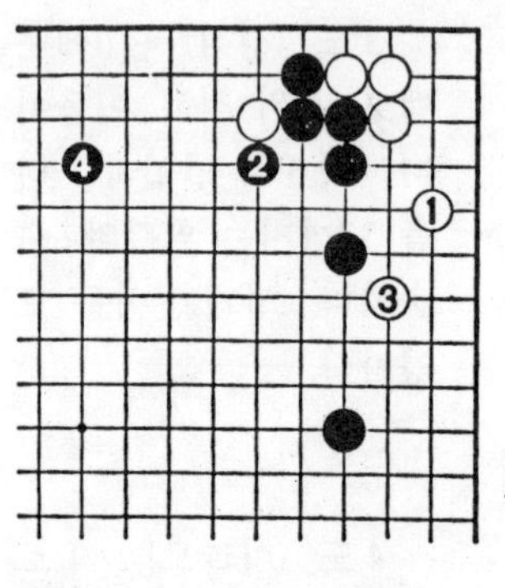

6도 (건넘) 백1에 흑2의 젖힘은 응수의 하나이다.

백3의 건너감에는 흑4, 흑은 상변을 중시한 모양이다.

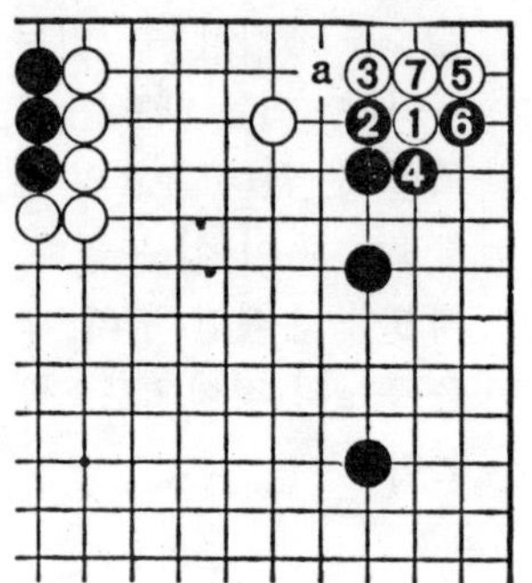

7도 (정석) 왼쪽의 백이 엷어 흑4를 a로 막지않는 것은 다음 4, 6으로 두는 수가 있다.

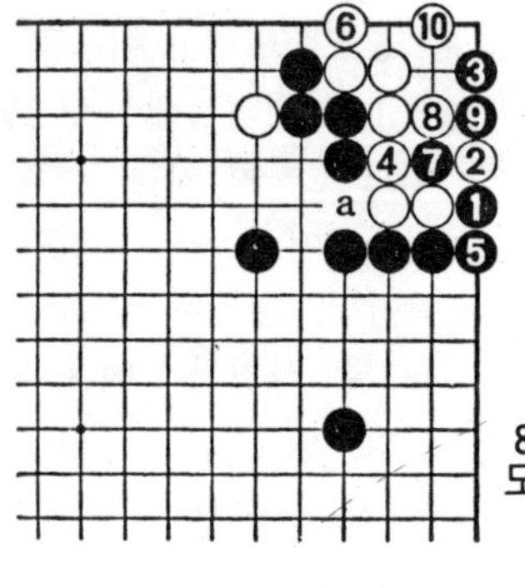

8도 (공배) a의 곳에 공배가 있다면 1의 곳을 젖힌다. 귀의 백은 무조건 죽지는 않는다. 백2 이하 10까지의 수순으로 패가 정해이다.

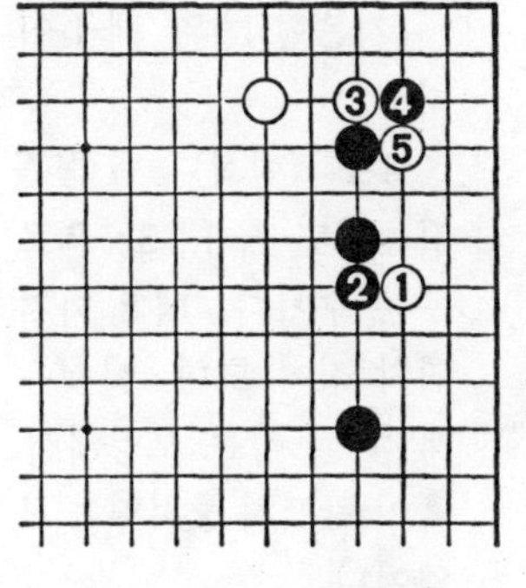

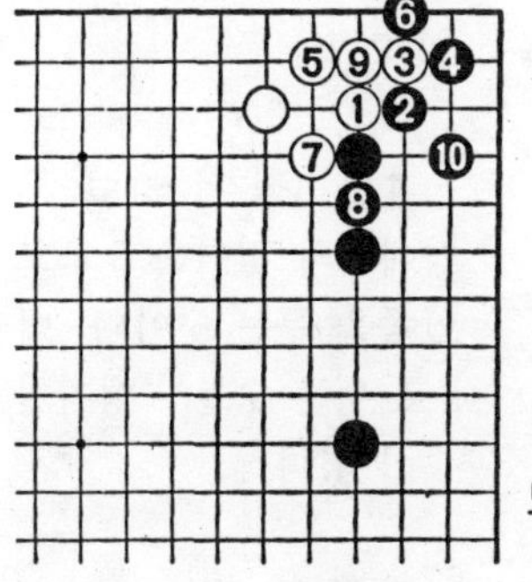

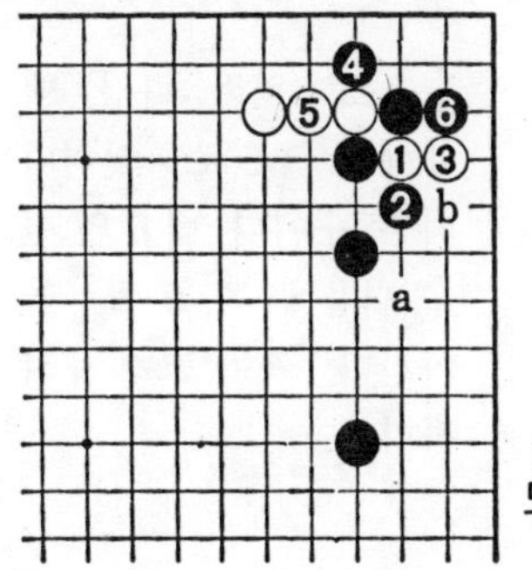

6. 맞끊는 수의 대책

초심자에 대하여 맞끊는 수에 대한 대책을 소개하고자 한다.

〈기본형 1〉

맨 처음에는 백 1 에서 3, 5 의 끊음까지이다.

1 도 (쟁점) 정석의 하나이다. 백 1 의 붙임에 흑 2, 다음 10 까지의 변화이다. 이것은 호각의 갈림이다.

2 도 (실패) 백 1 의 끊음은 무리이다. 흑 2 에서 6 까지 백이 실패이다. 여기에서 백 a 가 있다면 b의 곳의 수가 성립한다.

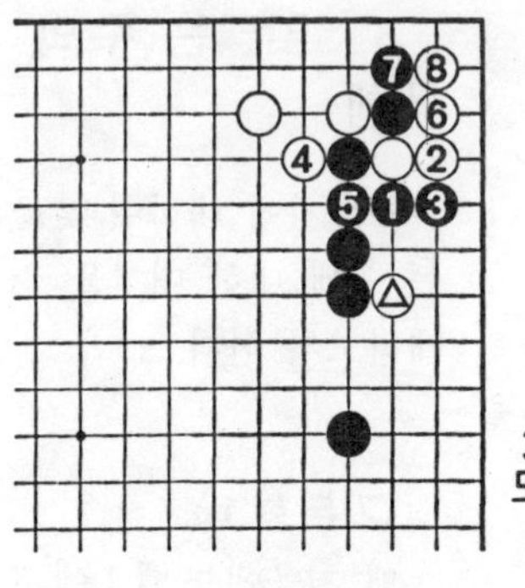

3도

〈기본형 1〉의 백 1이다.

3도 (변화) 백 △를 잡는다면 흑 1, 3 으로 두는 수이다. 백 8 까지 귀의 집이 크다. 이것은 백 △를 잡는 모양에서 흑이 완전히 뭉쳐있는 모양이다.

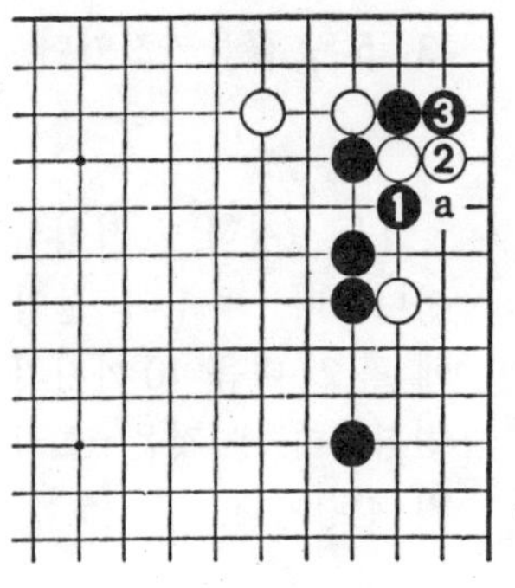

4도

4도 (정착) 이런 모양에서의 정착은 3 으로 안쪽을 두는 수이다. 백 a로 두는 수를 생각할 수가 있다.

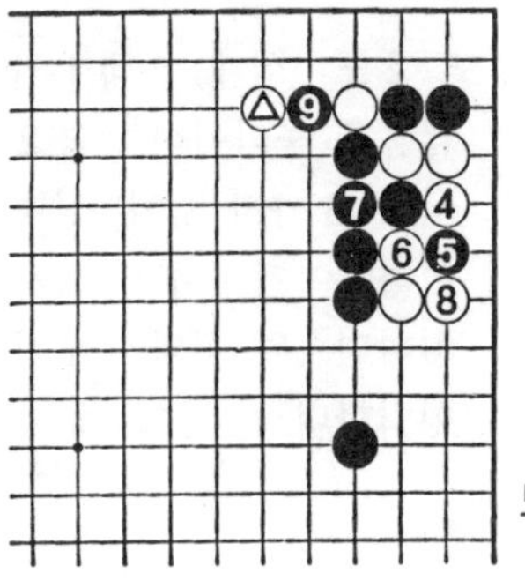

5도

5도 (젖혀 나감) 백 4에는 흑 5로 젖혀나가는 수이다. 백 6 의 단수 다음에 7, 9로 돌아간다. 흑이 크게 유리하다.

우변의 백에게는 맛이 남아 있다. 이를 소개하고자 한다.

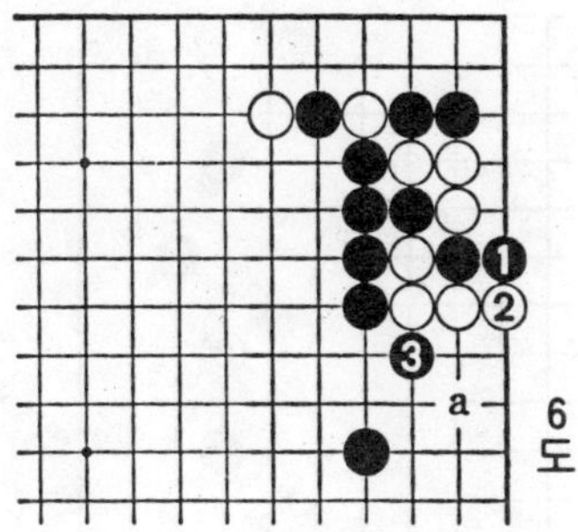

6도 (뻗음) 백a의 한 칸 뛰는 수가 무사하지만 이것은 백의 후수이다. 백이 손을 빼면 흑**1**, **3**으로 조이는 수가 있다. 백의 작전은 실패이다.

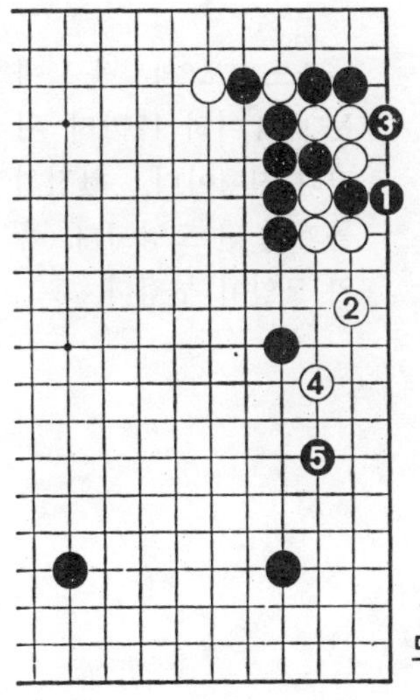

7도 (변화) 전멸을 피한다면 백**2**, **4**로 두어 3점을 사석으로 이용한다. 바른 응접이 아니면 손해가 많다.

여기서 흑**1**의 내려섬에 백**2**의 한 칸 뛰어 나감은 필연적인 착수 (着手)이다. 흑**3**의 단수도 불가피한 수순이다. 백은 단수된 사석 3점을 이용하여 **4**로 뛴다. 흑은 **5**로 백의 진로를 차단한다.

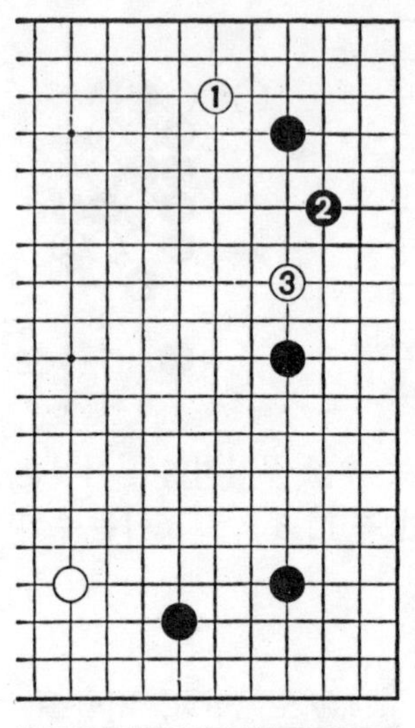
기본형 2

〈기본형 2〉

백 1 의 걸침에 흑 2 의 날일자 받음이다. 날일자 받음은 전형적인 수이다.

이때 백 3 은 책략이 담긴 수이다.

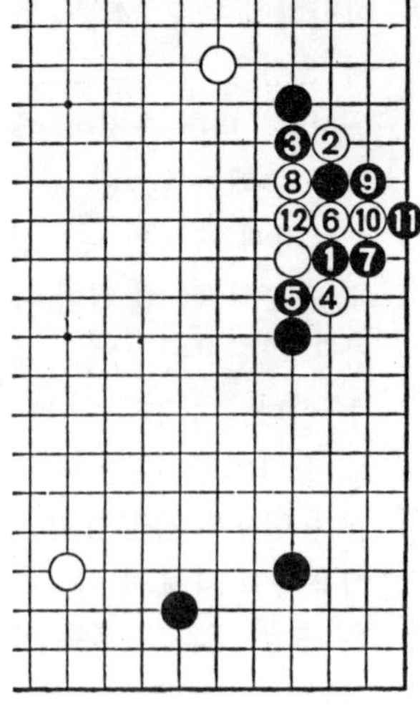
1 도

1 도 (모양) 흑 1 에는 백 4 이하 12까지 외길의 진행이다. 완전히 돌파가 된 모양이다. 흑의 모양이 무겁다.

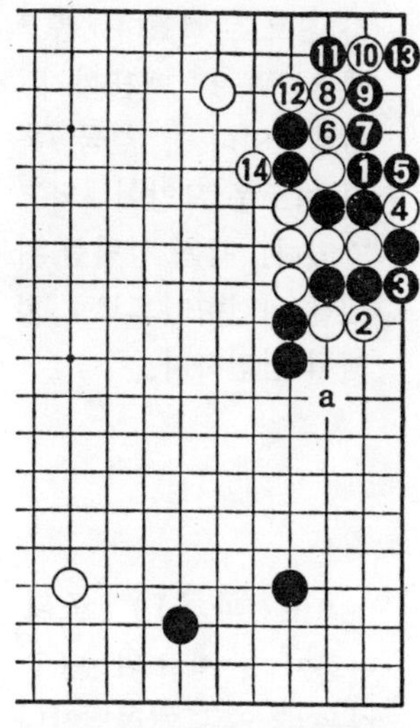

2
도

2도 (그후 1) 흑 1로 위쪽의 백을 단수하며 나가는 것은 백 2, 4 다음에 6으로 빠진다. 흑이 추격을 가할 수 없다. 백 a로 뛰어나가는 수가 남는다.

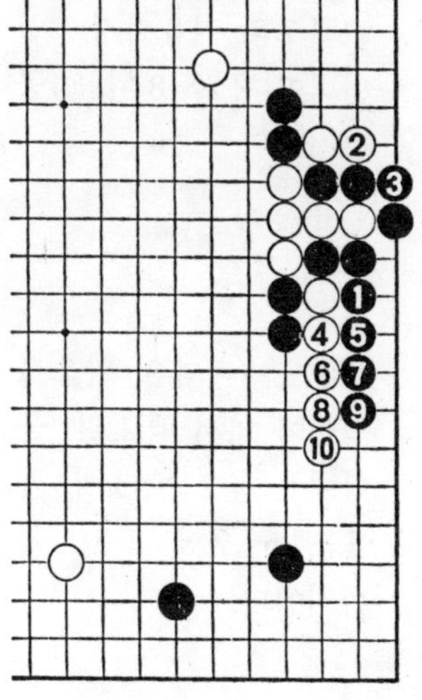

3
도

3도 (그후 2) 흑 1로 하변을 나가는 것은 이하 10까지이다.

일거에 국면이 백쪽으로 기울어진 모양이다.

흑 1의 단수에도 불구하고, 백 2는 흑 3의 필연적인 수순을 주문하는 단수를 불렀다. 그런 후 흑 3에 대한 대응으로 백 4로 나갔다. 흑은 5로 계속 나갔고, 백 역시 6으로 뻗었다. 흑7, 백8, 흑9, 백10까지 진행되었다. . 결국 흑이 괴로운 모양이 되고 말았다. 백은 강력한 외세를 마련하였으므로 희색이 만면하다.

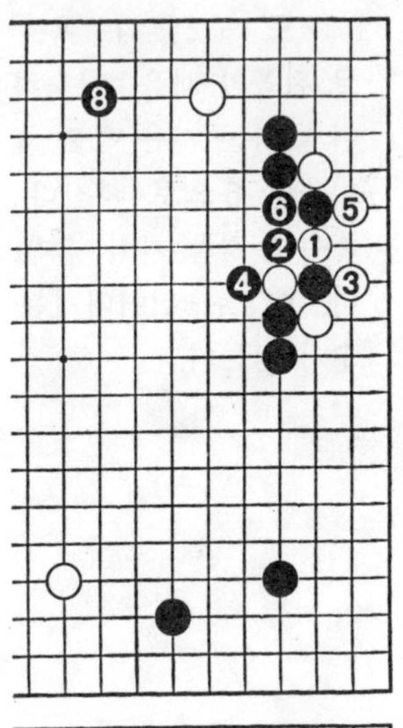

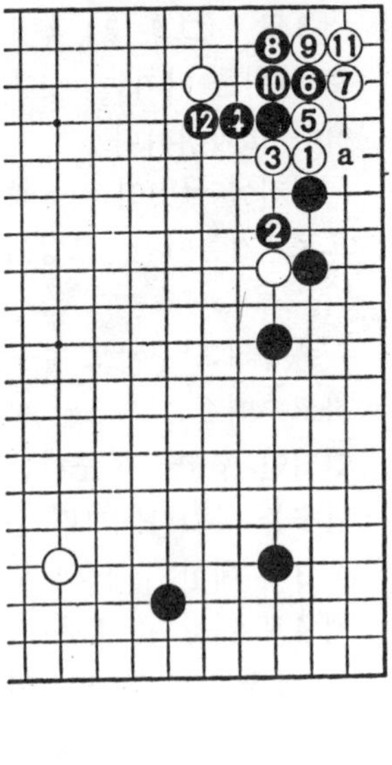

4도

4도 (파괴 1) 1도의 변화이다. 백 1의 단수 다음 3으로 때려냄이다. 이하 7의 이음까지 일단락이다. 흑 8의 협공까지이다.

5도

5도 (파괴 2) 앞으로 되돌아 가서 백 1의 붙임에는 흑 2, 백 3에 흑 4, 백 5, 7에 흑 6, 8까지이다.

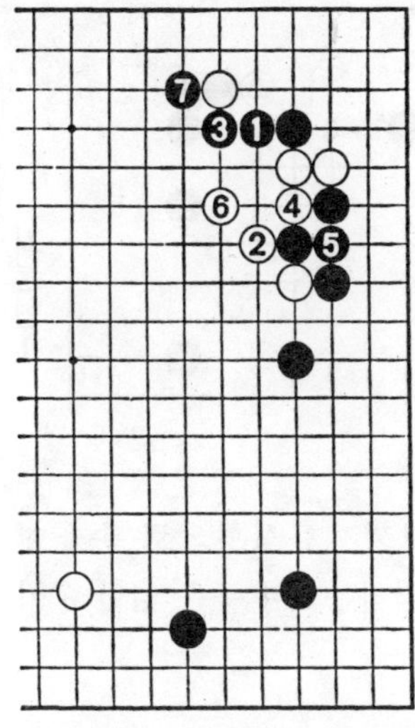

6
도

6도 (파괴 3) 흑 1의 뻗음에는 백 2의 젖힘이 맥이다. 백은 4, 6까지 모양을 정비한다. 흑은 양쪽을 모두 두어 불만이 없다.

중요한 것은 1도의 형이 완결되기 전에 간단히 파괴하는 것이 좋은 수순이 될 수 있다.

여기에서 소개하고자 한다.

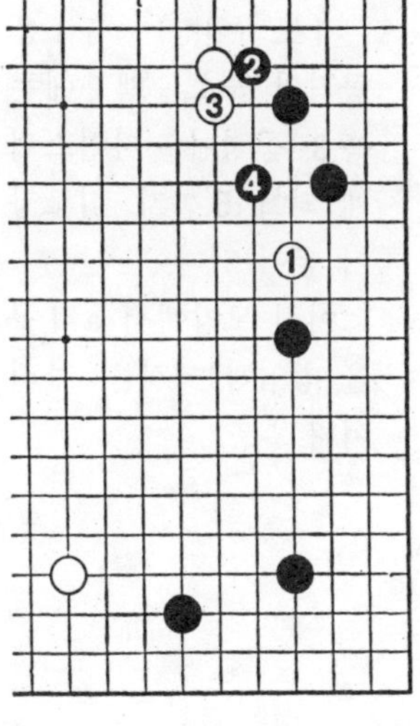

7
도

7도 (최선) 흑 2, 4가 최선으로 백은 상하를 이을 수가 없다.

이 모양에서는 백이 괴로운 형세를 하고 있다. 흑의 세력은 막강하다. 흑 2에 대한 백 3의 뻗음도 그다지 효력을 볼 것 같지 않다. 흑 4가 너무나 강력하기 때문이다.

7. 공격의 요령

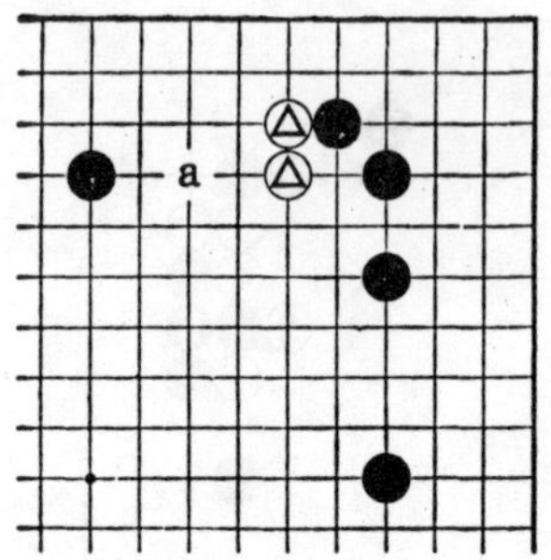

막연한 공격은 누구나 할 수가 있다. 공격을 함에도 요령이 있다. 이것을 알지 않으면 안 된다.

〈기본형 1〉

백◬표 2점은 a로 두는 것까지가 상형으로 손을 뺀 모양이라면 백◬표 2점을 공격하는 a의 곳은 엄한 수이다.

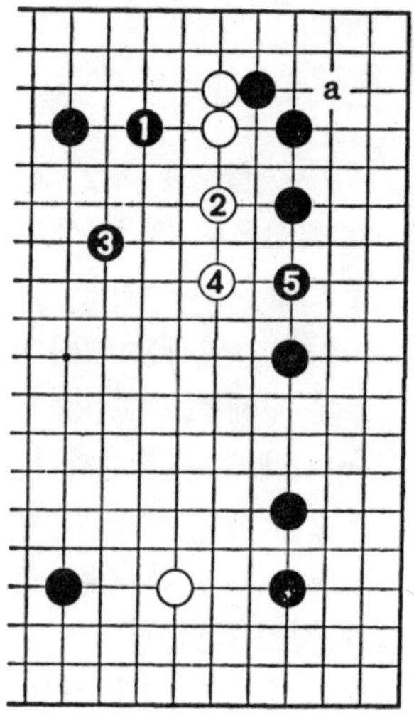

1도 (한칸) 흑1은 공격의 급소. 백2에는 흑3 공격이 자연스럽게 되어 5까지 집모양이 굳어 있다.

이런 모양에서 a의 곳을 침입하는 것은 무리이다.

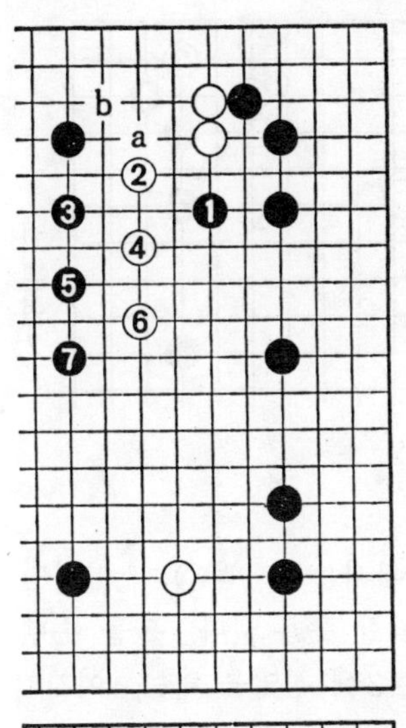

2도

2도 (모자씌움) 흑 1의 모자씌움이 호점이다. 백 2에서 흑 3, 이하 7까지이다. 백 2를 a는 흑 b로 찌르는 급소가 있다.

3도

3도 (모양) 흑 1의 날일자는 완착이다. 백 2, 4로 가벼운 모양이 된다. 이런 모양이라면 백 a의 3·3 침입은 성공한다.

흑 3은 필연적인 이음이지만, 백 4의 명쾌함을 따라가지 못하는 아쉬움이 있다.

다음의 진행도는 흥미로운 모양이 예상된다. 초심자는 수순을 기억해 두자.

〈기본형 2〉

백 3, 흑 4의 교환 다음 a의 2칸 벌림이 있는 곳이다. 그 중에는 a를 생략하고 다른 곳을 두는 수도 있다. 이에 대한 공격의 문제이다.

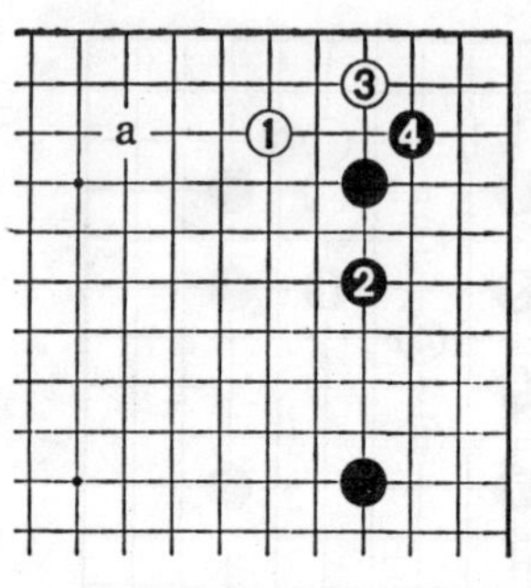

1도 (정석) 이런 모양의 도에서는 즉, 백 Ⓐ가 있다면 3, 5는 정석이다. 백 5를 생략할 수가 없다. 5를 손뺀다면 백 3으로는 흑 4의 곳 3·3에 침입을 하는 여지가 있다.

늘 강조되고 있는 문제이지만, 특히 초심자는 수읽기의 힘을 기르는데 심심찮은 노력을 경주해야 될 줄로 믿는다.

왜냐하면 수읽기의 힘이 결여되어 있으면 결코 맥점을 올바로 찾아내어 응수할 수가 없기 때문이다.

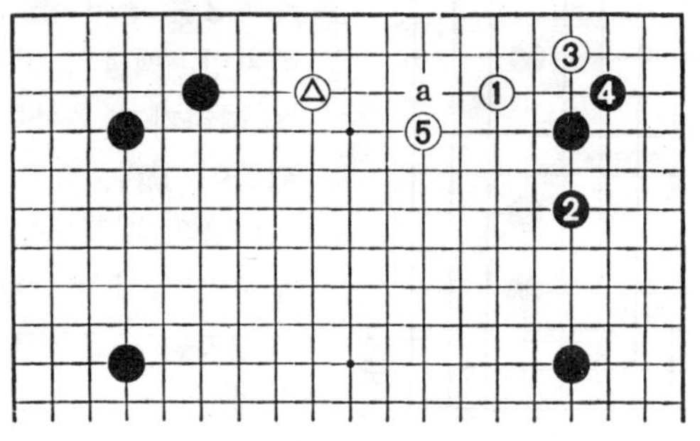

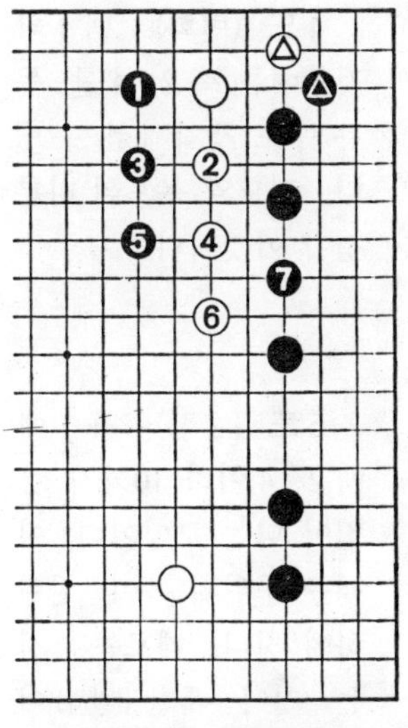

2도

2도 (한칸 협공) 흑 1의 한칸 협공이 엄한 수이다.

흑▲와 백△의 교환은 백이 악수임이 분명하다. 백은 3·3에 침입을 할 수 없으므로 계속 2, 4, 6으로 뜀을 한다.

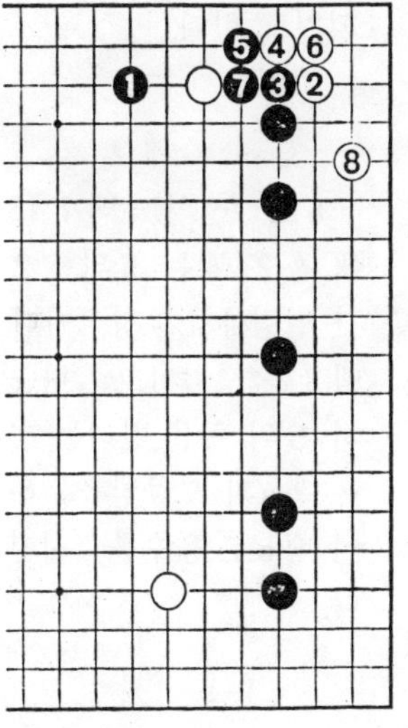

3도

3도 (3·3) 흑 1의 협공에는 3·3에 침입을 하여 8까지이다.

이것은 간단히 사는 모양이다.

흑 1의 협공에 대해 백은 즉각 2로 3·3에 뛰어들었다. 흑 3의 내려섬은 당연한 수순이다.

백은 4로 젖혀서 넘어감을 엿보았고, 흑은 5로 즉각 젖혀 막았다. 백 6의 이음에 대한 흑 7의 이음은 필연적인 수순이다.

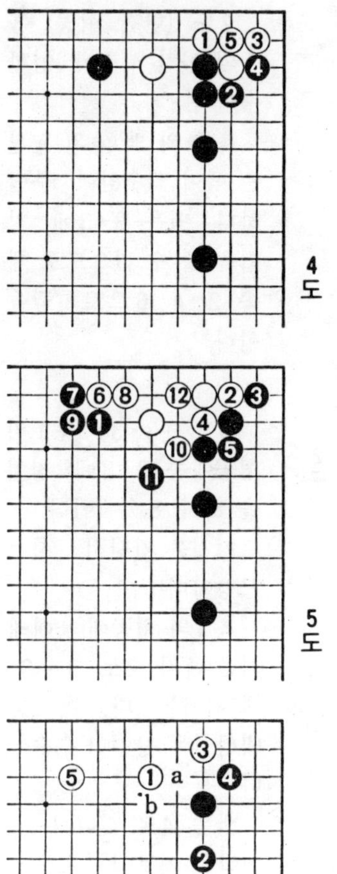

4 도 (변화) 백 1 의 젖힘에는 흑 2 , 4 를 두는 수도 생각해볼 수 있다. 전도와 본도의 다른 점이 이것이다.

5 도 (2 집) 흑 1 에 백 2 , 4 이하 10까지 2 집이 나는 모양이다. 이것은 주위의 흑이 단단하여 진다. 때로는 사는 것이 패인(敗因)이 되기도 한다.

6 도 (정석) 백 1 , 3 에 흑 2 , 4 는 5 의 2 칸 벌림까지가 정석이다. 백 3 을 생략하고 단순히 5 의 곳을 벌리는 것은 흑 a의 모붙임을 하여 백 b로 응수를 시킨다.

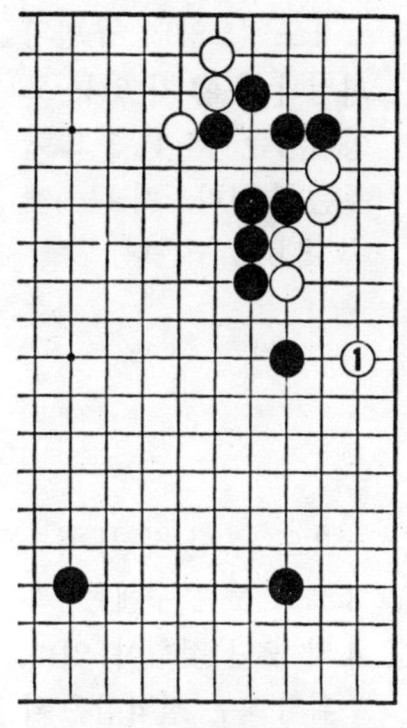
기본형 3

〈기본형 3〉

이런 배석의 모양에서는 백 1로 두는 것이 맥점이다. 백모양이 엷어서 적절한 공격 수단이 있다.

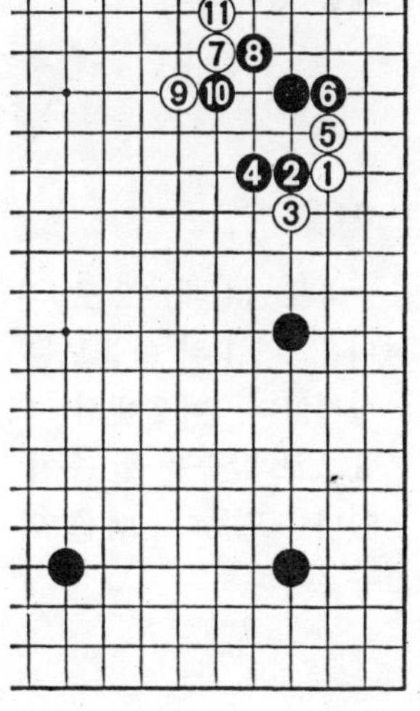
1도

1도 (프로라면) 이런 모양에서 프로의 수법을 소개하고자 한다. 호선의 바둑에서는 거의 없고 접바둑에서 많이 나타나는 모양이다. 백 1에 흑 2, 4는 이하 백 11까지 일단락이다.

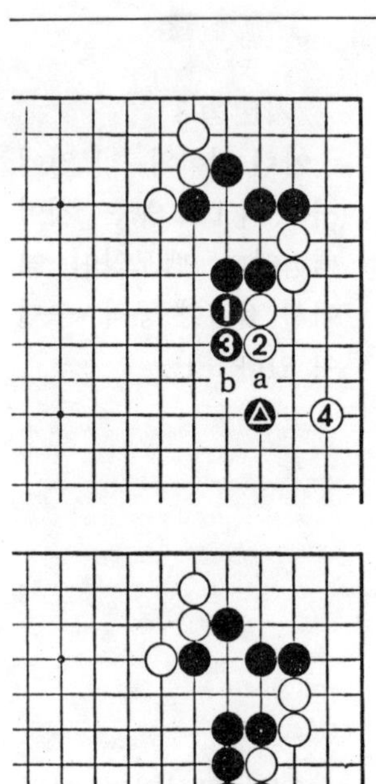

2도

2도 (모양) 우변의 화점에 흑▲가 있는 모양에서는 흑1, 3으로 두는 수이다. 백a는 계속 흑b로 누른다.

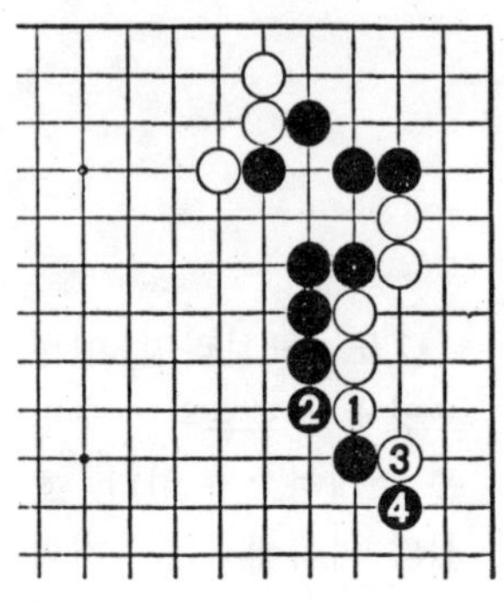

3도

3도 (2단 젖힘) 백1, 3으로 두는 수에는 흑4의 2단 젖힘이 있다. 주위의 흑은 철벽같은 외세를 만든다.

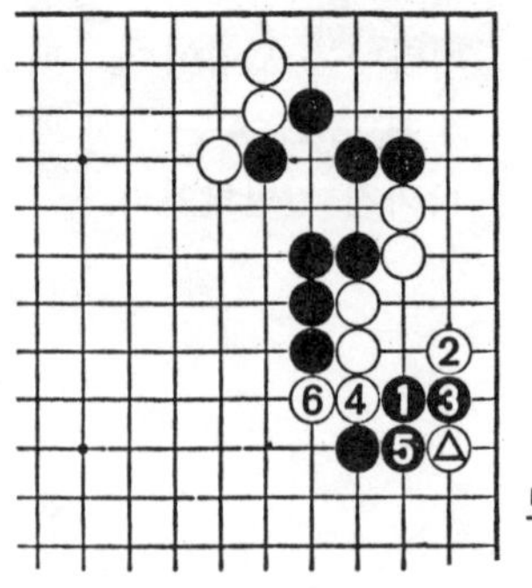

4도

4도 (실패) 2도 의 다음 흑1의 마늘모는 실패이다. 백2에서 4, 6으로 탈출을 할 수가 있다. 모두다 백△의 공로이다.

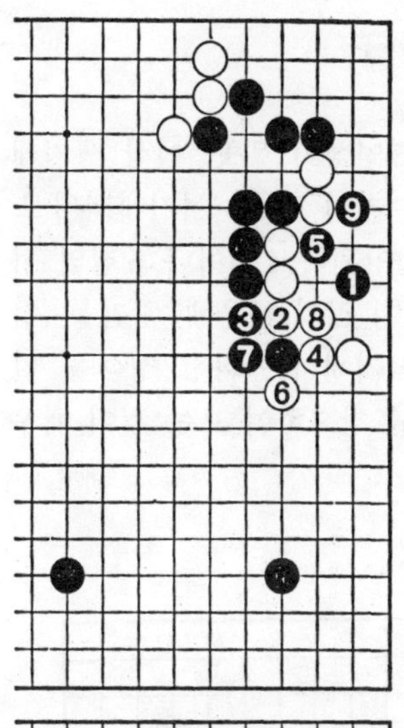

5 도

5 도 (맥점) 엄한 공격의 급소는 흑 1 이다. 흑의 폐부를 찌르는 일착이다. 백 2, 4 에서 흑 5 의 끊음, 백6 . 8에서 흑9 까지이다.

6 도

6 도 (바꿔치기) 백 2 에는 흑 3 의 붙임이 강수이다.

흑 9 까지 5 점을 잡아 만족이다. 흑이 두터운 모양이 아닐 수 없다.

이러한 모양의 수순은 머릿속에 기억해 두는 것이 좋다. 특히 초심자의 경우에는 유력한 모양의 수순은 가급적 많이 암기해 두고 실전에서 응용해보는 것도 기력(棋力)향상에 도움이 되는 일이다.

4점— 5점 바둑

6점 이상의 접바둑에서는 3연성이 2곳 이상 생기게 된다. 그러기 때문에 변화의 여지가 작다. 여기에서의 초반 전투의 정도를 알지 않으면 안된다. 4점이나 5점의 접바둑에서는 변에 돌이 놓여 있지 않기 때문에 4귀를 점거한 돌의 위력은 막강하다. 여기에서는 화점 정석을 알고 있으면 매우 유리하다. 이를 참고하여 보는 것이 매우 중요하다.

1. 화점의 주변

4귀의 화점에 돌이 놓여져 있다면 화점 주변의 변화를 몸에 익혀 두지 않으면 안된다.

〈기본형 1〉

다음 백 1에 흑 2의 한칸 받음의 정석이다.

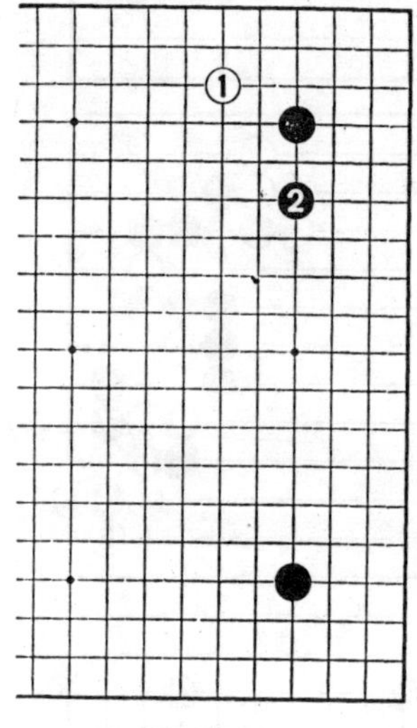

기본형 1

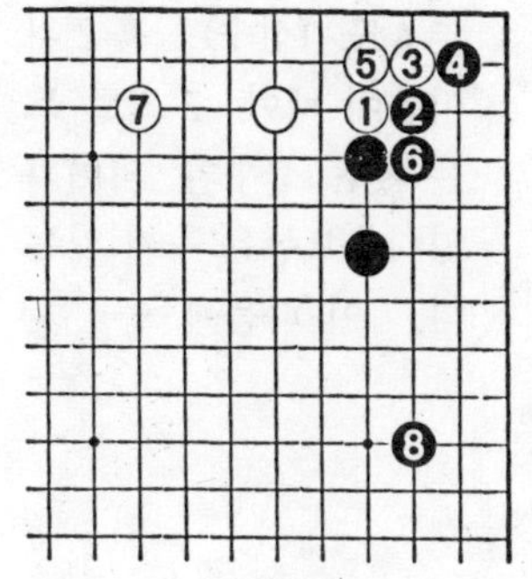

1도

1도 (붙임)　백 **1**의 붙임에 흑 **2**는　당연하다. 여기에서 백 **3**에는 흑 **4**의 2단 젖힘이 엄한 수이다. 백 **5**의 이음에서 이하 **8**까지 자주 나타나는 정석이다.

2도

2도 (실리와 외세) 백 **3**에는 흑 **4**, **6**으로 두는 방법이 있다. 백 **9**까지 실리와 외세로　갈린다. 백 **7**을——

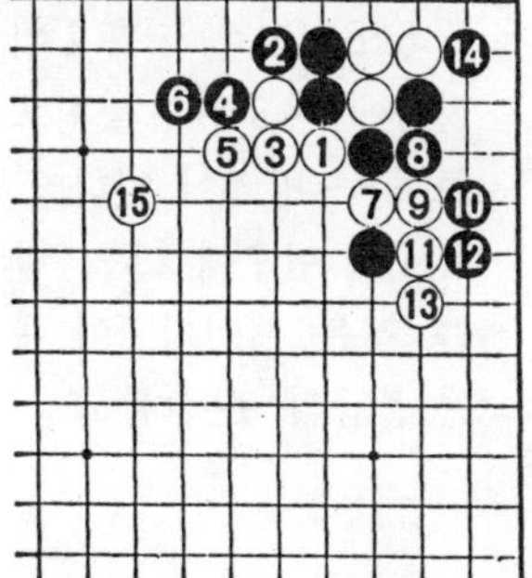

3도

3도 (충분)　**1**의 곳을 끊게 되면 실리와 외세가 반대로 된다. 백 **15**까지 외길의 진행이다.

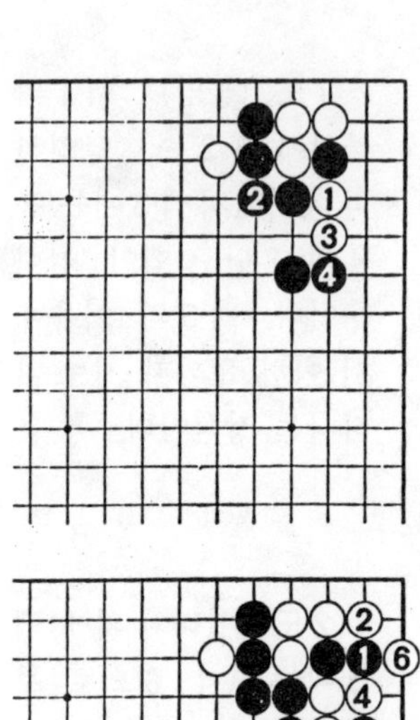

4 도 (선수) 흑 2 의 이음에 백이 3 으로 느는 것은 선수의 의미가 있다. 보통은 두지 않는다. 이 다음에 ——

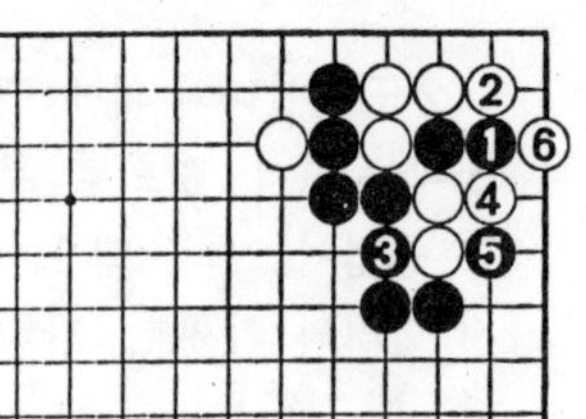

5 도 (조임) 시기를 보아 흑 1 로 뻗는다. 백 2 에서 5 까지 조이는 수가 있다. 선수로 철벽 같은 외세를 구축한다.

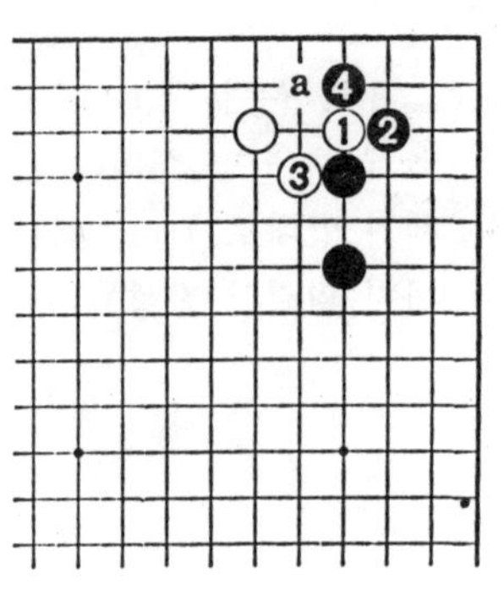

6 도 (변화) 흑 2 의 막음에 백 3 의 젖힘으로 두는 방법이 있다. 흑 4 의 단수에 a로 받는 것은 패이다. 이 패는 불급의 곳이다.

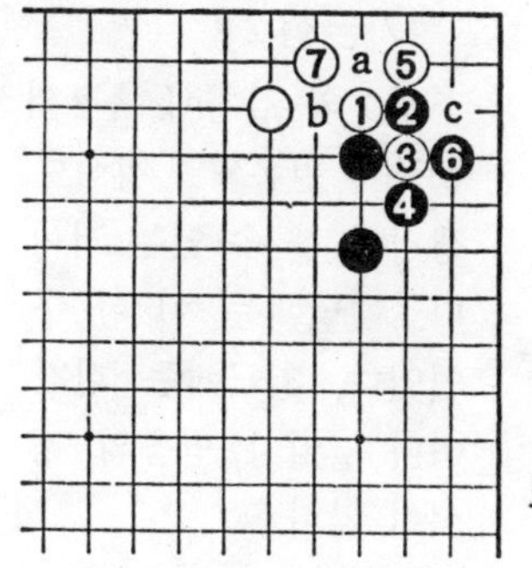

7도

7도 (끊고 젖힘) 한칸 굳힘의 모양에서는 끊고 젖힘도 성립을 한다. 흑4의 단수에는 백은 5, 7로 둔다. 백5를 6으로 두는 것은 흑a, 백b, 흑c로 될 자리이다.

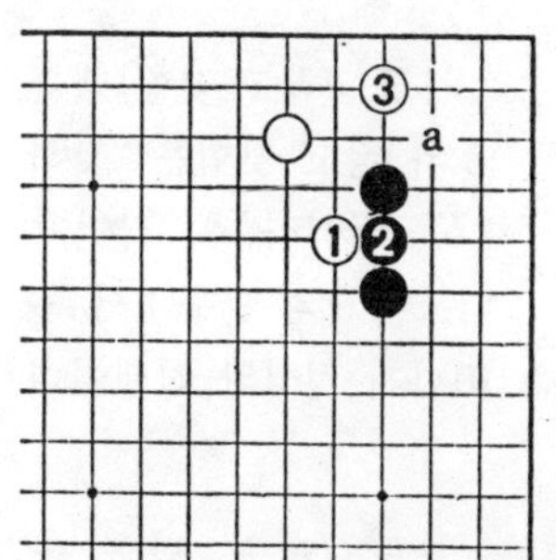

8도

8도 (이익?) 백1, 3으로 두는 케이스가 있다. 흑a의 받음은 흑2가 이익일까?

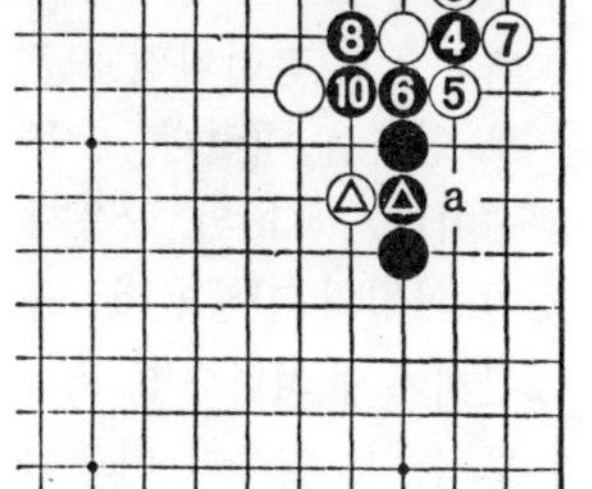

9도

9도 (반발) 흑4의 붙임의 반발이 있다. 백5에서 흑10의 붙임까지——. 이것은 외길의 응접이다. 자연 백△와 흑▲의 교환은 백의 악수이다. 백은 a의 곳 노림이 사라졌다.

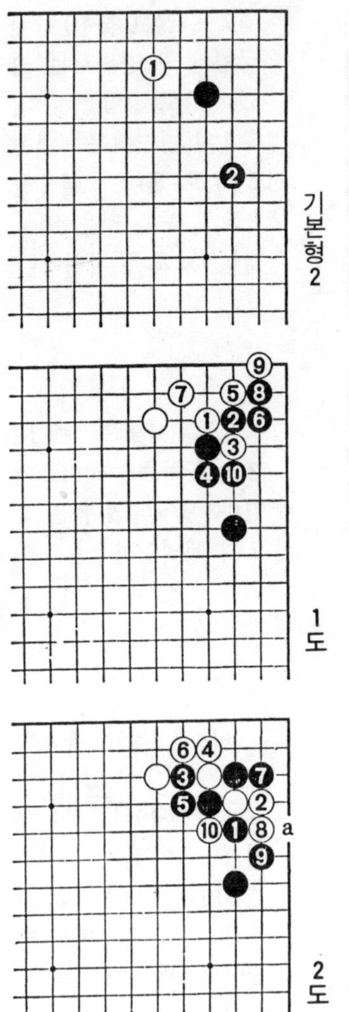

〈기본형 2〉

백 1 의 걸침에 흑 2 의 눈목자 받음의 정석도 생각해 볼 수 있는 점이다. 옛날에는 이 한 수였었다. 최근에는 한칸이나 날일자 받음의 정석이 많다.

1 도 (끊고 젖힘) 백 1, 3 의 끊고 젖힘은 '젖히거든 끊어라'는 격언이다. 백 5 의 단수에서 흑 10까지 정석의 진행이다.

2 도 (단수, 단수) 흑 1, 3 의 연단수로 두는 정석이 있다. 여기에서 백 6 으로 건너가면 흑 7 로 안쪽을 내린다. 좋은 수이다. 백 10의 끊음까지 외길의 진행인데 축관계가 유리하다면 흑 a 로 둔다. 축이 나쁘다면—

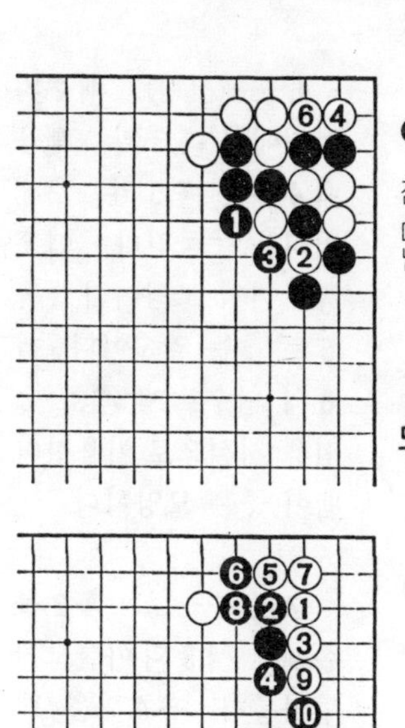

3도

3도 (때림) 흑 1, 3으로 조인다. 귀쪽은 백에게 내어준다. 두터움을 선수로 흑은 벽을 쌓는다.

4도

4도 (3·3) 백 1로 3·3에 침입을 하는 모양도 때로 필요한 수이다. 흑 2의 내려 막음이다. 흑 2를 3으로두는 것은 백 2를 허락할 수 밖에 없다. 백 3에서 10까지 정석이다.

5도

5도 (이 후에) 백 1의 한칸 뜀에는 흑 2의 붙임이다.

백 3에는 흑 4로 늘어 응수를 한다.

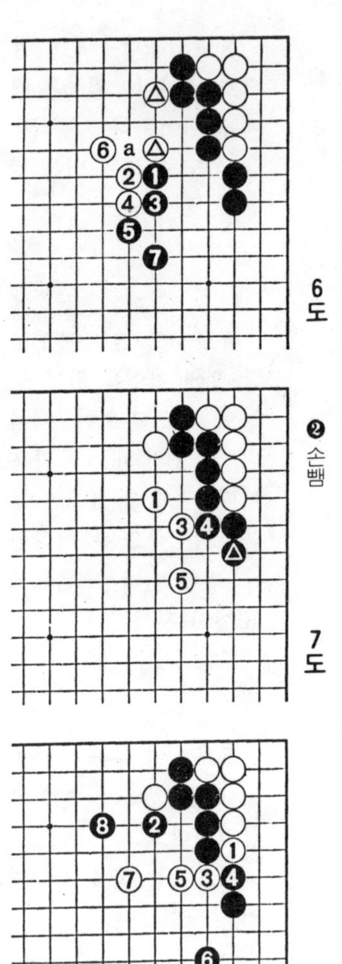

6도

❷손뺌

7도

8도

6도 (젖힘) 백 2의 젖힘에서 흑 3의 뻗음. 백 4에는 흑 5의 2점 머리를 두둘긴다. 이후 흑 7까지 모양이다. 흑 5로 a는 악수이다. 백 6의 단수로 백 Ⓐ표 2점을 사석으로 이용한다. 백이 좋은 모양이다.

7도 (급소) 흑 2를 손빼면 백 3의 마늘모가 날카롭다. 흑 4 다음 백 5까지이다. 흑의 모양이 붕괴된다. 흑 ▲표가 빈삼각으로 모양이 나쁘다. 백 3의 곳이 흑의 급소이다.

8도 (정석) 백 1에는 흑 2의 젖힘이 정석이다.

백 3의 젖혀 나감은 기세, 다음 흑 4에서 8의 한칸 뜀까지 일단락이다.

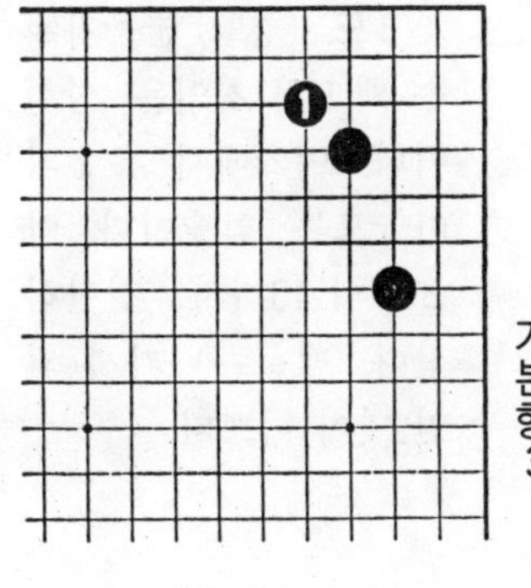

〈기본형 3〉

앞에서 나온 모양에서 귀를 지키는 데에는 3수가 필요하다. 본래의 화점의 성질을 생각해 보자. 귀에서 소비하는 3수의 견본이다.

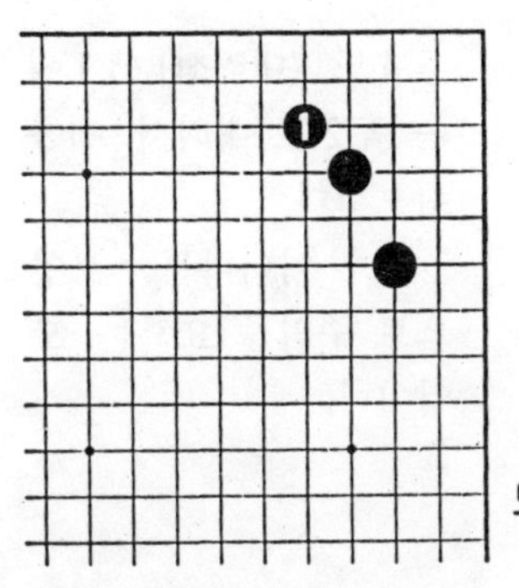

1도 (날일자) 날일자에서 흑 1의 마늘모이다. 〈기본형 3〉에 대하여 견실한 의미가 있긴 하지만 변의 발전성은 떨어진다.

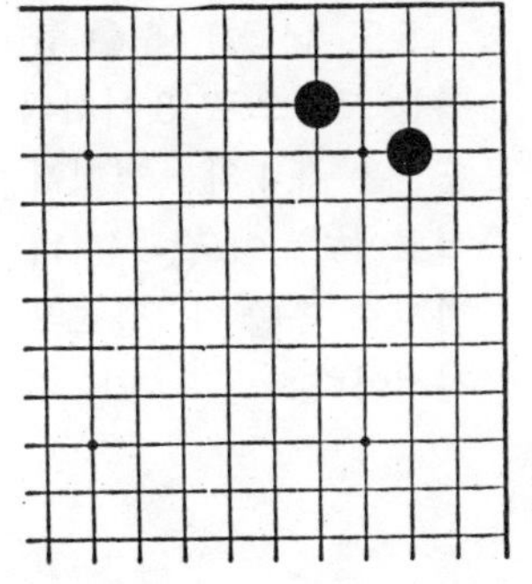

2도 (이상형) 본도는 2수로 지키는 흑의 이상적인 굳힘으로 능률적인 굳힘이다.

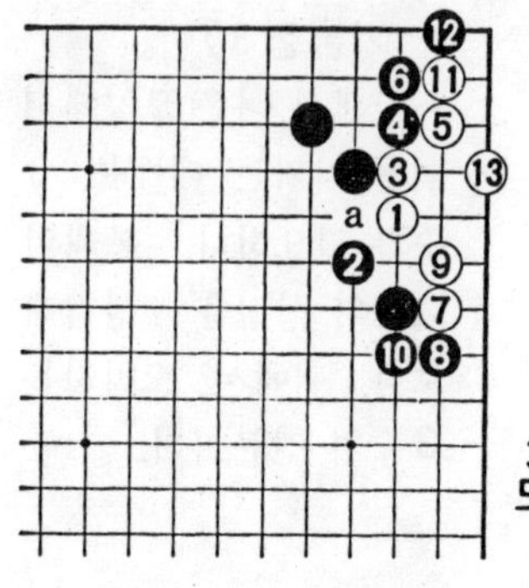

3도

3도 (침입) 눈목자에는 백 1의 침입은 상형이다. 여기에서 흑 2의 마늘모는 악수이다. 백 3에서 13까지 간단히 산다. 백 a로 나가게 되면 맛이 나쁘다.

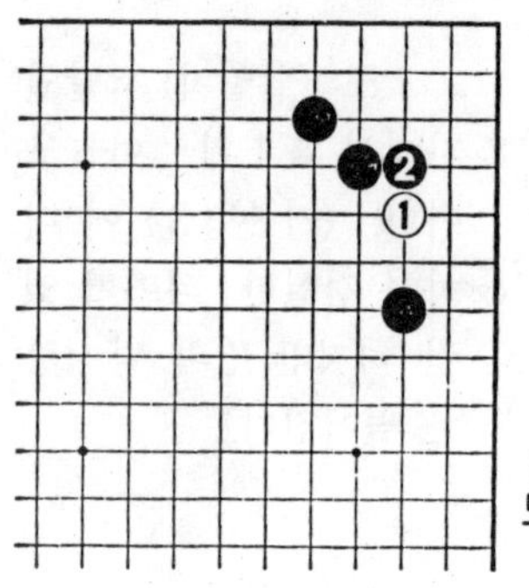

4도

4도 (내려섬) 백 1에는 흑 2로 내려서 귀를 확보한다.

자주 나타나는 모양으로 주의를 요하는 모양이다.

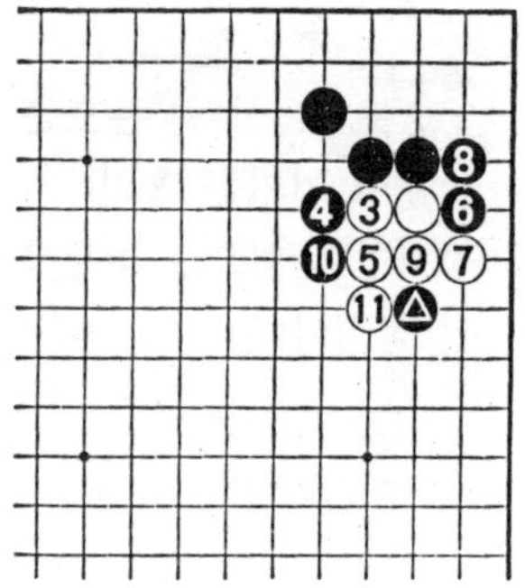

5도

5도 (사석) 흑△를 잡는 모양으로 3 이하의 수순은 흑 4의 젖힘이 절호이다. 이 결과는 11까지로 흑△가 절호의 사석이다.

2. 협공

백1의 걸침에 흑2의 협공은 하나의 작전이다.

흑2로는 a의 화점도 있다. 백은 3의 곳에 양걸침을 하였다.

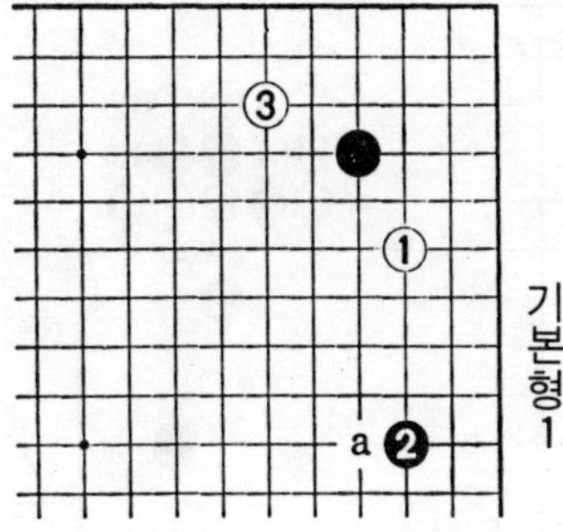

기본형 1

자, 여기에 어떤 수단의 여지가 있을까? 여기에서는 3부터 시작이다.

1도 (마늘모) 이것은 옛날에 둔 응수의 하나이다.

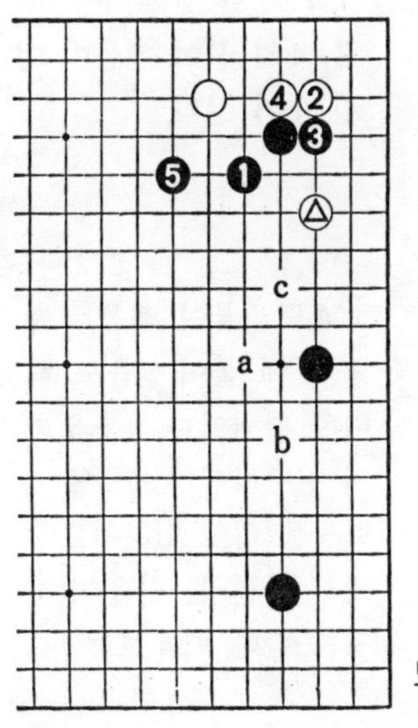

1도

백2에 흑3, 5로 두어 우변의 흑모양을 키우는 것이 중요하다. 이 다음 백a의 모자는 흑b의 받음이 정착이다. 백◬를 잡기 위해서는 c의 곳을 둘 수밖에 없다.

전체적인 모양의 국면을 잘 살펴보고, 진행도를 머릿속에 그려본 다음, 수순을 생각해 보자. 무엇보다도 적정한 맥점을 찾는 것이 중요하다.

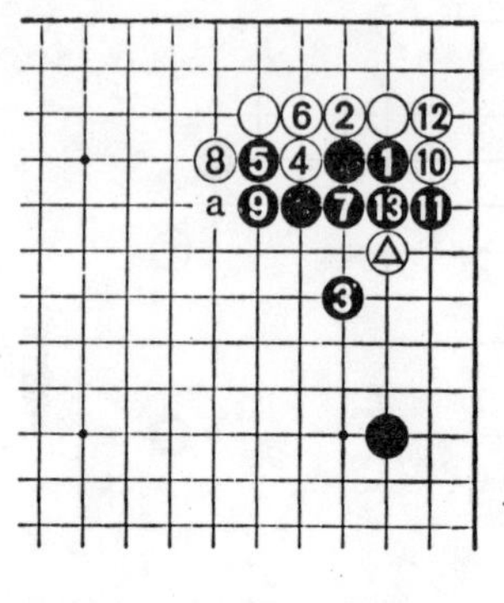

2도

2도 (악수) 백2에 흑3으로 백△를 잡는 것은 악수이다. 다음에 머리를 두들겨 맞는 수가 있다. 이유는 백4에서 13의 이음까지 응접이 명백하다. 흑3이 a에 있음은 전도이다. 흑3을——

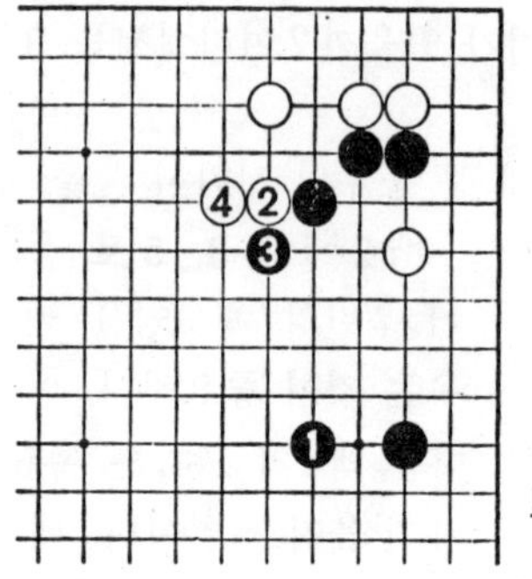

3도

3도 (붙여 뻗음)

1로 한 칸 뛰고, 백 2, 4의 붙여 뻗음이 엄한 수가 된다.

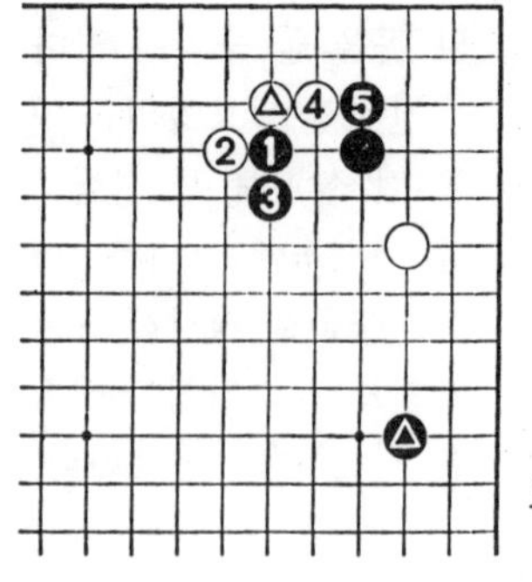

4도

4도 (붙여 뻗음) 흑 1, 3에 붙여 뻗음도 하나의 책략이다. 흑5까지 일단락이다. 흑▲가 협공을 하고 있는 모양에서 백△는 빛을 발하지 못한다. 백4로는——

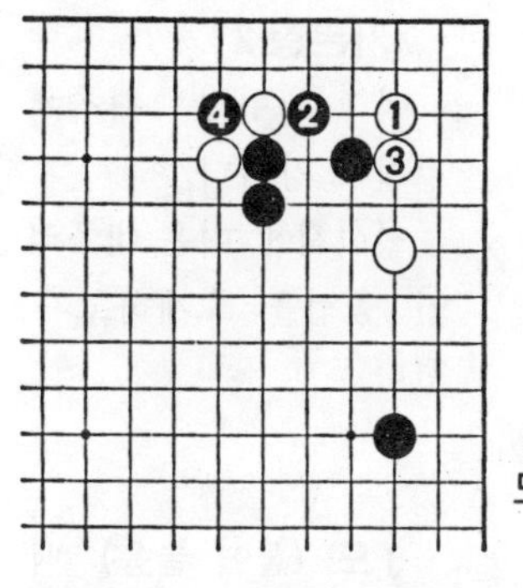

5도 (3·3) 백 1 로 3·3에 침입을 하는 정석이다.

흑 2 의 막음에는 백 3 다음 4 까지이다. 일단락이다.

백 3 으로는——

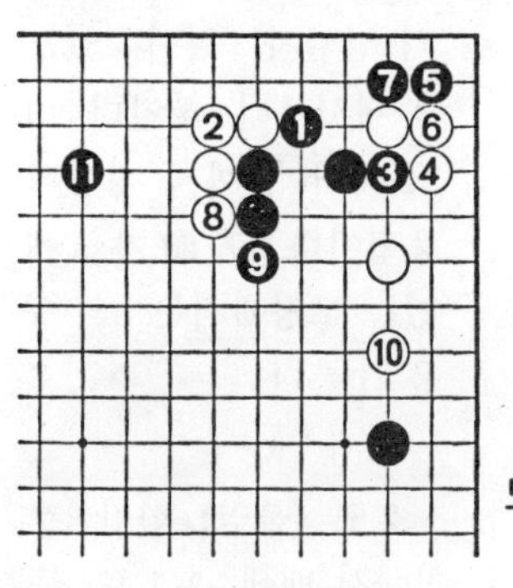

6도 (맥) 2 의 이음도 정석이다. 백 4 때 흑 5 는 맥점이다. 백 6 의 이음에서 10까지 일단락이다. 흑11로 백 4 점을 공격하는 모양에서 백은 양쪽을 공격당하여 실패이다.

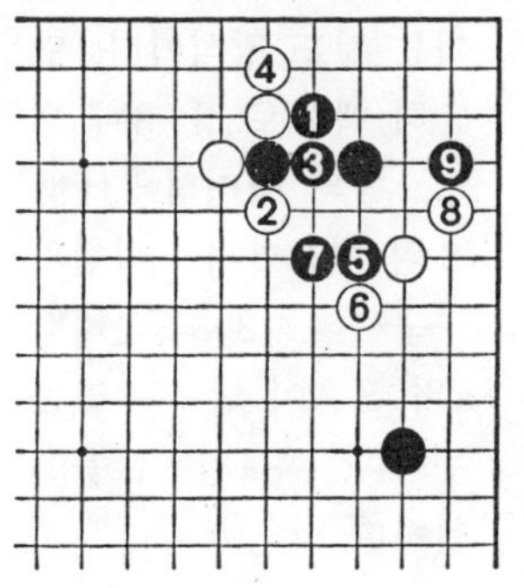

7도 (붙여누름) 흑 1 로 눌러 때리는 방법도 있다. 백 2 의 단수에서 흑 9 로 이어 귀를 확보하게 된다.

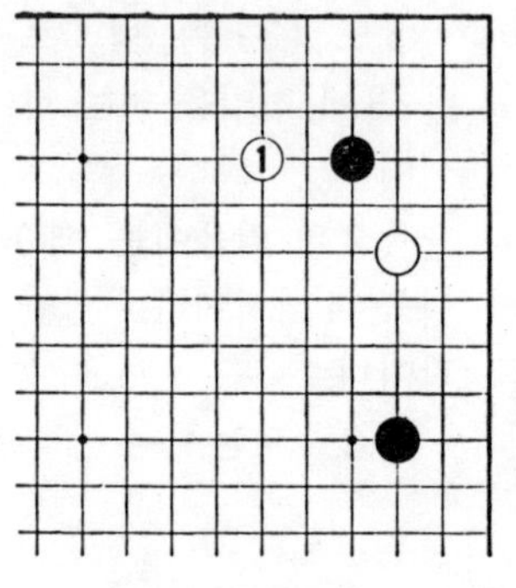

〈기본형 2〉

백 1 로 한칸 위쪽에 걸친 모양이다.

정석책에 나온 대표적인 응접을 소개하고자 한다.

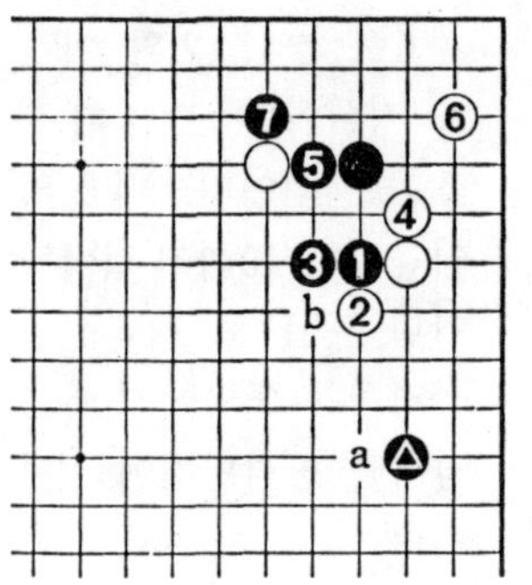

1 도 (붙여 늘음) 백의 날일자 걸쳐 있는 쪽에서부터 붙인다. 백 2에서 7까지 상용의 응접이다. 흑◭가 a에 있는 모양에서는 b의 곳을 누른다.

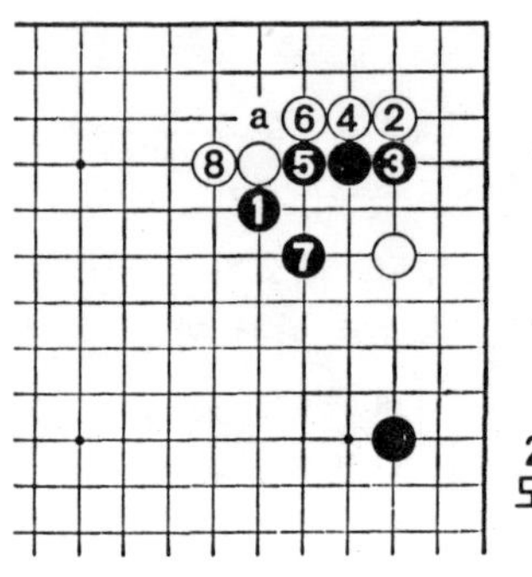

2 도 (붙임) 한칸 걸침에서 백에 흑 1 로 붙이는 것도 정석이다. 단순히 백 2 로 3·3에 침입, 3의 내려섬에서 백 8의 뻗음까지 필연의 수순이다. 8을 손빼면 a의 끊음이 남아 있는 곳이다. 흑a의 끊음이 엄하다.

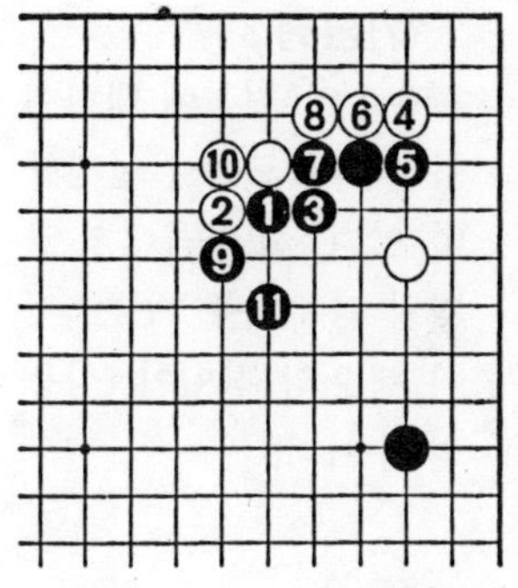
3도

3도 (붙여 늘음) 백 2의 젖힘에서 4의 3·3 침입까지도 정석이다.

흑5의 내려섬에서 11의 호구침까지도 일단락이다. 여기에서 흑7로는——.

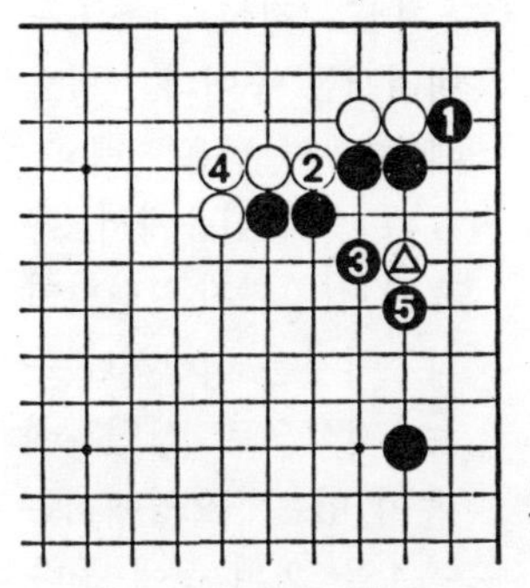
4도

4도 (내려섬) 흑1의 젖힘이 상용의 수이다. 백2에는 흑3의 호구침, 백4의 견실한 이음에 흑5의 내려서 막음이다. 백◬를 움직이지 못하게 하는 맥이다.

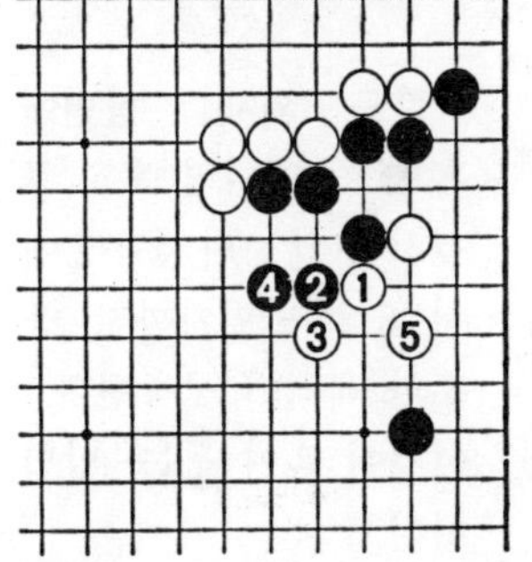
5도

5도 (젖힘) 백1, 3의 2단 젖힘이 강수이다. 백5의 지킴까지 모양이다.

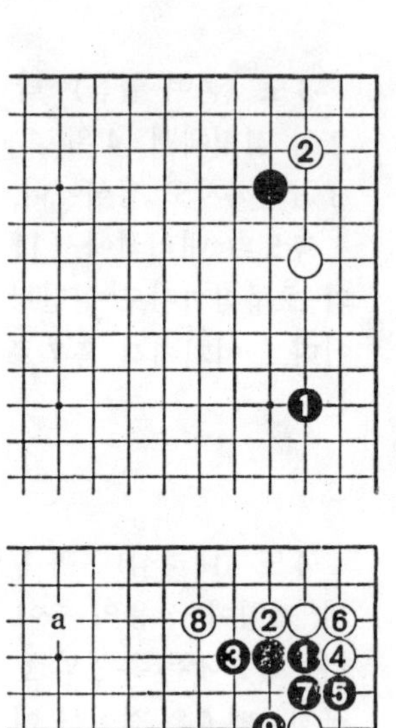

기본형 3

〈기본형 3〉

흑 1의 협공에 대하여 양걸침의 모양을 설명한 바 있다. 접바둑에서 양걸침 외에 자주 두는 것이 백 2의 침입이 상용의 수이다.

1도

1도 (정석) 흑 1로 내려서는 수이다. 백 2에는 3의 뻗음, 백 4, 6의 젖혀 이음에서 흑 9의 젖힘까지 일단락이다. 이것은 비상시에 두는 정석으로 상변 a에 흑이 있는 모양에서는 흑1을 2의 곳에 둔다.

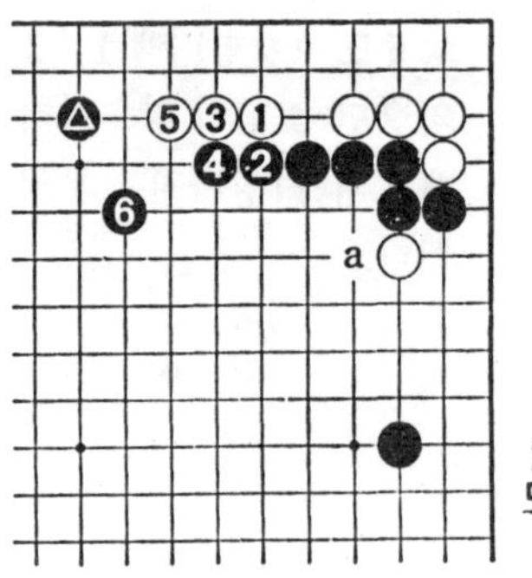

2도

2도 (외세) 상변에 흑▲가 있다면 흑a 로 젖히지 않는다. 흑 2에서 6의 날일자까지 웅후한 세력이 구축된다. 이것이 흑이 두는 방법이다.

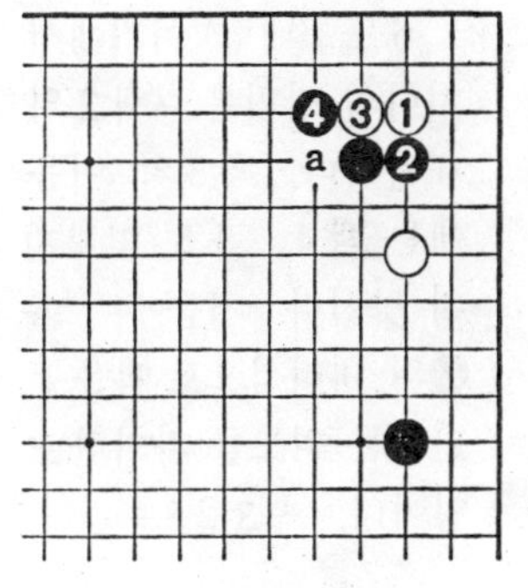
3도

3도 (변화) 백 3에 흑 4의 젖히는 수이다. 흑 4로 a의 곳 뻗음은 역시 정석이다. 반격수단이 있는 곳이다.

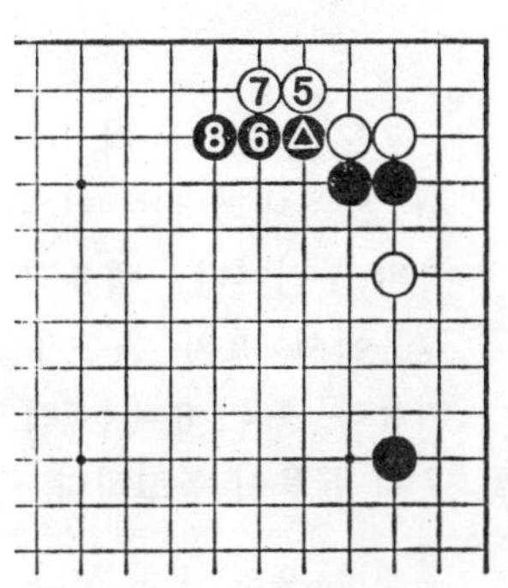
4도

4도 (누름) 백 5, 7에는 흑△의 누름이 적당한 반격이 없다.

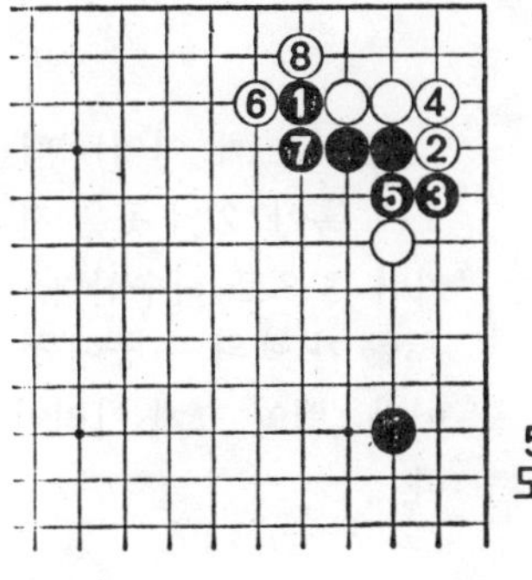
5도

5도 (껴붙임) 흑 1에는 다음의 방법도 일책이다.

백 2, 4로 젖혀 이음 다음에 6의 곳을 껴붙이는 수이다.

좋은 수순이다. 백 8까지 일단락이다. 흑 7을 8의 곳에 내리는 것은 7의 곳을 끊겨 흑이 괴롭다.

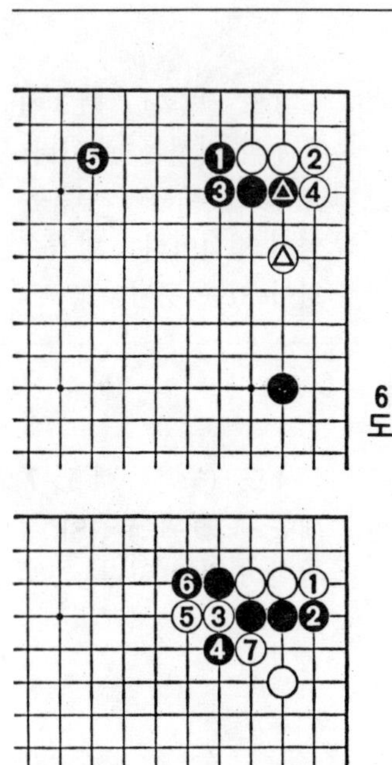

6 도

6 도 (내림) 여기에서 하나의 방법은 백 2 의 내림이다. 흑 3 의 이음에는 백 4, 흑 5 맞보기의 곳이다. 처음에, 흑 ▲의 내려섬으로 백을 분단하는 의도를 파괴한 모양이다. 흑 3 을——.

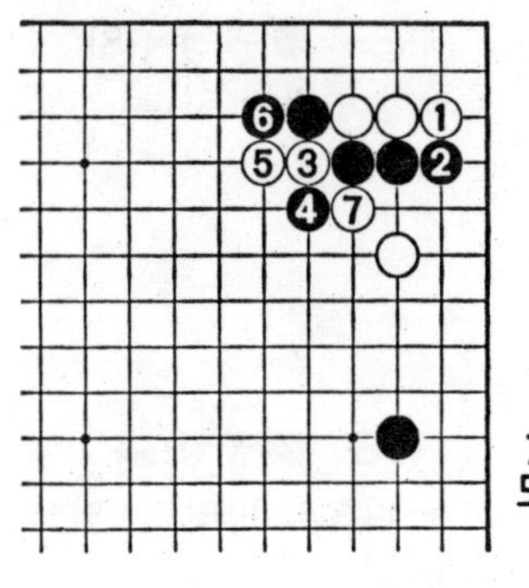

7 도

7 도 (나쁘다) 여기에서 2 로 내려서는 것은 흑의 무리이다. 백 3 의 끊음에서 흑의 응수가 괴롭다. 흑 4, 6 에는 백 7 의 끊음이 통렬하다.

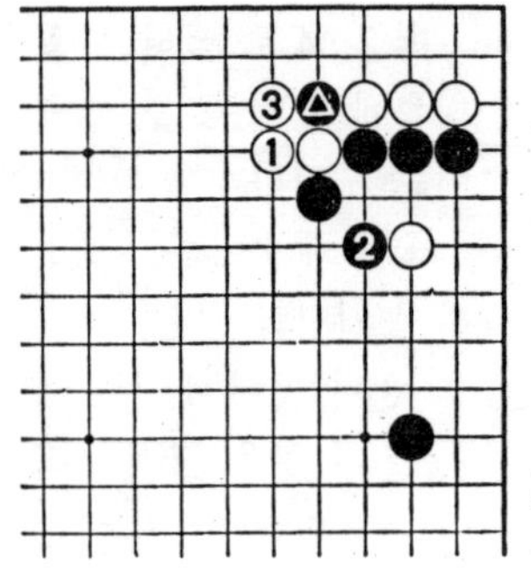

8 도

8 도 (크게 이익) 백 1 에 흑이 2 의 곳을 지키면 3 으로 단수한다. 흑 ▲가 백의 수중에 들어가 백이 크게 이익이다.

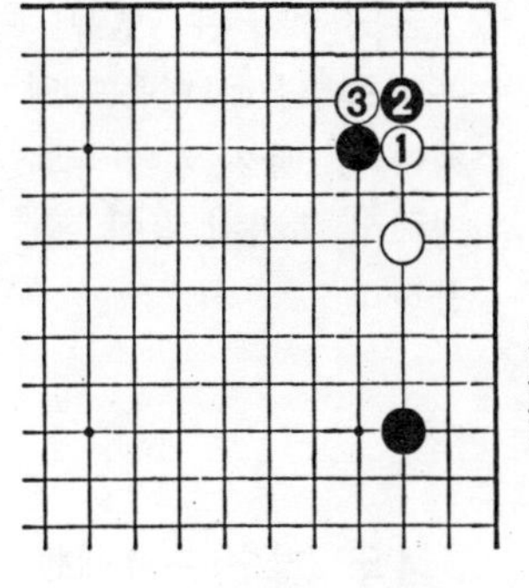
기본형 4

〈기본형 4〉

백 1, 3 으로 붙이고 끊음은 무리의 수단이다. 백이 좋은 결과는 얻을 수 없다. 1 도 이하의 응접 시작이다.

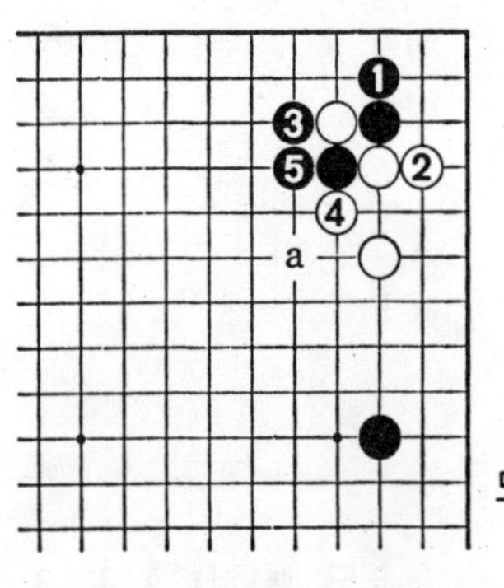
1도

1 도 (한쪽 뻗음) 이런 모양에서는 흑 1 의 뻗음이 적절하다. 백 2 의 내려섬, 흑 5 의 이음까지이다. 때로는 백 2 로 5 의 단수, 흑 4 로서 백 a의 씌우는 맛이 있다. 이것은 특수한 경우에두는 방법이다.

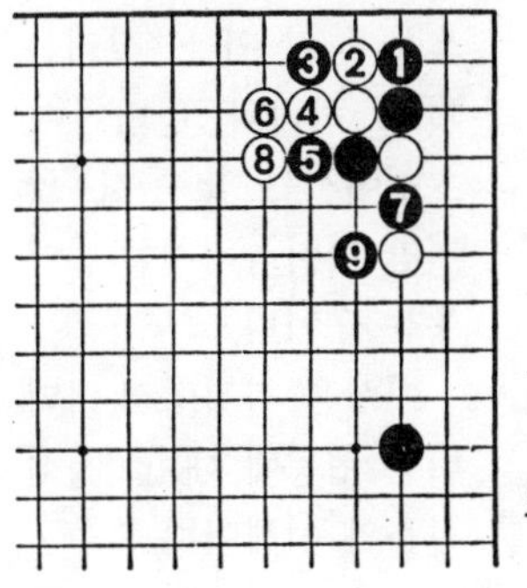
2도

2 도 (이음) 백 2 에는 흑 3 으로 잇는 강수(強手)가 있다. 백 4 에서 흑 9 까지는 필연적인 수순이다. 백의 충분한 결과가 된다.

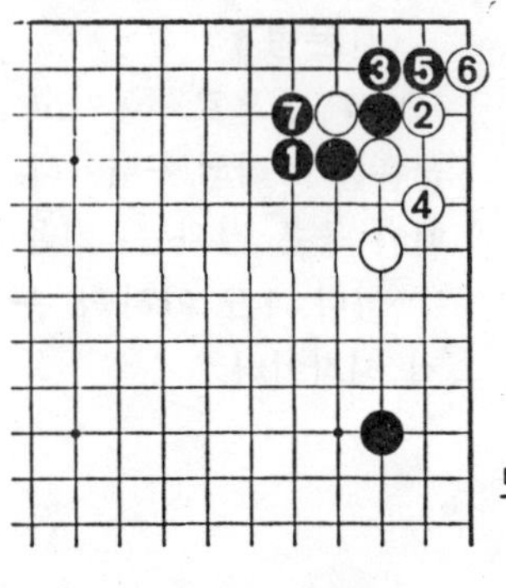
3도

3도 (옆으로 뻗음) 흑 1로 옆으로 뻗음도 일책이다. 백 2, 4의 모양에서 7까지 흑이 충분하다.

4도

4도 (강수) 흑 1에는 백 2, 4로 두는 강수가 있다.

흑▲가 엷어서 흑의 불만이 아닐 수 없다. 흑 5를——.

5도

5도 (나뉨) 흑 1, 3으로 두어 귀를 살리는 것도 하나의 방법이다. 호선에서는 잘 두지 않지만 접바둑에서는 많이 두는 수이다.

이상은 화점에서 나타나는 협공에 대한 정석 활용의 이해이다.

3. 3연성(三連星)

6점 이상의 접바둑에서 두는 방법의 설명이다. 3연성의 위력을 생각하여 보자. 5점 이하의 접바둑에서는 3연성도 유력한 작전이다. 4귀의 화점에 두는 돌의 성질상 집보다는 세력에 중점을 둔다.

3연성이 2곳 이상이 있는 5점 이하의 접바둑에서는 3연성이 필요하다. 3수로서 유력한 포석으로서, 한수나 2수로 3연성을 활용하는 방법을 살펴보자. 4점 바둑, 5점 바둑의 3연성의 주변을 살펴보자.

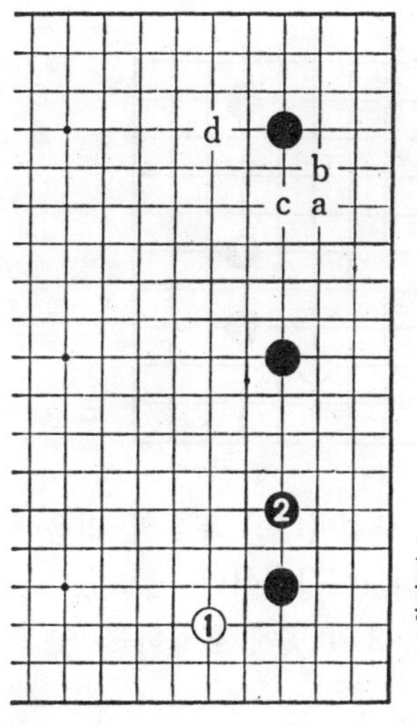

기본형 1

〈기본형 1〉

3연성(三連星)에 대하여는, 백1로 밖에서부터 걸쳐오는 것이 보통인데, a로 중앙에서부터 걸치는 것은, 흑b, 백c, 흑d라고 하는 상형(常型)으로 된다.

6점 이상의 경우에는, 중앙에서 부터 걸치는 것도 있지만, 4점국, 5점국과 같으면, 그 정도의 포석의 기본에 따라서 대국할 필요가 있다.

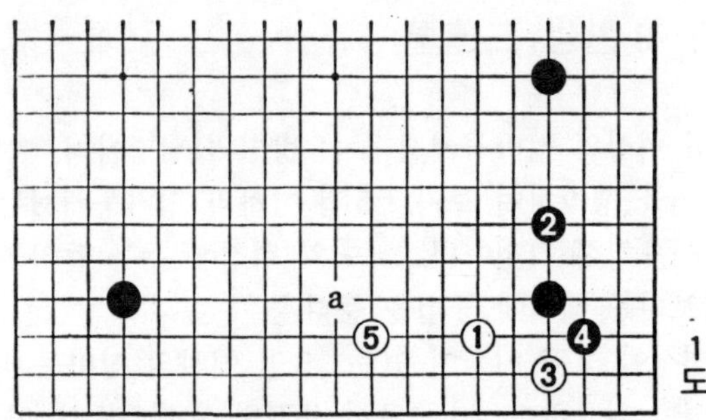

1도 (정석) 흑2의 한칸 받음에서 백이 3, 5로 전개한 모양은 정석이다. 때로 백3으로는 단순히 a의 화점에 두는 포석의 활용도 있다.

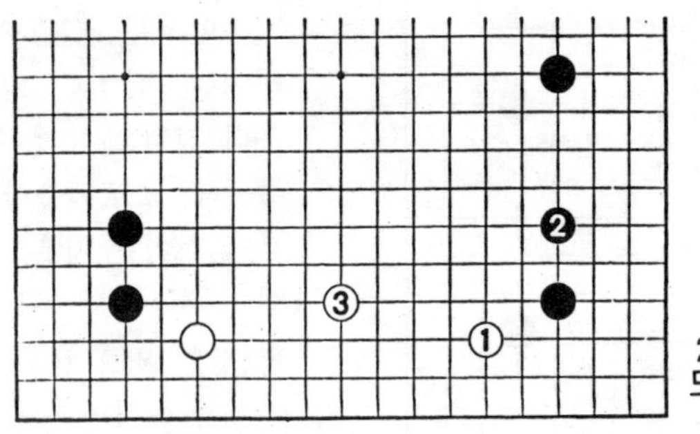

2도 (이상) 왼쪽의 배석이 굳힘이라면 흑2의 받음에는 3의 곳을 지키는 것이 좋다. 이상형이다.

접바둑의 모양에서 흑2로는 3의 곳에 침입하는 수도 있다.

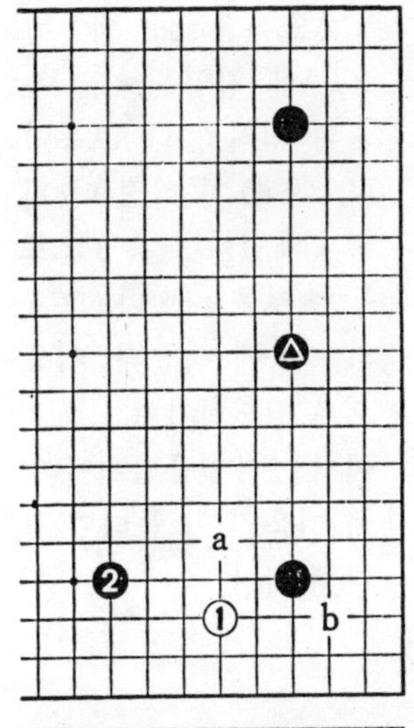

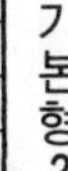

기본형 2

〈기본형 2〉

3연성의 우변에 흑△가 있는 모양이라면 흑2의 2칸 높은 협공이 유력하다. 이 다음 백은 a의 한칸 뜀이나 3·3에 침입을 하는 것이 보통이다. 3연성의 위력이 크게 빛을 발하는 곳이다.

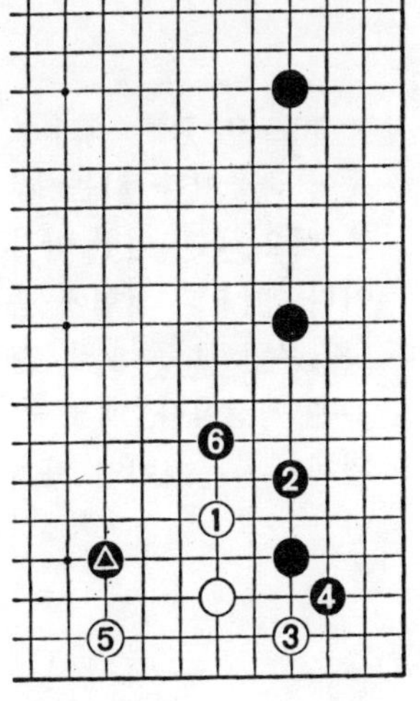

1도

1도 (한칸 뜀) 백1의 한칸 뜀은 흑2의 한칸 뜀이다. 이 다음 백은 3, 5로 두어 일단락이다. 흑은 6으로 크게 씌워 모양을 키우며 흑△를 가볍게 활용한다.

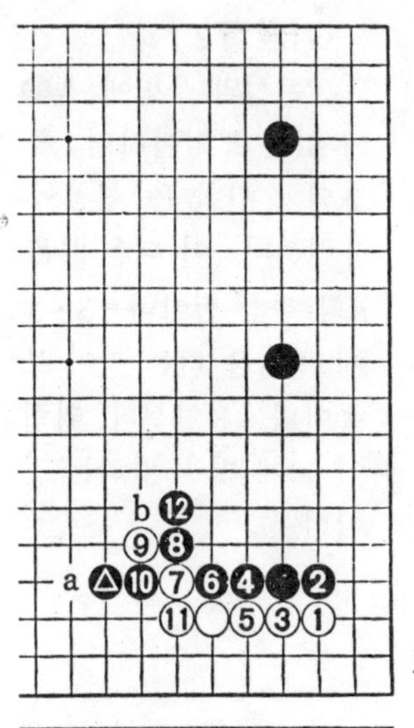

2도 (3·3) 백**1**의 3·3에 침입을 하면 흑**2**의 내려섬이 보통이다. 흑⊿가 한길 더 왼쪽 a에있다면 흑**3**으로 두는 것은 나쁘다. 흑**4**의 뻗음에 백**5**의 이음으로 일단락이다. 백**7**에서 **12**의 뻗음까지이다. 이 다음 백이 둔다면 b의 곳이다.

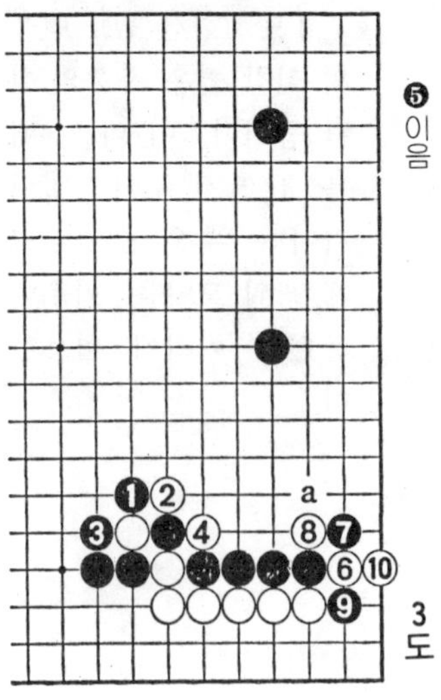

3도 (반격) 흑**1**로 두어 축몰이를 하는 것은 백**2**, **4**가 엄한 반격이다. 백**6**의 젖힘에 흑a가 무난하다. **8**의 끊음은 맥점이다. 백의 축관계가 문제이긴 하지만……

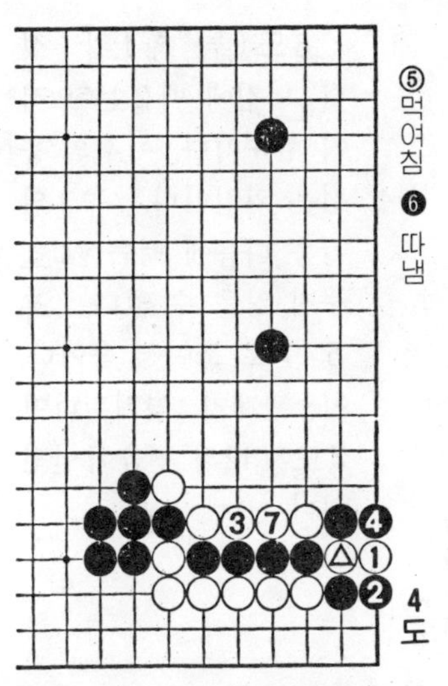

4도 (에워싸기) 백 1의 뻗음에 흑 2에 3의 단수로 에워싸기의 시작이다.

백 5는 백 △의 곳에 먹여치는 점이다.

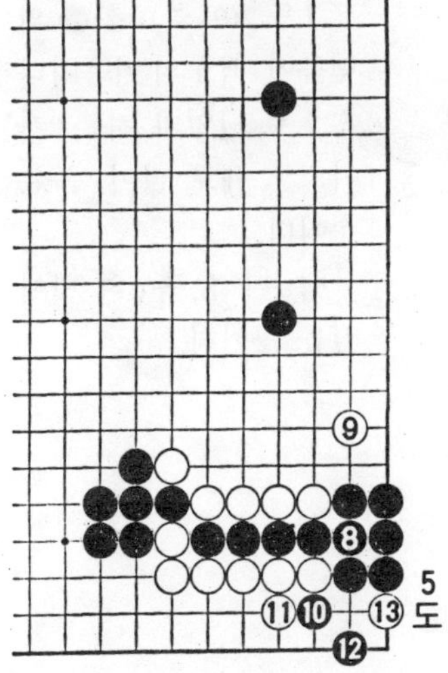

5도 (날일자) 흑 8의 이음에는 백 9의 날일자가 좋은 수이다. 흑10,12에는백13이 급소이다.

다음에는 축 관계에 대해서 살펴보기로 하자.

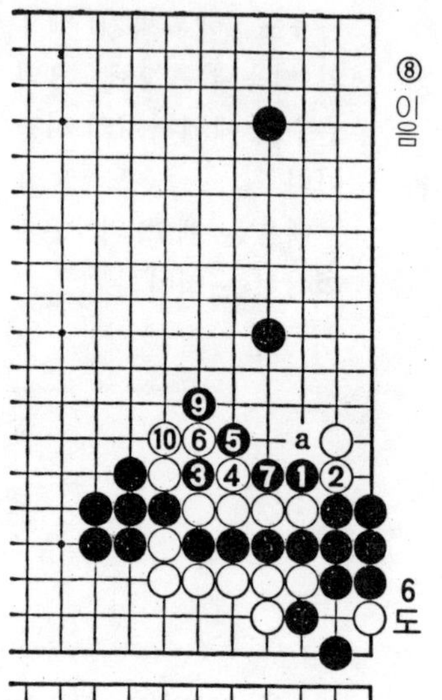

6도(축) 흑1의 젖혀 나감에 백2는 오직 이 한수이다. 이후의 응접은 외길이다. 흑3의 끊음 다음에 백은 4로 두지 않을 수 없다. 흑5, 7로 조여서 축이다. 이 관계가 염려된다면 2도의 12의 뻗음이 안전하다.

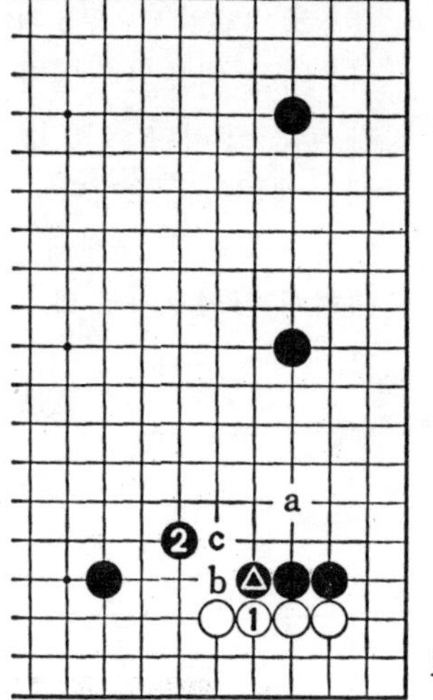

7도 (이음) 흑▲의 뻗음에 백1의 이음이다 흑2로 날일자 하는 케이스도 때로 많이 두는 수이다.

백a나 b, 흑c의 맛이 있는 곳이다.

8도 (나가끊음) 흑 **4**의 뻗음에 백 **5**로 두는 정석이 있다. 이 모양은 흑 **6**, **8**의 나가끊음에서 **10**, **12**의 젖힘까지 수순이다.

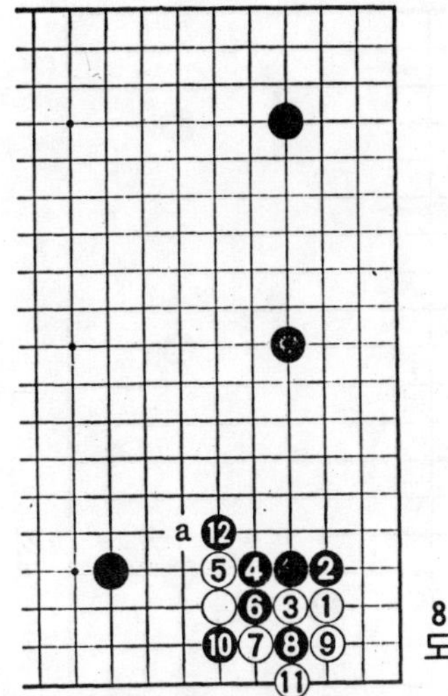

8도

9도 (외세) 백**13**의 젖힘에는 **14**의 끊음, 백**15**에 흑**16**의 단수가 좋은 수이다. 이하 흑**20**의 뻗음까지이다. 3·3에 침입을 하여 20여 수의 긴 수순이다. 이 다음에 백 a에서 흑 b, 백 c, 흑 d로 흑의 외세는 압도적이다.

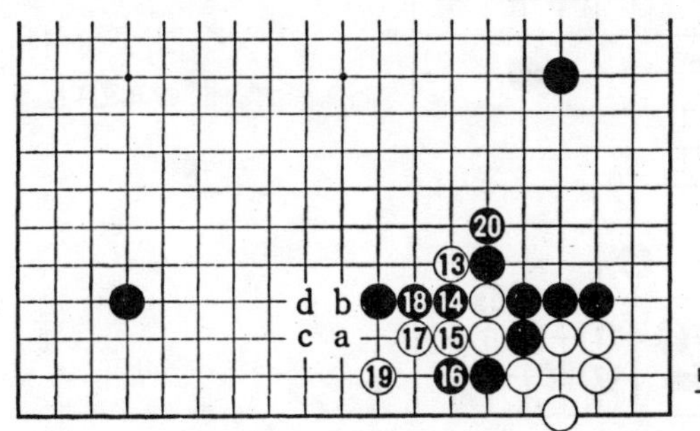

9도

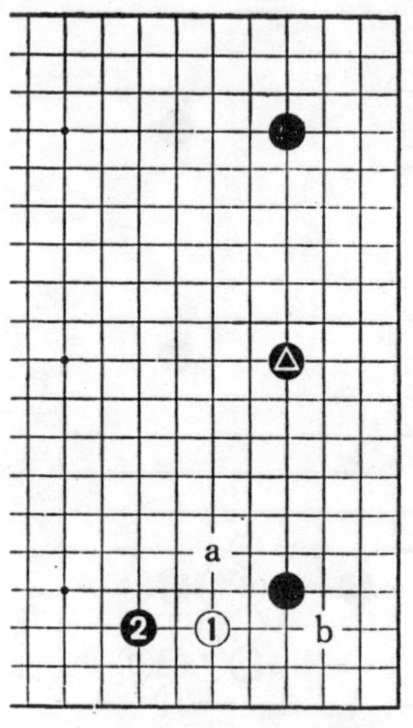

〈기본형 3〉

백 1 의 걸침에는 흑 2 의 공격이 엄한 수이다. 이 한칸 협공도 2칸 높은 협공과 같다. 우변에 흑▲가 있는 모양에서 십분 주의를 요한다. 백 a의 한칸 뜀이나 b의 3·3에 침입을 하는 것이 보통이다.

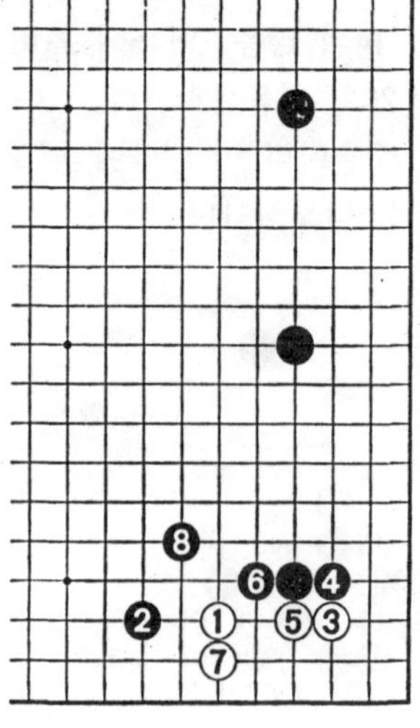

1도

1도 (3·3) 백 3 의 3·3에 침입하는 것은 흑 4 의 내려섬이 중요하다. 백 7 에서 흑 8 의 날일자까지 일단락이다. 이것은 옛날 정석으로 3연성에 유효한다.

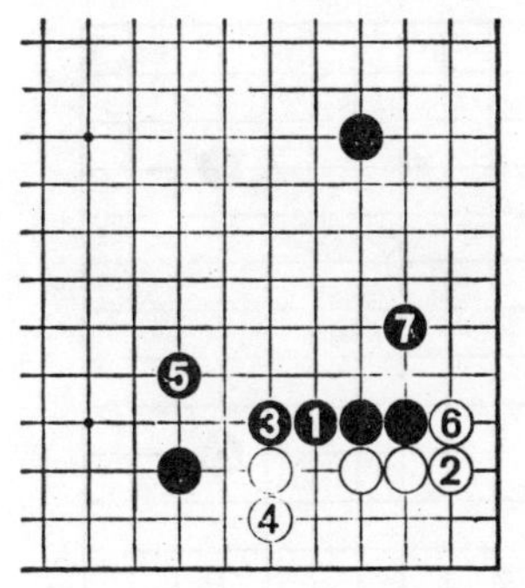

2 도 (내림) 흑 1 에는 백 2 로 내리는 정석이 있다.

백 4 에는 흑 5 로 중앙을 지키는 것이 두텁다. 흑 7 까지 일단락이다.

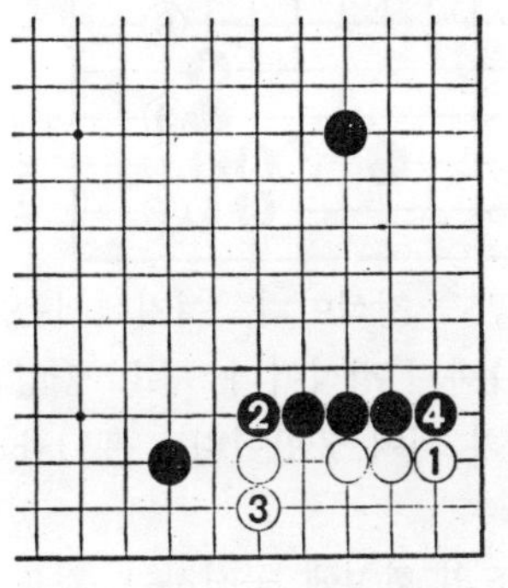

3 도 (내려섬) 백 1 로 내려섬에는흑 2 다음에 4 의 내려막음이 좋다. 우변의 흑의 세력이 한껏 좋다.

이 다음에 백이 둔다면 어떤 수가 있을까?

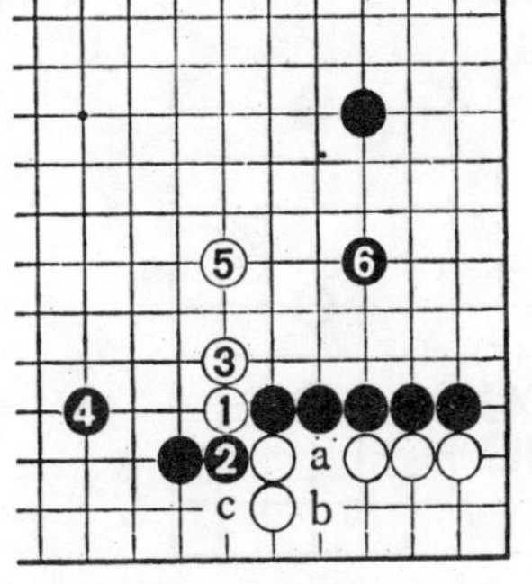

4 도 (젖혀 나감) 백 1 로 젖혀 나가는 맛이 있다. 흑 2 에서 6 까지 상형이다. 이다음 귀의 백에 대하여는 흑a, 백b, 흑c로 될 자리이다.

5 도 (방향착오) 백 1 에 대하여 흑이 2 의 곳을 막는 것은 방향착오이다. 백 3 에서 9 의 한칸 뜀까지 흑▲가 빛을 잃는다.

3 연성의 경우에는 흑 2 로는 3 의 곳을 막는다.

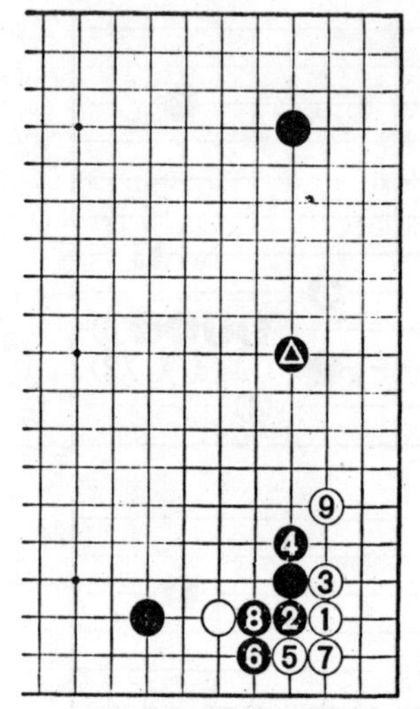

6 도 (한칸) 백 1 의 한칸 뜀도 정석이다. 여기에서는 흑 2 의 한칸이다. 흑 2 에서 11까지 정석이다. 다소 중앙이 두터워 보이지만 백은 후수가 되어 불만이다. 흑11을 생략하면 엄한 공격을 받는다.

다음에 날일자 걸침에는 7 도의 화점에 공격하는 것도 있다.

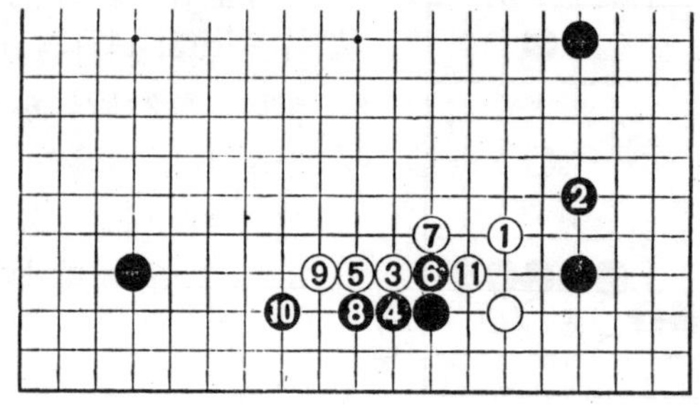

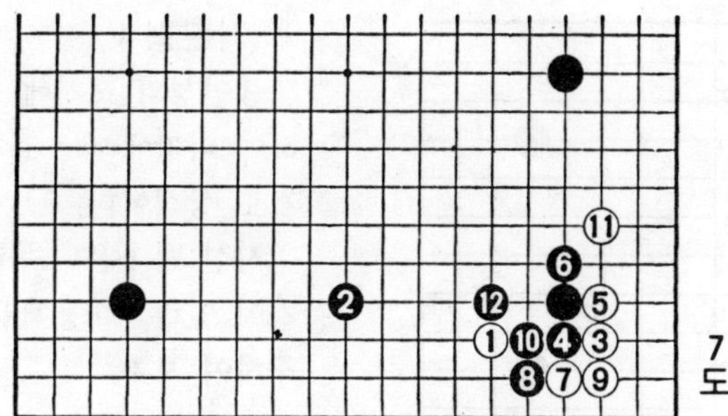
7도

7도 (필연) 흑**2**에 백**3**으로 침입을 하는 것은 흑**4**의 내려섬에서 **12**의 젖힘까지 당연한 응수이다.

이 모양에서 흑**4**를 **5**의 곳에 내려서는 것은 악수로서 주위를 요한다. 흑**12**까지 하변을 지켜 흑의 이상적인 모양이다.

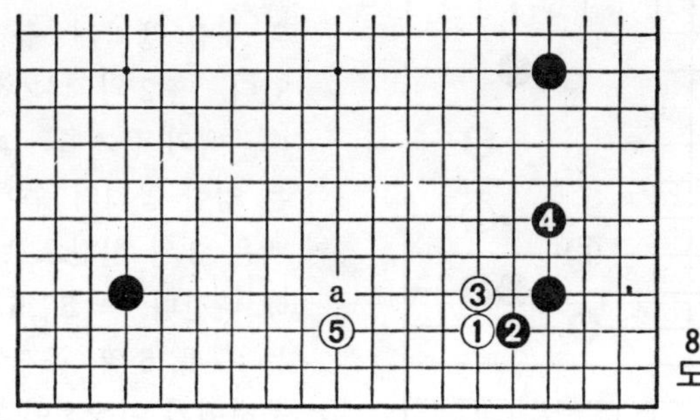
8도

8도 (악수) 백**1**에 대하여 흑**2**, **4**로 두는 것은 백**5**의 벌림이 빛나는 수이다. 흑**2**, **4**는 a의 방면에 흑이 있을 때 쓰는 수법이다.

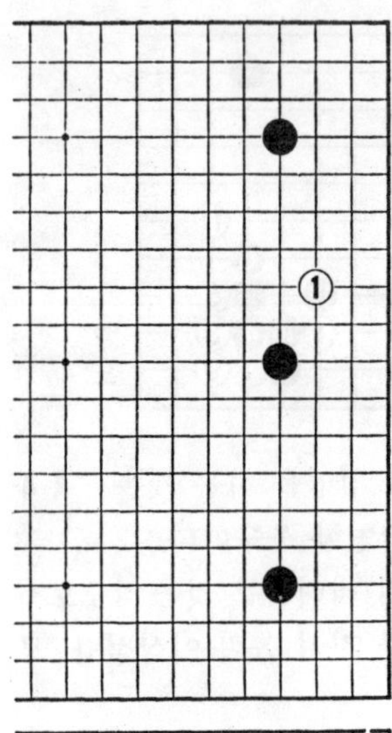

기본형 4

〈기본형 4〉

3연성의 포진에 대하여 바깥에서 걸치는 것도 상식이다.

사실 백 1은 무리한 감이 있다. 대응책을 연구하여 보자.

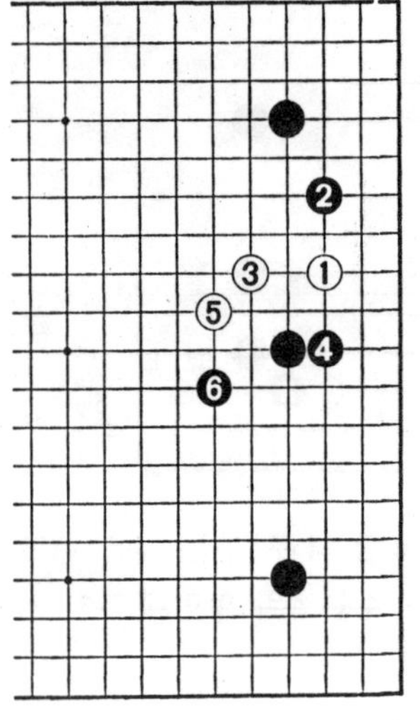

1도

1도 (뛰어듬)우선 1의 곳을 생각해 볼 수 있다. 흑 2의 다가섬이다. 백의 근거를 빼앗는 엄한 공격의 수이다. 백은 3의 한칸으로 피해 나간다. 백 3, 5에는 흑 4, 6의 공격에서 우하귀가 이상적인 모양이 형성된다.

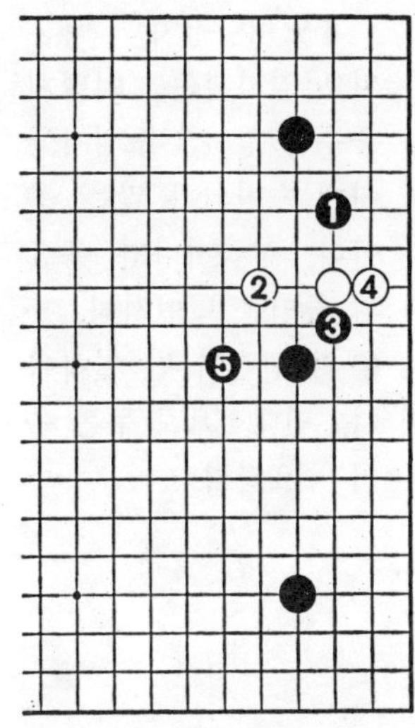

2도 (마늘모 붙임) 흑 1의 다가섬에 백 2의 한칸, 이 수는 어느 정도 당연하다. 이때 흑 3의 마늘모 붙임의 수가 있다. 백 4에서 흑 5의 한칸 뜀, 이 다음의 흑에게는 나쁜 결과를 생각할 수 없다.

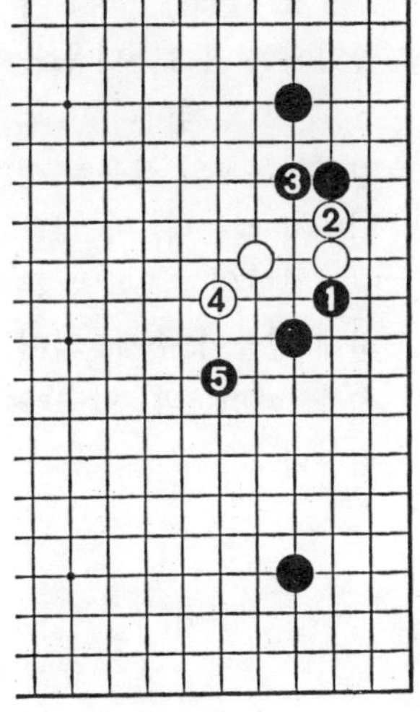

3도 (변화) 흑 1의 마늘모 붙임에 백 2로 부딪히고 4의 곳을 마늘모 하는 수를 생각할 수 있다.

이렇게 되면 흑도 엷은 모양이 된다. 그러나 백 2, 흑 3의 교환은 백의 마이너스다.

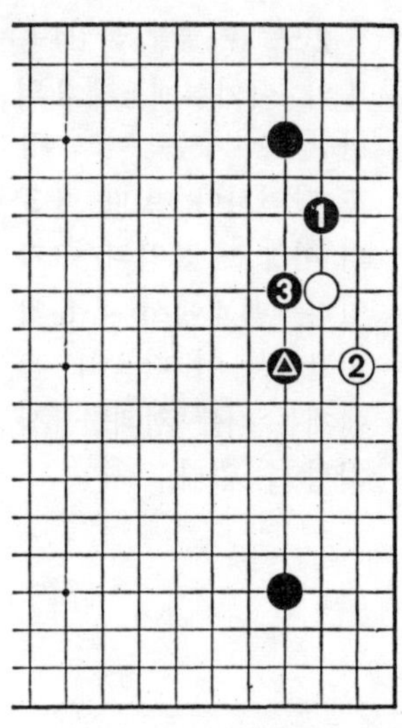

4도

4도 (날일자) 백 **2**의 날일자에는 어떻게 응수를 할까? 초심자들에게는 번뇌가 많은 곳이다. 상급자라면 흑 **3**의 붙임은 당연하다. 흑 와 관련이 된 일착이다. 연대적으로 두는 수가 중요하다.

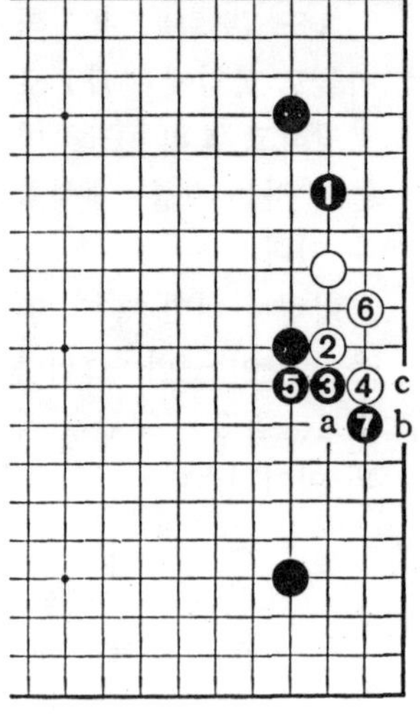

5도

5도 (붙임) 백 **2**의 붙임에는 흑 **3**, 다음에 **5**, **7**도 일책이다.이 모양에서는 a의 끊음이 성립하지 않는다. 이 다음 b의 젖힘은 흑을 튼튼하게 만들어 주게 되며 손을 빼면 c의 단수가 엄하다.

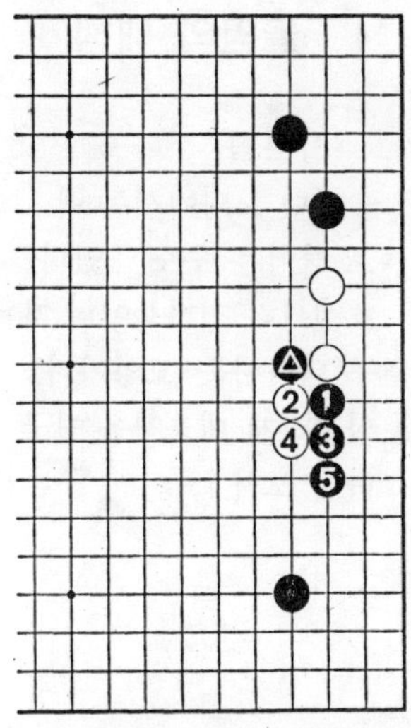

6 도 (맞끊음)　흑 1 에는 백 2 의 맞끊음도 생각해 볼 수 있는 점이다. 백 4 에서 흑 5 , 흑▲한 점을 회생시키지 않으면 흑이 손해다.

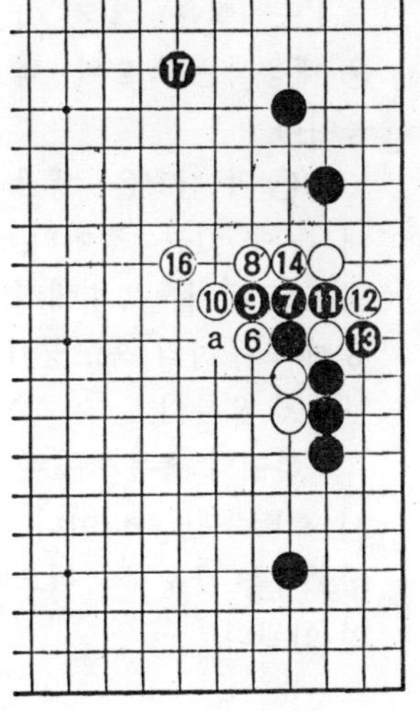

7 도 (장문)　백 6 의 단수에서 8 의　장문까지이다. 좋은 결과는 별문제로 한다. 백16의 호구침 다음에 흑17로 지켜서 좋다. 백의 두터움은 a의 곳의 단점이 있다.

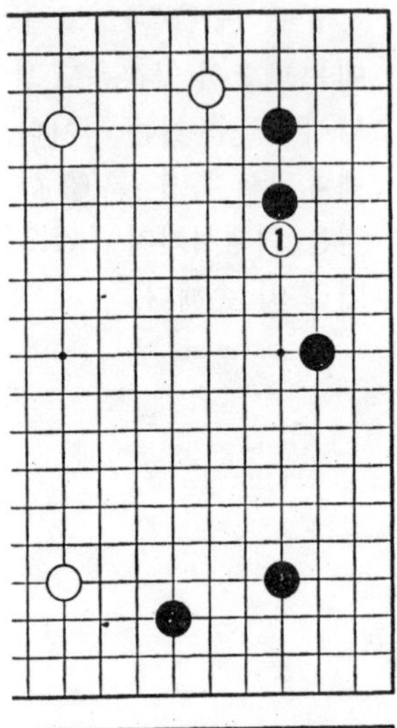
기본형

4. 붙임의 대책

〈기본형〉

이런 모양에서는 백 1로 붙이는 수도 있다. 호선이나 접바둑이나 자주 나타나는 모양이다. 철저하게 대응책을 연구하여 보자.

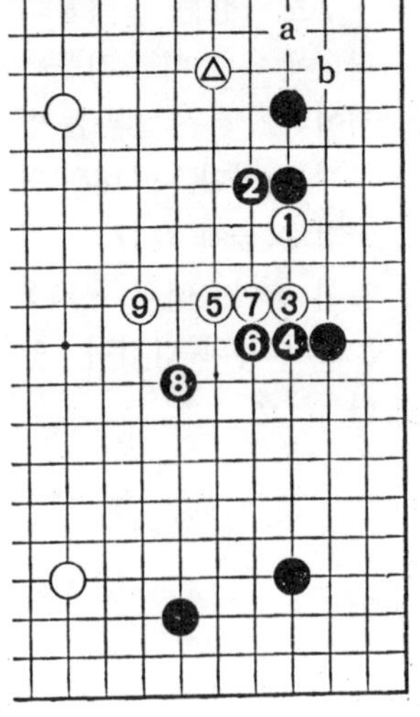

1도

1도 (뻗음) 알기 쉬운 대응책은 흑 2의 뻗음이다.

백 ◬의 간격을 생각해 볼 수 있는 점이다. 백 3, 5에서, 흑 4에서 8까지 우하의 흑모양이 부풀어 오른다.

우하귀의 흑은 백 a에서 흑 b로 될 자리이다. 집모양을 갖추지 않으면 안된다.

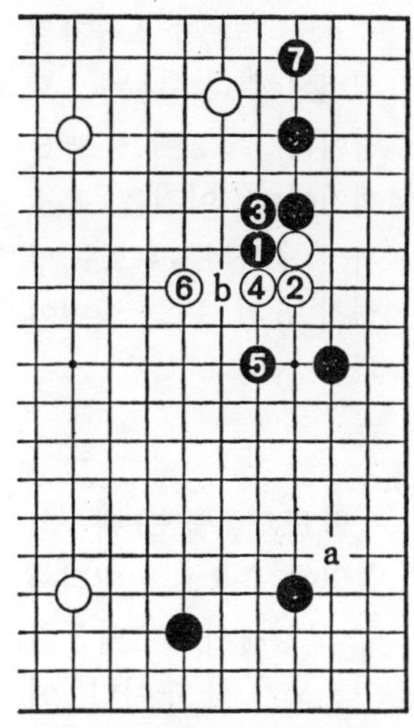

2도 (젖혀 이음) 흑 1의 젖힘에서 3의 이음까지 견실한 대응책의 하나이다. 백 4에서 흑 5를 두어 6을 응수시킨다. 이 다음 a의 마늘모로 확정지가 보증된다. 흑 6을 생략하면 b의 젖힘으로 3점을 잡는다.

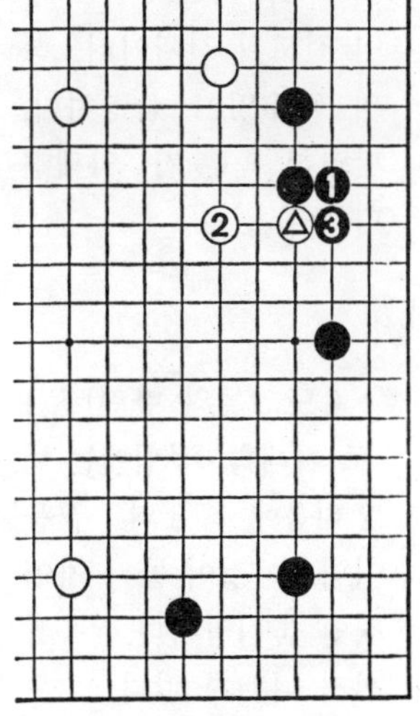

3도 (이익?) 흑 1로 아래쪽을 받는 것은 문제이다.

백 2에 흑 3을 생각해 볼 수 있는 곳인데 백 ◬가 있어 흑 3으로 받지 않을 수가 없다. 백 ◬의 붙임에 흑 3은 백 2 다음 기회를 보아 1의 곳을 노린다.

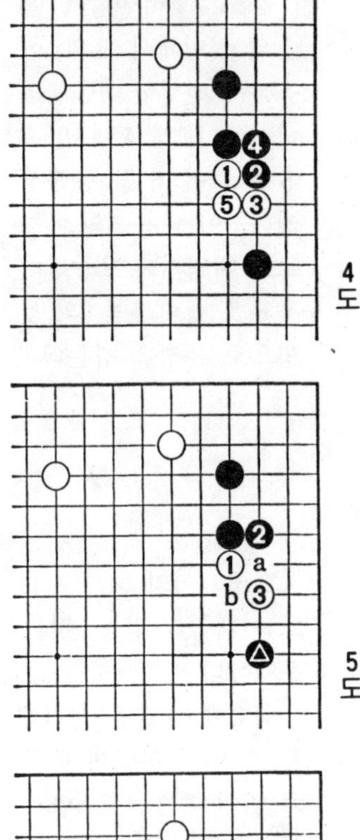

4도

4도 (악수) 초급자의 실전에서 나타나는 모양이다. 흑**2**에서 백**5**까지이다. 이것은 흑**4**가 악수이다. **4**로는 당연히 **5**의 곳을 끊어야 한다.

5도

5도 (마늘모) 백**1**의 붙임에 흑**2**로 내려서는 모양에서는 백**3**의 마늘모가 한 수이다. 이때 흑a, 백b로 두는 것이 전도의 결과이다. 흑의 악수임이 분명하다. 당연히 흑▲가 약해진다.

6도

6도 (돌의 탄력) 흑**1**로 아래쪽 젖힘에는 백**2** 다음에 흑**3**의 끊음이다. 이것이 돌의 자연적인 움직임이다. 흑**5**까지 나쁘지 않다.

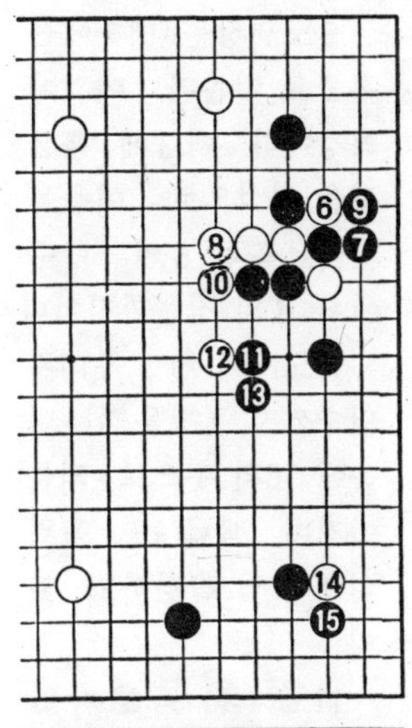

7도 (두텁다) 백6의 끊음에서 흑7, 이하11까지이다. 이 다음 백은 12의 붙임이 있다. 흑15로 귀쪽을 내려서는 것은 전투의 양상이다. 백8로는——.

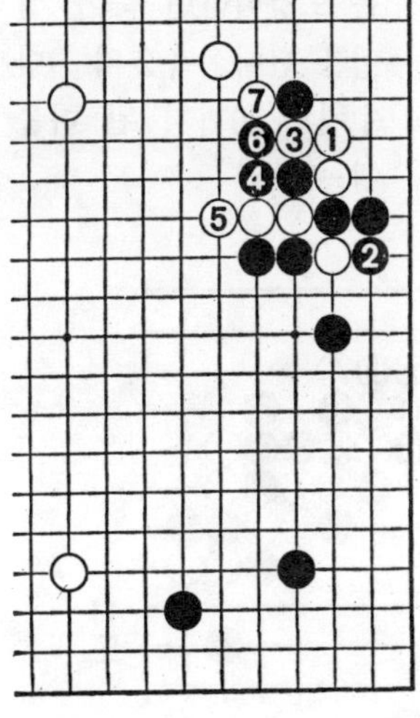

8도 (옆으로 뻗음) 백1로 옆으로 뻗는 모양이 있다. 백3의 단수 다음에 5의 곳 뻗음까지이다. 흑6 다음에 백7의 끊음 까지이다. 이것은 흑2가 문제이다.

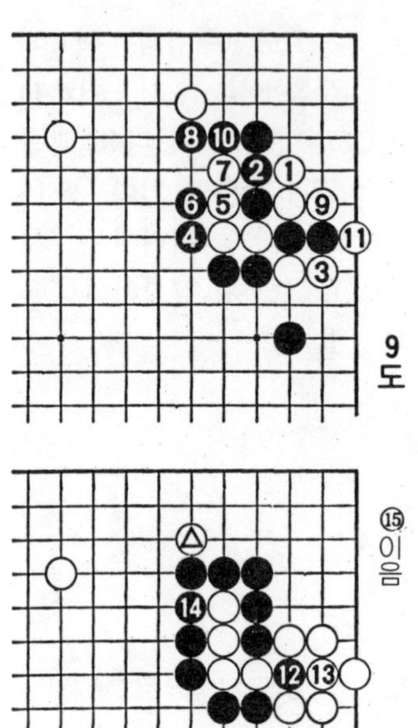

9도

10도

9도 (장문) 백**1**에는 흑**2**로 잇는다. 이것이 최강이다. 백**3**에 흑2점을 사석으로 이용을 한다. 흑**4**, **6**의 단수에서 **8**의 장문까지이다.

10도 (외세) 흑**14**의 단수까지 결정을 한 다음에 **16**의 곳으로 되돌아간다. 백△는 흑의 외세에 압도 당하고 있다.

11도 (축) 흑▲가 있는 모양이라면 축이 성립을 한다. 흑**2**의 단수에서 **20**까지 된 다음에——.

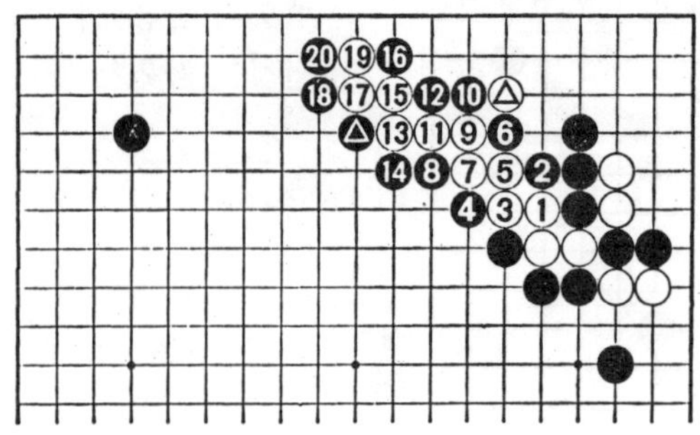

11도

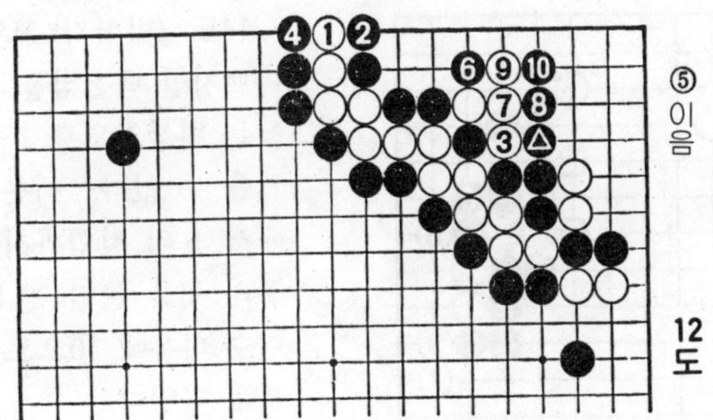

12도 (축) 백 1로 상변에 나가도 축이 성립을 한다. 흑 ▲의 움직임이 있어서 10까지 축이 성립을 한다. 직접 백을 잡는 수이다.

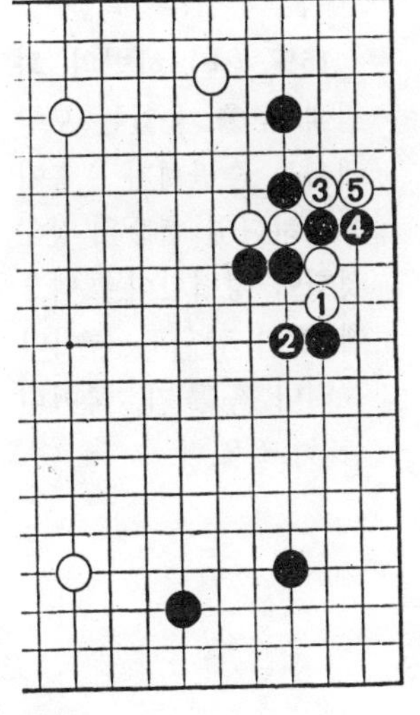

13도 (완착) 백 1에 두는 수에 흑 2의 받음은 주의해야 할 자리이다. 왜냐하면 백 3, 5가 성립하기 때문이다.

특히 초심자의 입장에서는 상대방의 일거수 일투족을 세밀하게 살피는 것을 체질화해야 한다. 상대방이 한 수 한 수 착점(着点)할 때마다, 그 착점(着点)의 의미를 캐내야 한다.

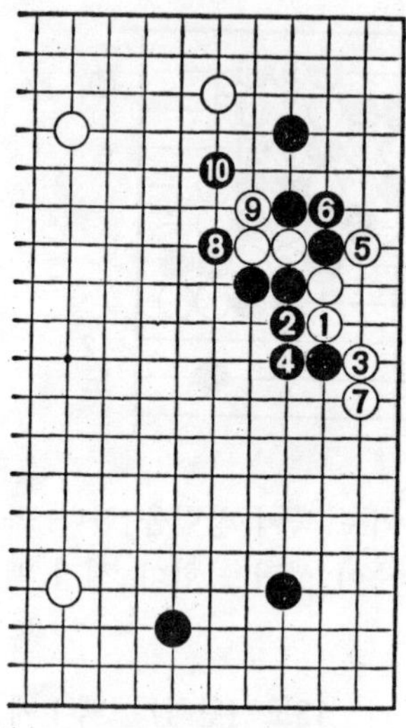

14도

14도 (빈삼각) 모양은 나쁘지만 백 2점을 조이는 빈삼각으로 두지 않을 수 없다. 백은 3에서 5의 젖힘까지에서 7의 곳을 늘면 백 8의 단수 다음에 10으로 장문에 걸린다.

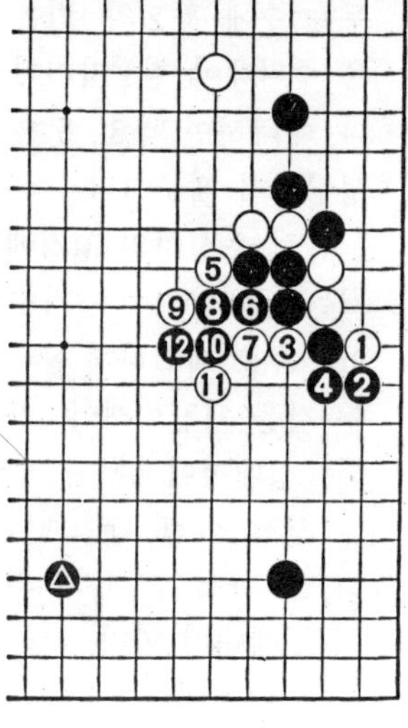

15도

15도 (축) 하변의 화점에 흑 ⚠가 있는 모양에서는 축관계가 흑이 유리하다면 백 2의 강수 젖힘이 성립한다. 백 3에 5의 단수로 축이다. 그러나 흑 ⚠가 축머리를 하고 있다.

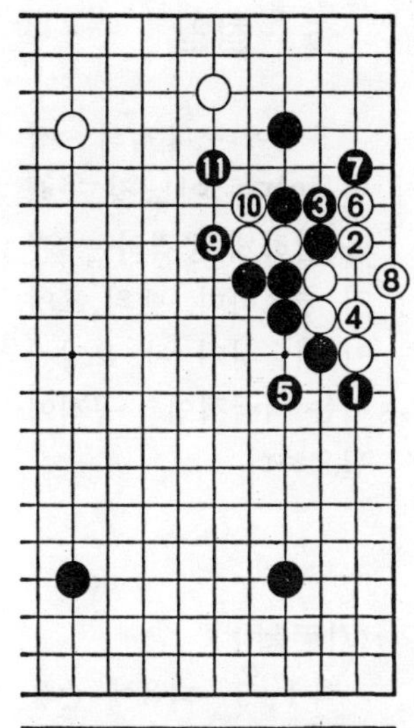

16도

16도 (흑 유리) 백이 축관계가 나쁜 모양에서는 백 2의 단수에서 4의 곳 이음이다. 이하 8까지 삶을 도모한다.

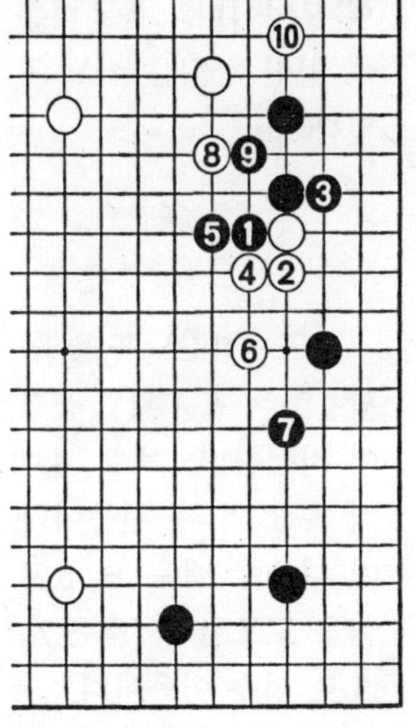

17도

17도 (내려섬) 흑 1의 젖힘 다음에 3의 곳을 내려서는 모양이다. 이것은 2도의 엄한 공격이 예상되는 곳이다. 이 다음 백 4, 6으로 모양을 만들면 흑 9 다음에 10까지로 흑도 나쁘지는 않는데……

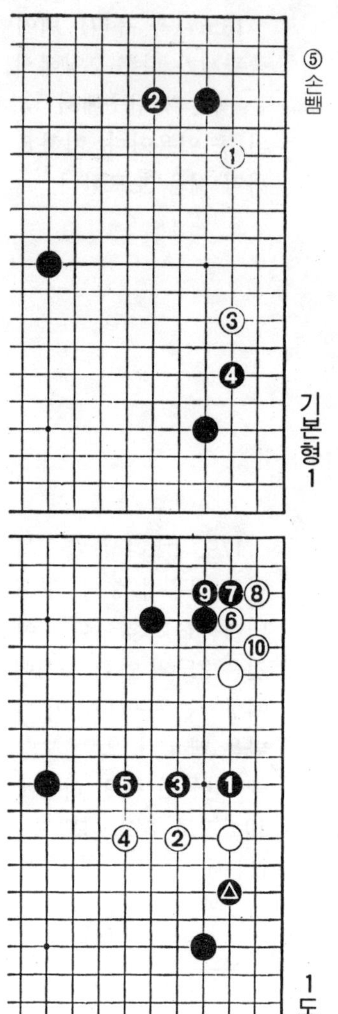

5. 침입

5점이나 4점의 접바둑이다. 어느정도 백을 엄하게 공격하는 것이 중요하다. 백의 모양이 허술하여 이 모양에서는 적극적인 공격이 필요하다.

〈기본형 1〉

백 1, 3 다음에 손을 뺀 모양이다. 흑 4 다음에 엄한 침입은 어느 곳일까?

1도 (한칸) 흑▲를 활용하는 흑 1의 공격이 적절하다. 백 2, 4에서 흑 3, 5의 전투이다. 이 다음에 백은 6, 8로 삶을 도모한다. 흑은 7, 9로 선수 이음이다.

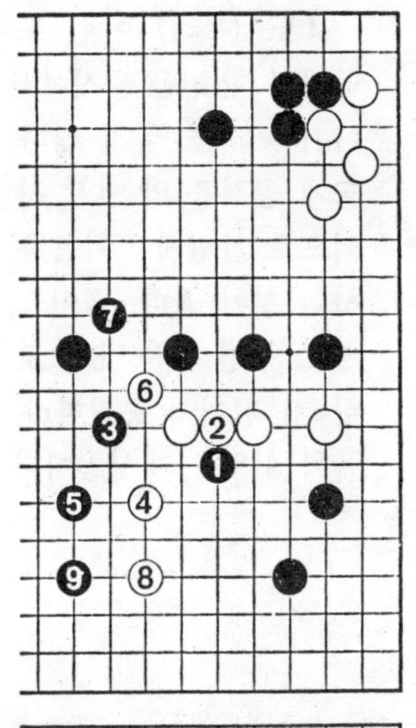

2도 (공격 효과) 흑 1, 3으로 엄한 공격을 단행한다. 일거에 우세한 국세이다. 백 4에 흑 5, 백 6, 8에 흑 7, 9까지이다. 백이 산다고 해도 흑의 외세는 압도적이다.

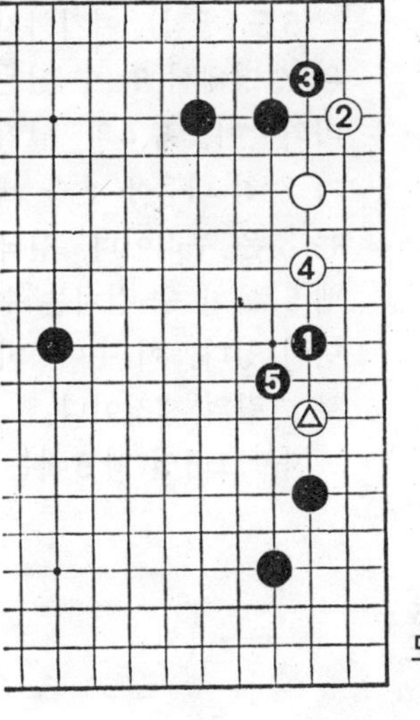

3도 (마늘모) 백 Ⓐ를 직접 움직여 나가는 것은 나쁘다. 위쪽을 2, 4로 두면 흑 5의 마늘모로 침입은 성공이다.

이러한 상황에서는 백 Ⓐ한 점이 외로와진 모양이 되었다. 흑 5 다음 백의 수순이 문제가 된다. 흑이 두터운 모양이 전개되었다.

진행도와 수순을 머릿속에 그려보고 적정한 맥점을 찾아보자.

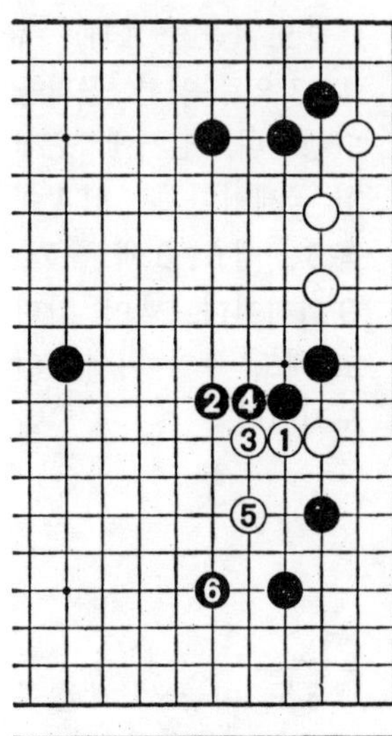

4도

4도 (무리) 이런 모양에서 한 점을 움직여서 나가는 것은 좋지 않다. 크게 공격을 받는다. 사석으로 가볍게 이용을 하는 것이 좋다. 백이 3, 5로 두면 흑은 6으로 한 칸 뛰어서 공격한다. 흑의 침입은 대성공이다.

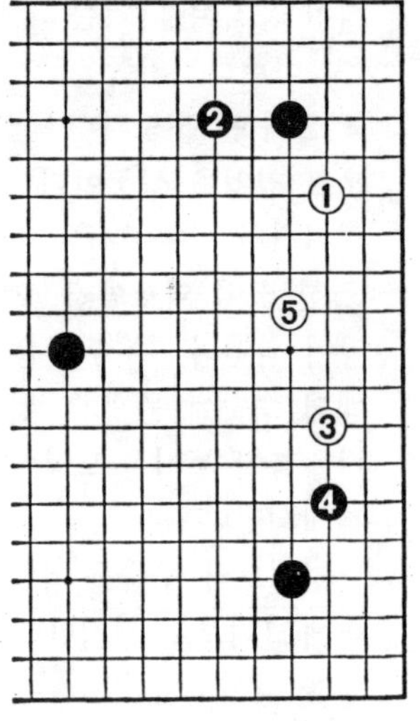

5도

5도(쟁점) 여기까지의 설명에서 알 수 있는 바와같이, 흑 4의 날일자 걸침 다음에 손을 빼는 것은 무리이다. 결국 백 5로 한 수 걸치는 수단이 있다. 이 곳이 바로 그림의 쟁점이다.

자, 그러면 백 5에는

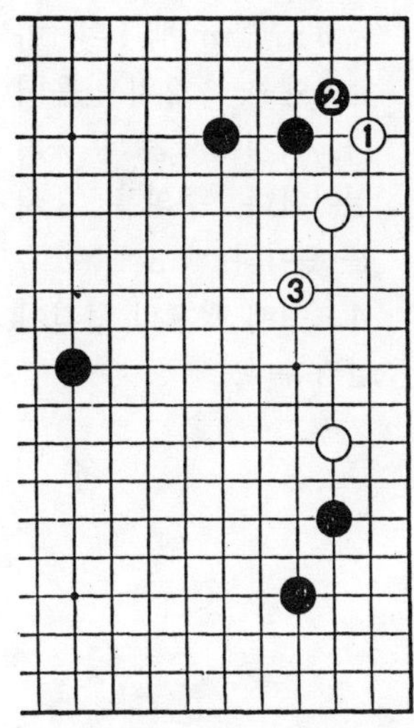

6도

6도 (이상형) 백 1 흑 2의 교환 다음에 3의 곳에 달리는 것이 좋은 수이다. 그러나 이런 모양에서는 백 1의 날일자는 과수이다. 본도에서는 흑 2가 의문이다.

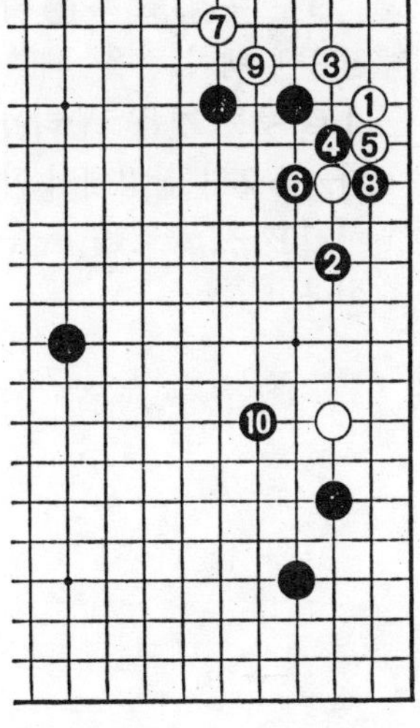

7도

7도 (침입) 백 1에는 흑 2의 침입이 엄한 공격이다. 백 3의 마늘모에 흑 4, 6으로 두는 정석이 있다. 백 7의 비마에는 흑 8로 단수한다. 흑10으로 모자를 씌워 좋은 국면이다.

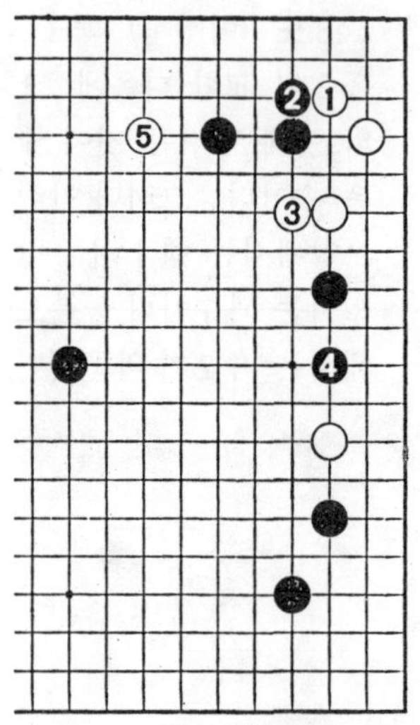

8도(분규)백 1의 마늘모에는 흑 2의 받음이다. 여기에서는 분규가 일어난다. 주의를 요하는 곳이다. 백 3에는 흑 4, 이때 백 5의 협격이 날카롭다.

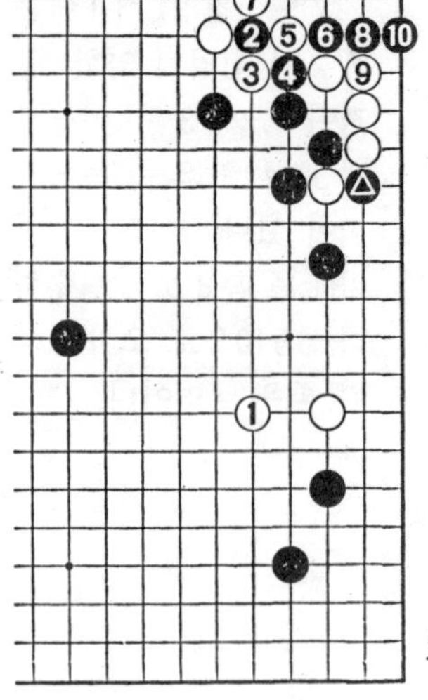

9도(무리)또 흑 ▲의 끊음에 백이 손을 빼고 1로 두는 것은 무리이다. 흑 2의 붙임에서 이하 10까지 공격은 흑승이다.

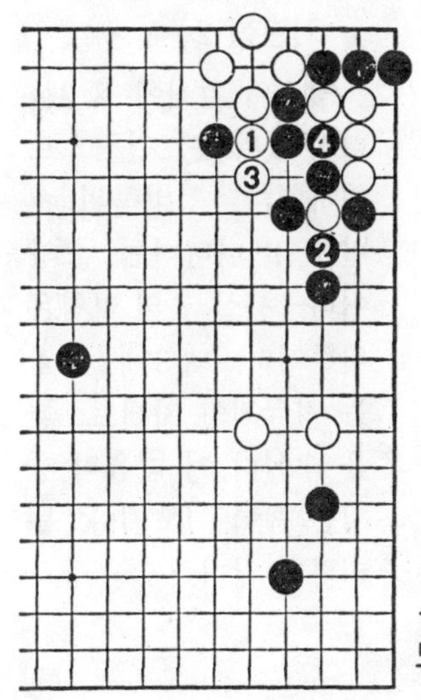

10도

10도(이 다음)이 다음에 주의를 요할 것은 백 1의 뚫고 나오는 수에는 흑 2의 때림이다. 이 점을 잊어서는 안된다.

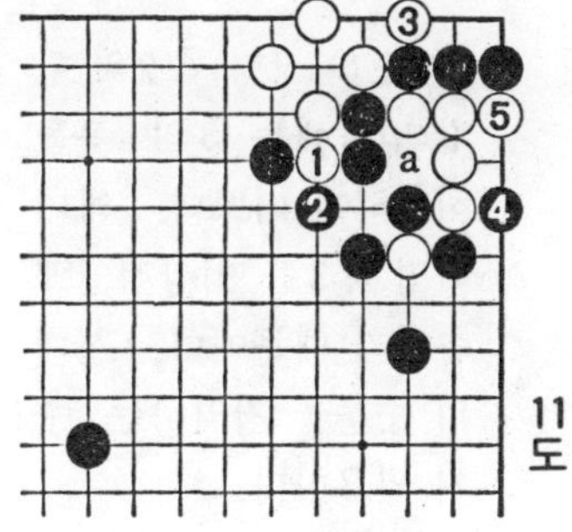

11도

11도(공격)백 1의 나감에 흑 2로 받는 것은 백 3에서 5의 공격으로 백이 한 수 빠르다. 흑 a는 자충이어서 둘 수가 없다.

이곳의 모양에서는 역전이다.

이러한 모양은 실전에서도 자주 나타나므로 수순을 충분히 이해하여 두도록 한다. 가급적이면 모양에 대한 전체적인 국면(局面)을 아울러 기억하도록 한다.

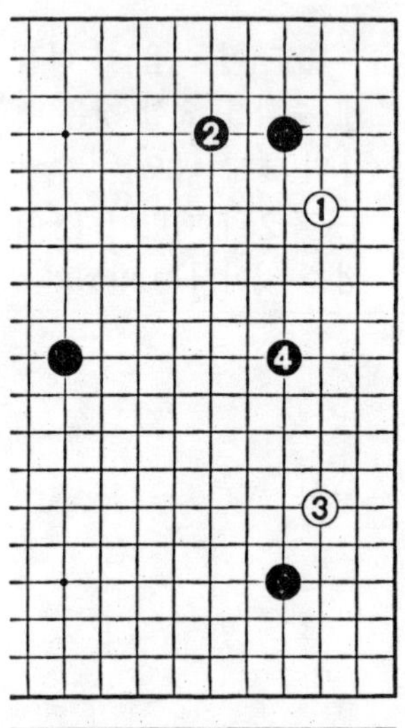

기본형 2

〈기본형 2〉

백 1의 걸침에 흑 2, 다시 3의 곳 걸침으로 변하였다. 접바둑의 초반에 잘 나타나는 모양이다. 사실 3의 걸침은 의문이다. 백 3에 흑 4는 적극적인 자세로 좋은 수이다. 이 다음의 응접은 흑이 어쨌거나 불리하지 않다.

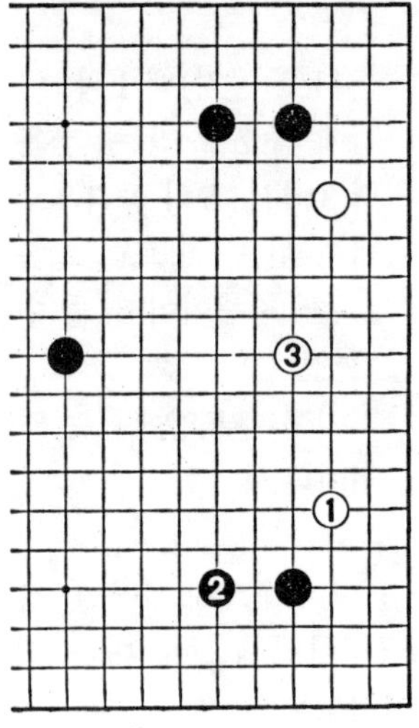

1도

1도(이상형) 흑 2의 한칸 받음에는 3의 곳을 허락하여 나쁘다. 왜냐하면 백 3은 이상적인 모습이기 때문이다. 상대의 주문을 거역하는 수가 필요하다.

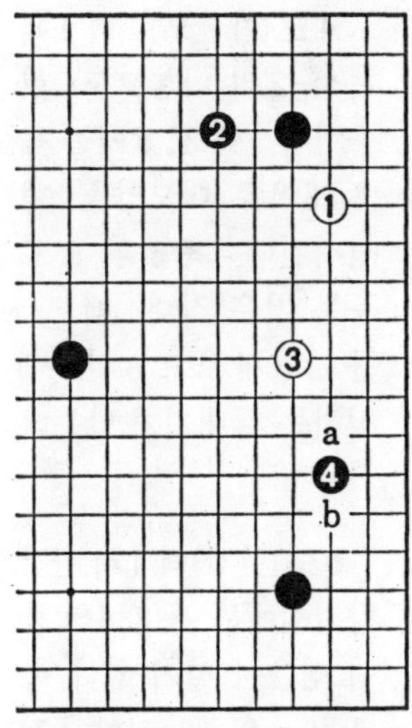

2도

2도(쟁점)흑 2에 대하여 백 3의 지킴이 모양이다. 이때 흑 4의 전개가 포석의 상식이다. 흑 4로는 a의 곳을 생각할 수도 있는데 그러면 b의 곳 침입이 눈에 들어온다.

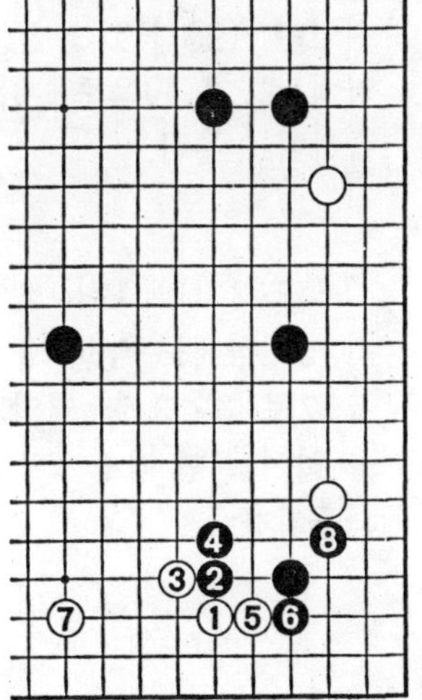

3도

3도(양걸침)백 1의 양걸침이다. 이에 대한 응접은 협공의 항목에서 기술하였지만 일단 한 번 복습하기로 한다.

흑 2, 4 다음에 백 7, 흑 8이다. '강한 쪽에 붙여라' 라는 기리대로이다.

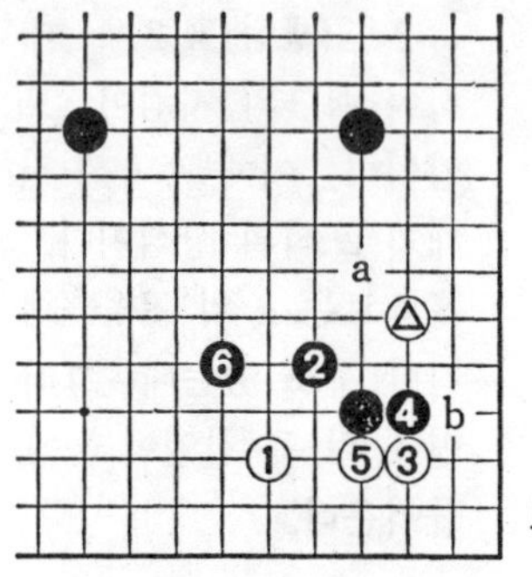

4도

4도(마늘모) 백 **1**에는 흑**2**의 마늘모도 한 수이다. 백 **3**, **5**에는 흑 **4**, **6**으로 대모양을 형성시킨다. 흑**6**을 a 로 두는 것은 작다. 백 △를 가볍게 보고 b 의 곳에 젖히는 끝내기가 남는다.

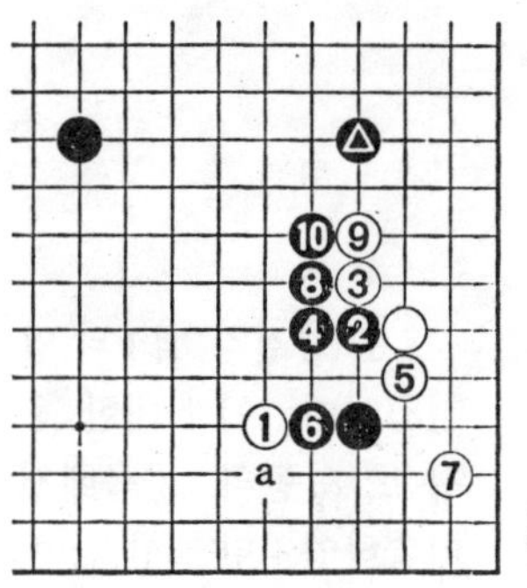

5도

5도(한칸)백 **1**의 한칸 양걸침에는 흑 **2**,**4**의 붙여 뻗음이 알기 쉽다. 흑 **8**을 a 의 곳 젖힘이 정석인데 흑 ▲가 있는 모양에서는 **8**, **10**으로 계속하여 누른다.

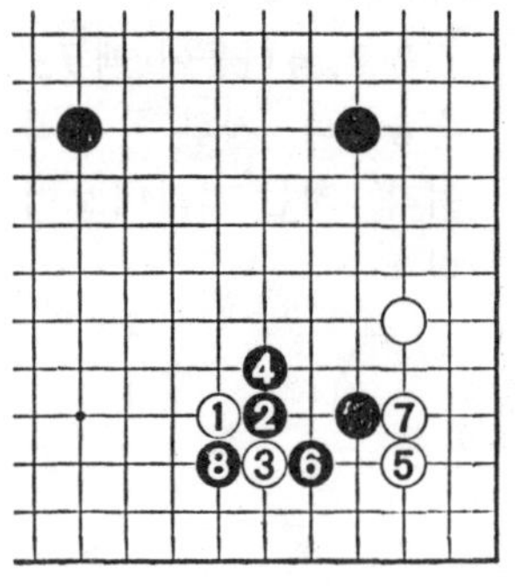

6도

6도(2칸)백 **1**의 2칸 양걸침에는 백**3** 다음 **5**, **7**로 3・3에 침입을 하여 끌면 백 **6**으로 되돌아간다.

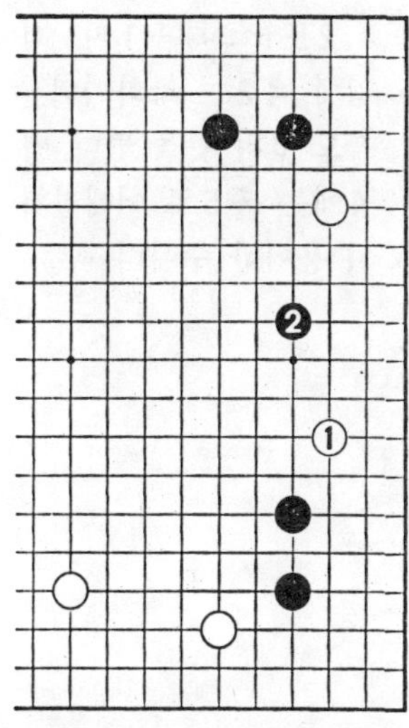
기본형 3

〈기본형 3〉

이것도 4점이나 5점 바둑에서 자주 나타나는 모양이다. 백 1의 다가섬은 무리한 모양이다. 흑 2의 침입은 기합이다. 위와 아래를 양분시키고 있다.

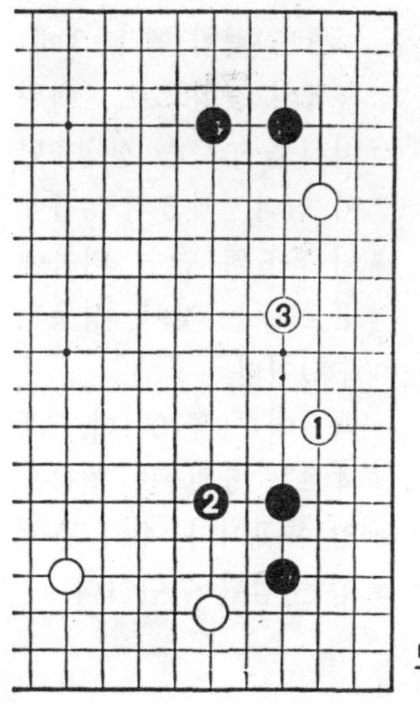
1도

1도(이상형) 백 1의 날일자 붙임수에 대하여 흑은 한 칸 뛰어 2로 받았다. 흑 2는 그 자체로서 매우 견실하고 두터운 수이다. 그러나 백에 대하여서는 아무런 책략이 없는 수이다.

다음에 백은 3으로 지붕을 만들었다. 흑 2에 대하여서는 백 3 정도만으로도 우변을 지킴이 충분하다. 다음의 수순이 기대되는 곳이다. 또한 흑의 계책이 아쉬운 곳이기도 하다. 백은 만족이다

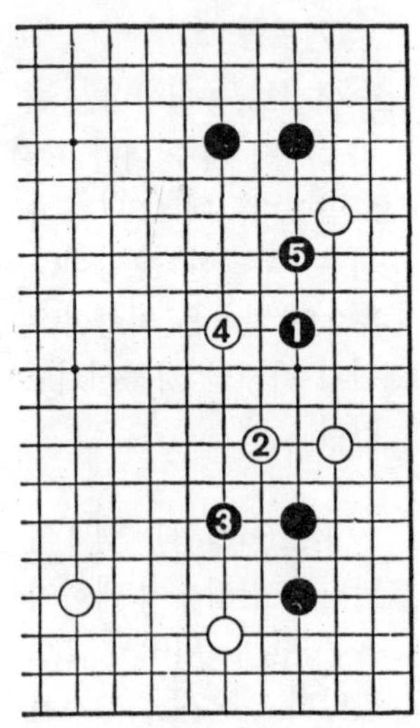
2도

2도(조화)흑 1의 침입에 백 2는 조화이다. 흑도 3의 곳을 뛴다. 백 4에는 흑 5로 어깨짚기가 용이한 수이다.

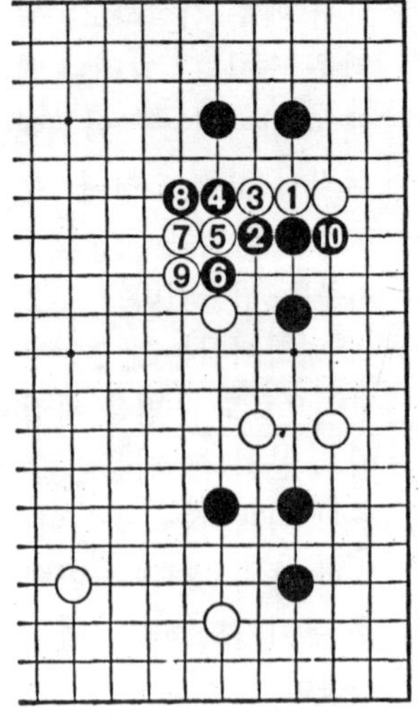
3도

3도(젖힘)백 1, 3에 흑 4의 젖힘으로 백의 머리를 누르는 강경수단이 있다. 백 5의 끊음에서 흑 6의 단수 다음에 8로 두는 것이 상용의 수단이다.
백 9에는 흑10이다. 흑 4로는 5의 곳 뻗음도 있는 곳이다. 4의 곳 젖힘은 엄한 수단이다.

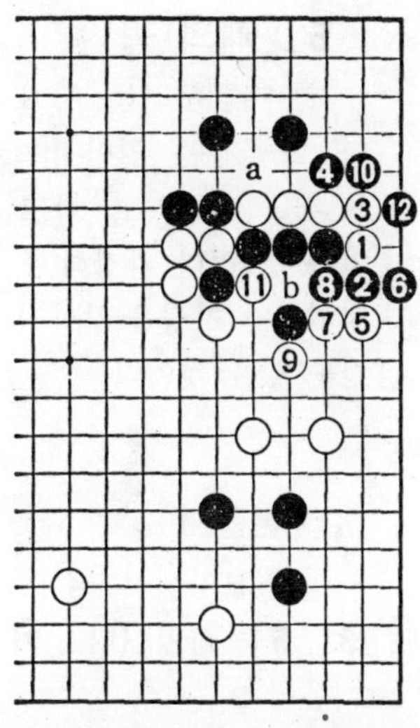

4도

4도(공격) 백 1, 3 의 젖혀이음에는 흑 4의 마늘모가 강수이다. 백 5의 껴붙임에서 12의 곳을 젖힘까지이다. 12는 6의 내려섬과 관련이 된 한 수이다. 이것을 a 로 두면 백b 로 두어 오히려 한 수가 백이 빠르다.

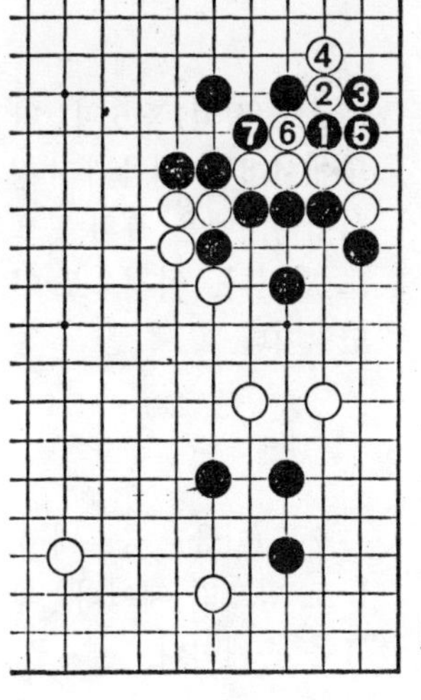

5도

5도(붙임) 흑 1에 백 2는 어떨까? 이것은 맥이 아니다. 이것은 3, 5의 단수로 안심이다. 백 6에는 7로 막는다.

결국 백 6점은 사석으로 남게 되었다. 백은 이것을 최대한 이용하여야 하며 흑은 흑대로 또 모양을 갖추는데 신경을 써야 할 것이다.

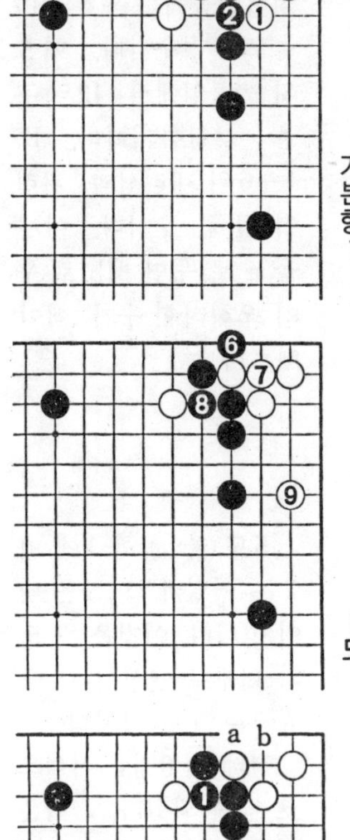

기본형 1

1도

2도

6. 패의 공방

자, 지금부터는 패이다. 초급자는 일반적으로 패를 피하려고 하고 있다. 그러나 과감히 부딪혀야만 기량을 향상시킬수 있을 것이다.

〈기본형 1〉

이런 모양에서 백 1, 3, 5는 상형이다. 이 다음에 ——.

1도(정석)흑 6의 단수에서 8의 이음까지 정석이다. 백은 9의 곳으로 달린다. 이것으로 일단락이다.

2도(이음) 흑a 에서 b 로 받으면 패이다. 흑 1은 손해이다.

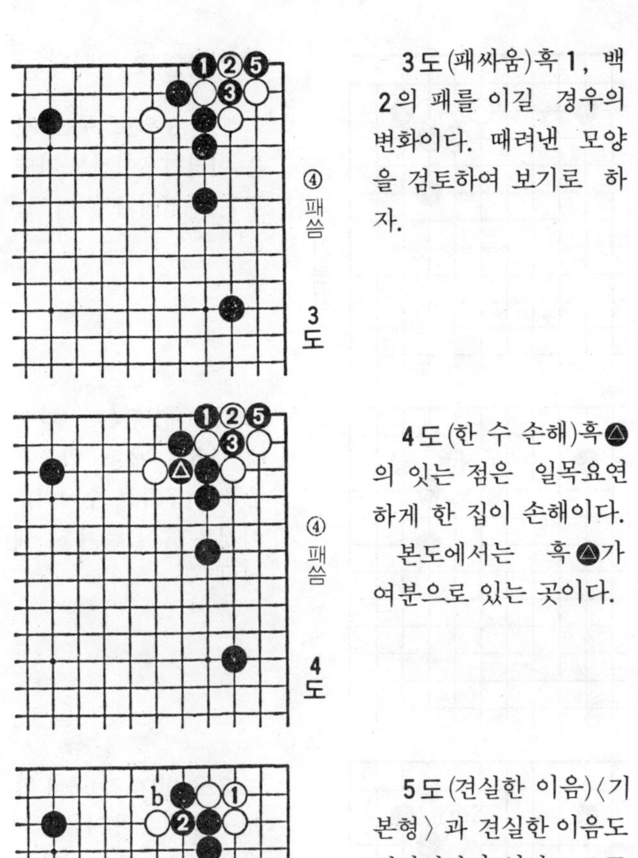

3 도(패싸움)흑 1, 백 2의 패를 이길 경우의 변화이다. 때려낸 모양을 검토하여 보기로 하자.

4 도(한 수 손해)흑△의 잇는 점은 일목요연하게 한 집이 손해이다.

본도에서는 흑△가 여분으로 있는 곳이다.

5 도

5 도(견실한 이음)〈기본형〉과 견실한 이음도 일장일단이 있다. 1도는 a의 곳까지 삭감하고 있는 반면 본도는 b의 곳을 내려서는 맛이 있다.

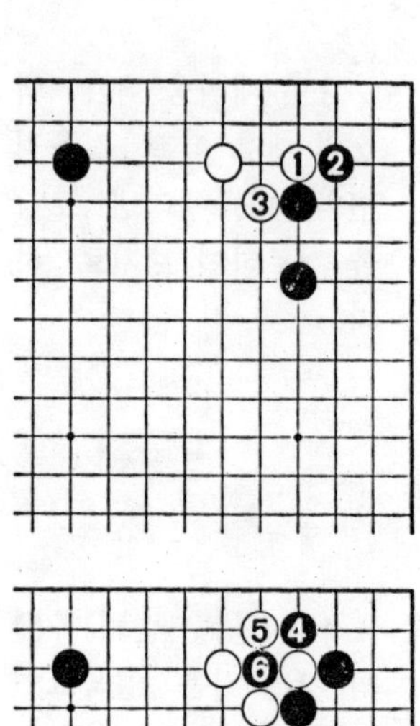
기본형 2

〈기본형 2〉

백 1, 3으로 두는 것은 어떨까? 이것도 자주 두는 수법이다.

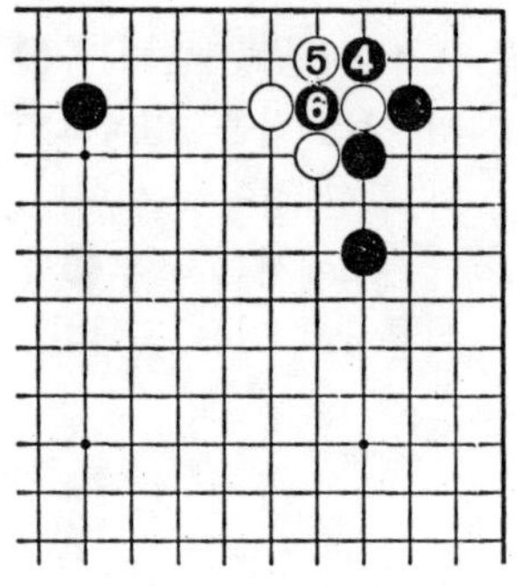
1도

1도(패) 흑 4의 단수에 백 5로 패를 받음은 분규를 구하는 수이다. 이것은 흑이 즐거운 패이다.

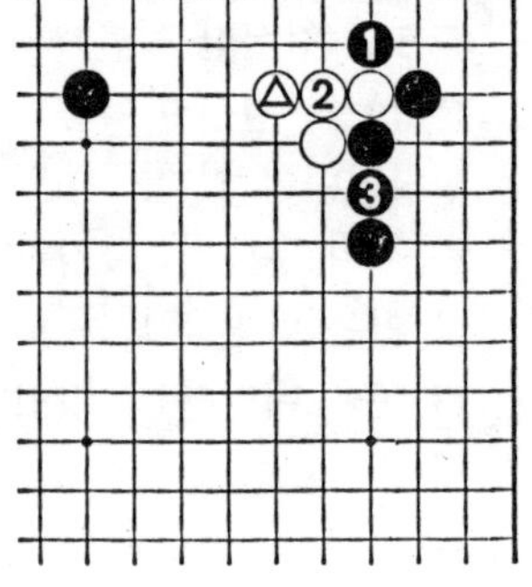
2도

2도(빈 삼각) 흑 1의 단수에 백 2의 이음은 다음에 흑 3으로 이어서 충분하다. 백 △는 우형의 견본이다.

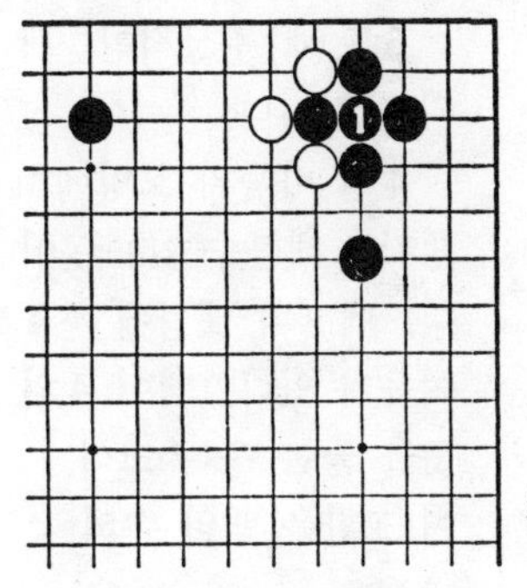

3도(이음)이 패는 천하패로 상당히 크다. 흑 1의 이음이 상당히 두텁다. 흑의 두터움은 수십 집에 필적한다.

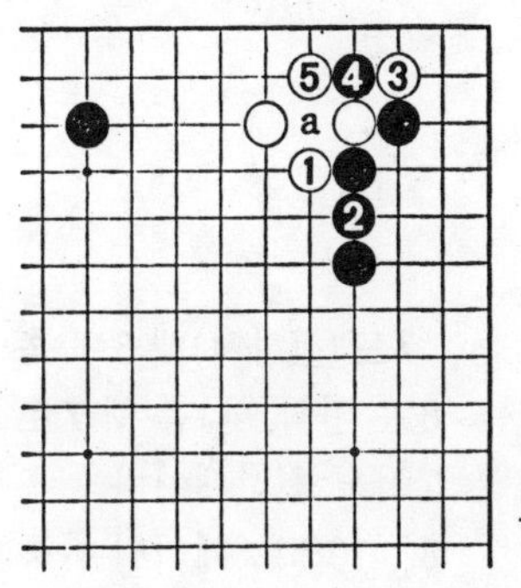

4도(약한 기세) 백 1에 흑 2의 이음은 약한 기세이다. 백 3, 5로 패싸움의 여지가 충분하다. 흑이 a로 잡아도 댓가는 충분히 찾는다.

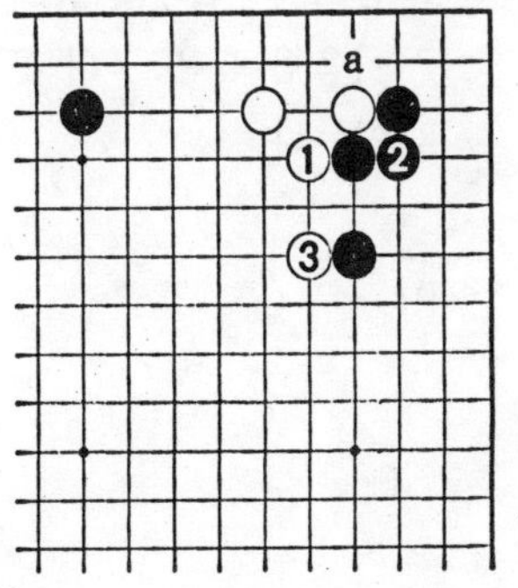

5도(불이익)흑 2로 잇는 것은 백3으로 붙여서 만족이다. 흑a의 단수로 패에 이긴 모양을 생각하여 본다면 명확할 것이다.

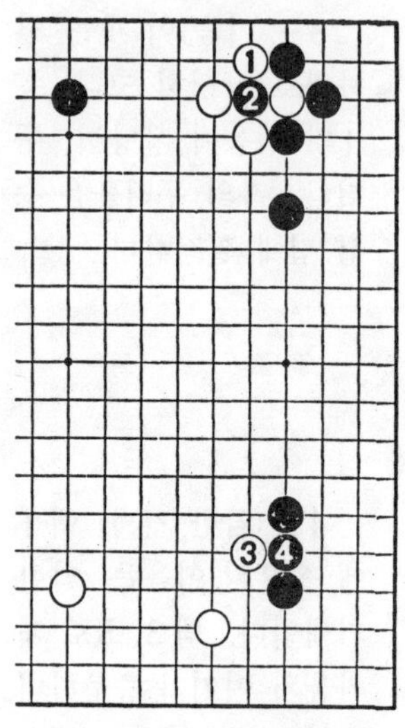
6도

6도(패)추상적인 패의 성립이다.

4점 바둑의 모양에서 생각을 해볼수 있는 곳이다. 백 **3**의 팻감에 흑 **4**, 여유가 있다. 백이 **4**의 곳을 뚫는 수는 크다. 이 교환은 백의 손해.

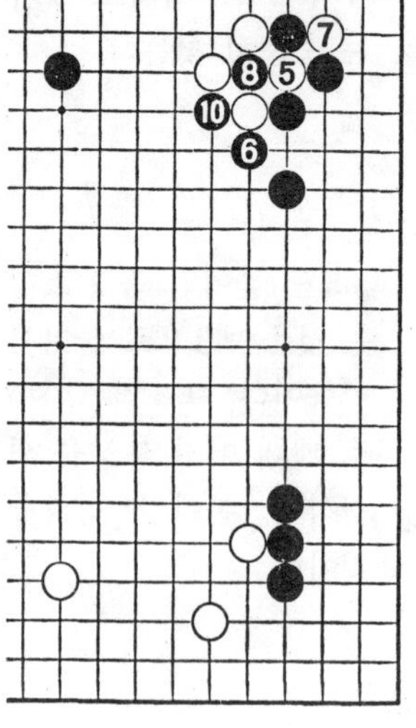

7도

7도(천하패)백 **5**에 흑 **6**은 완착. 다음 백 **7**로 끊어서 천하패이다. 흑 **8**, **10**으로 때리면 바둑은 끝이다. 백 **7**을 **8**의 곳 이음은 흑은 **7**의 곳을 잇는다.

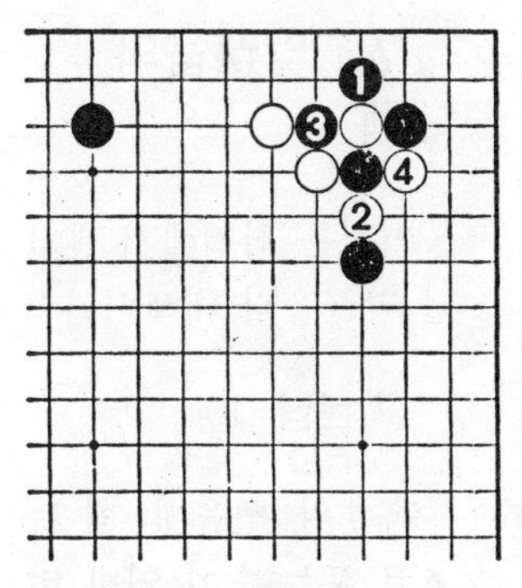
8도

8도(변화)흑 1의 단수에 백 2, 4의 반발이 있다. 변화의 여지가 있는 곳이다.

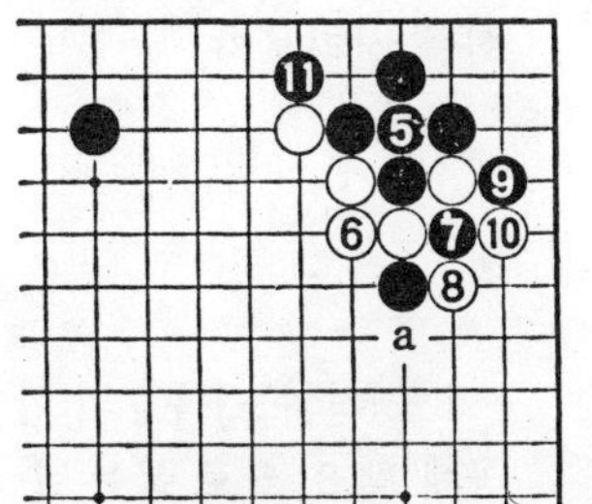
9도

9도(매화송이)흑이 5의 곳을 이으면 매화송이의 모양이다. 백6에 7의 끊음 다음 10의 단수까지이다. 백a 로 축이 남아있는 곳이다.

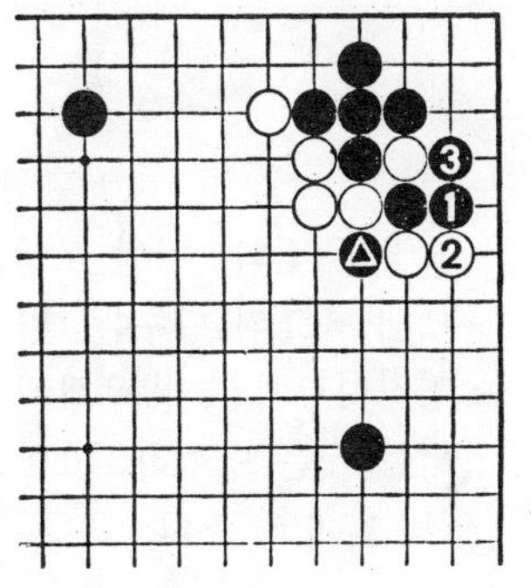
10도

10도(축)축관계가 흑이 유리하다면 흑 1로 내려선다. 이것도 일책이다. 흑 △에 분단이 되어 있어 양쪽의 백을 나누고 있다.

7. 맞끊음의 대책

이것은 화점에서 생겨난 맞끊음의 대책이다.

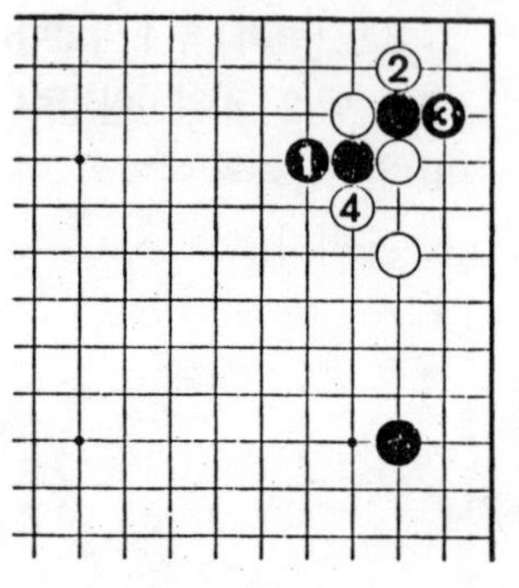

기본형 1

〈기본형 1〉

흑 1의 뻗음에 백 2, 4로 두는 수가 있다. 변화를 살펴보자.

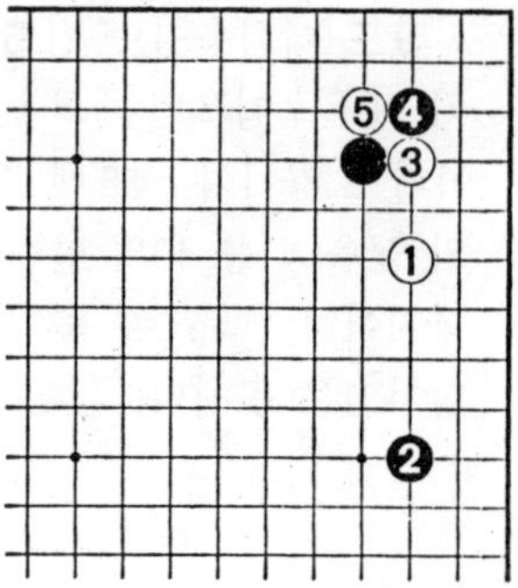

1도

1도(경과도)흑 2의 협공에 백 3, 5로 끊는 수가 있다.

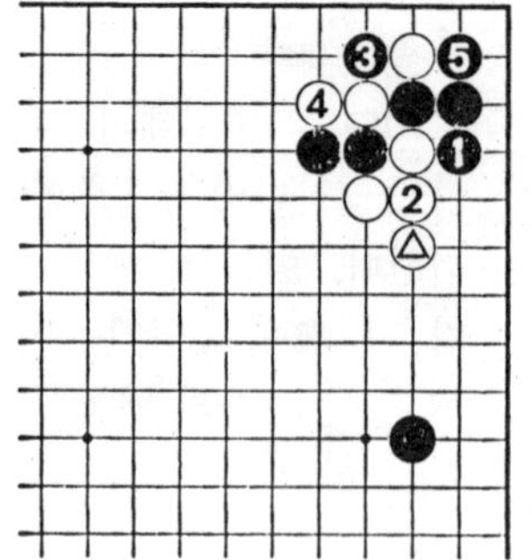

2도

2도(변화) 이런 모양에서 흑 1의 단수는 당연하다. 백 △가 우형이 되는 것은 당연하다. 흑은 3, 5로 둔다.

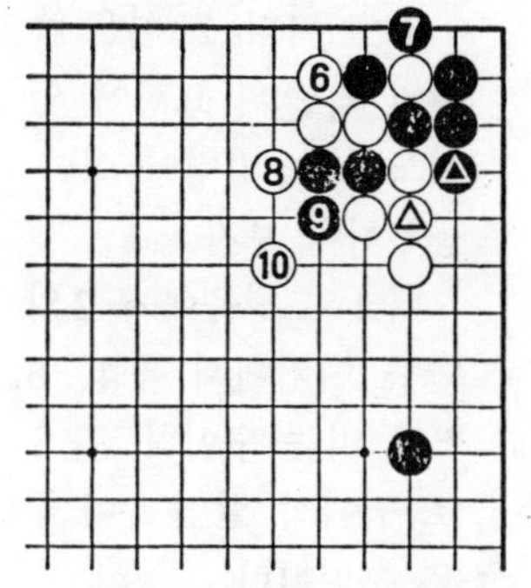

3도

3도(싸움)백 6의 단수에서 8, 10의 씌우는 수가 있어 순간 비명을 지른다. 흑 ▲와 백 △의 교환이 있기 때문이다. 그래서——.

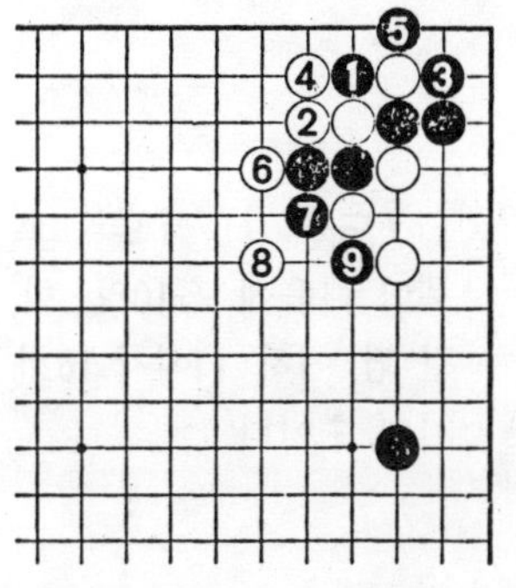

4도

4도(파괴)단순히 흑 1, 3으로 둔다. 이것이 정착이다. 백 6, 8의 씌움에서 흑 9의 단수로 탈출이다.

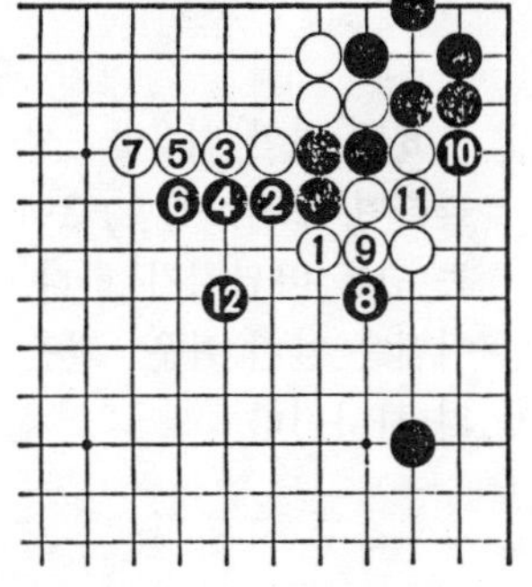

5도

5도(나쁜 모양) 백 1의 단수에 3의 뻗음. 흑 4, 6에서 8이하 12까지 우변에 나쁜 모양이 생긴다.

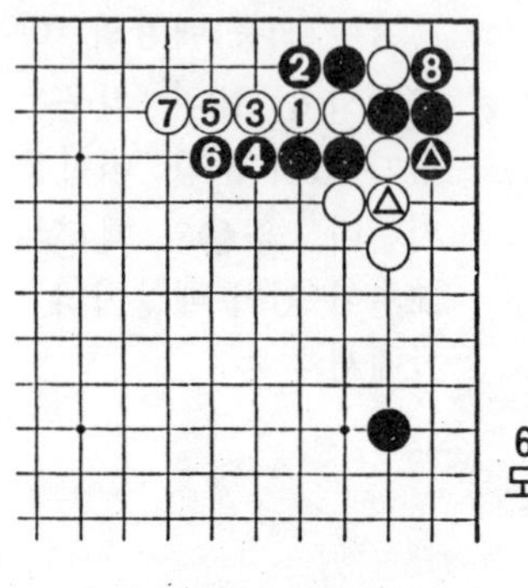

6도

6도(파괴 2)실은 흑 ▲와 백 △의 교환이 있어도 두는 방법이 있다. 공부하여 보자.

백 1의 뻗음에 흑 2의 단수. 여기에서 흑 4, 6으로 미는 수이다. 흑 8로 귀에서 살면 흑이 좋은 국면이다.

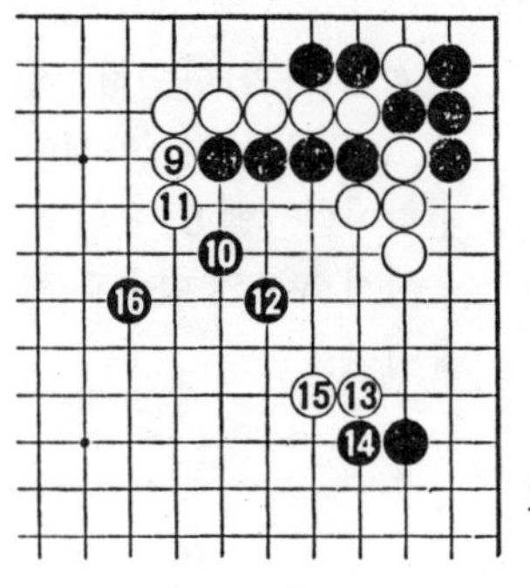

7도

7도(외길) 백 9의 꼬부림 다음에 흑10의 한 칸 뜀, 이하 11에서 16까지 응수이다.

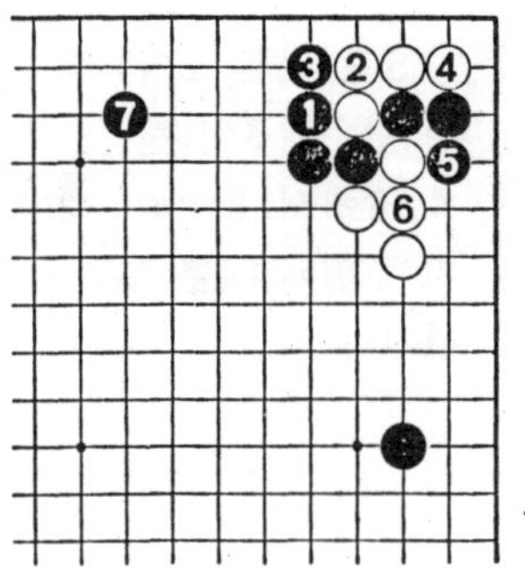

8도

8도(변환)다음을 생각하여 보자. 흑 1, 3에는 귀를 바꿔치기 한다. 이것은 알기 쉬운 절충의 하나이다.

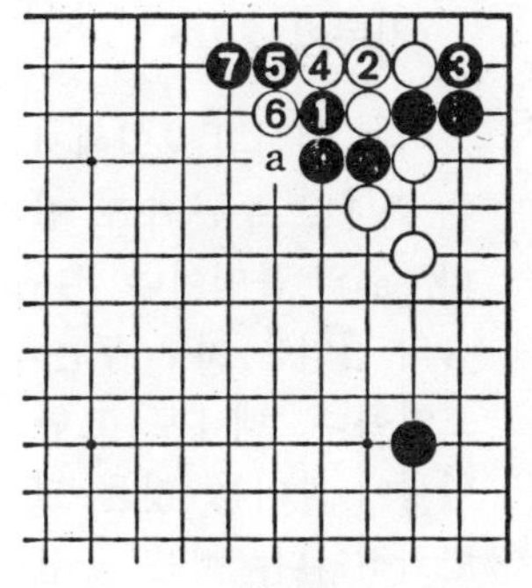

9도

9도(축) 흑의 축관계가 유리한 모양에서는 흑3의 수가 성립을 한다. 흑7까지 문제이다. 여기에서 백a의 축이 문제이다.

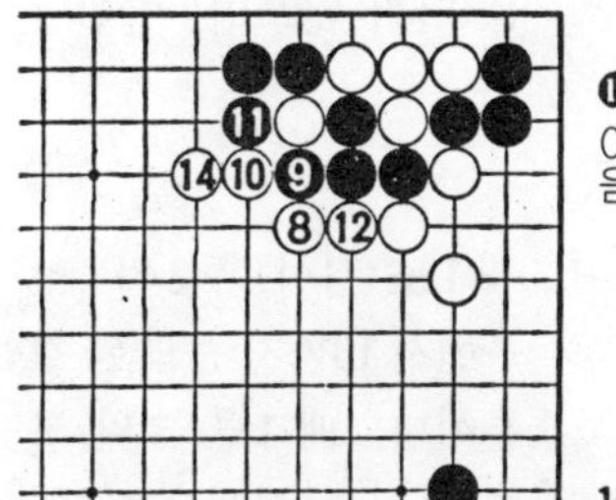

10도

10도(장문)백의 축이 나쁘면 8의 곳을 씌우지 않을 수 없다. 이하 14의 뻗음까지이다. 필연의 응접이다.

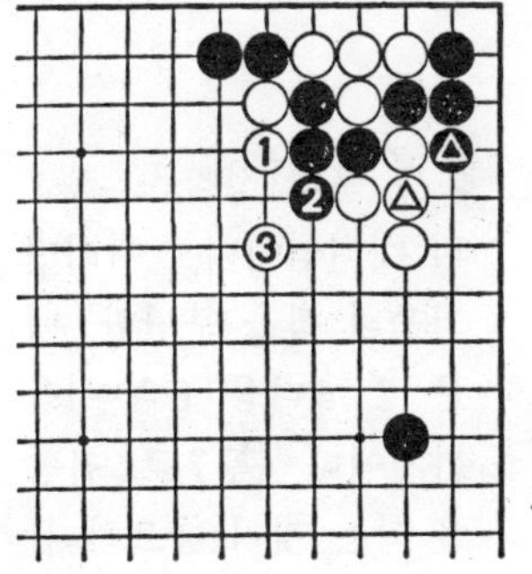
11도

11도(나쁘다)이 모양에서도 흑▲와 백△의 교환이 있다면 주의가 필요하다.

흑▲의 단수는 위험하다.

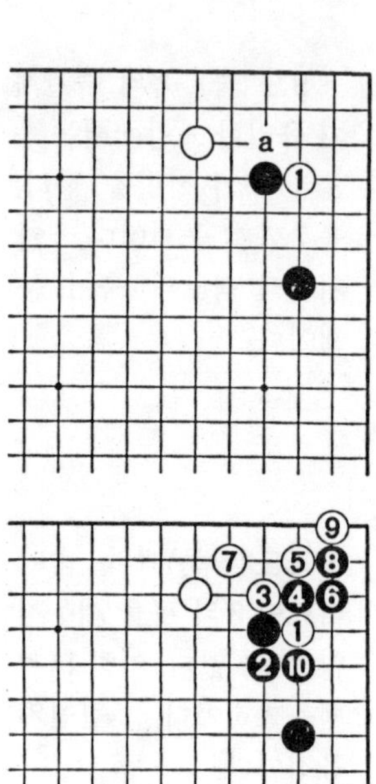

기본형 2

1 도

〈기본형 2〉

이런 배석의 모양에서는 백 **1**로 두는 수도 있다. a 의 붙임이나 3·3의 침입은 자주 두는 모양이다. 백 **1**로 묘한 방향에 붙이는 것은 교란작전이다. 빠른 응접을 알지 않으면 안된다.

1 도(정석)흑 **2**의 뻗음에서 **10**까지 무난한 결론이다. 백 **1**을 **3**의 곳에 붙이는 정석으로 되돌아 간다.

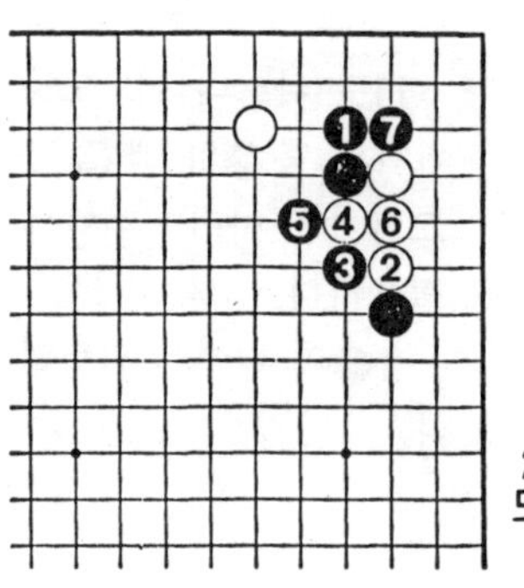

2 도

2 도(분단)정착은 흑 **1**의 내려섬이다. 이러면 좌우의 백을 분단한 백은 **2**, **4**다음 **6**의 이음까지이다. 흑 **7**로 귀쪽을 막는 것이 중요하다.

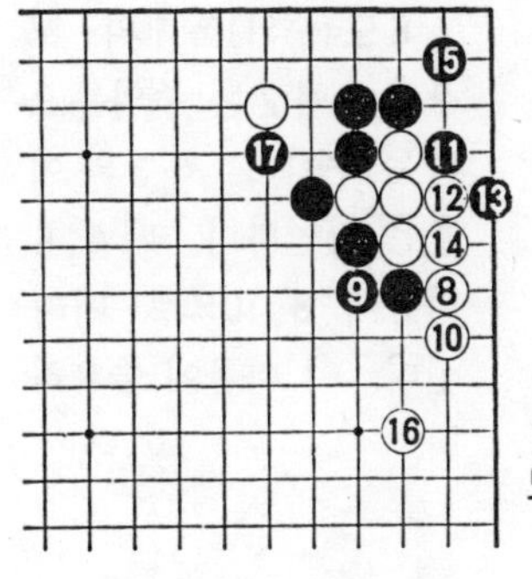

3도(호구침) 백 8의 젖힘에서 흑 9의 이음. 백 10에는 흑11의 젖힘. 13의 선수 다음에 15로 호구친다. 흑이 불만이 없는 응접이다. 백16으로는——

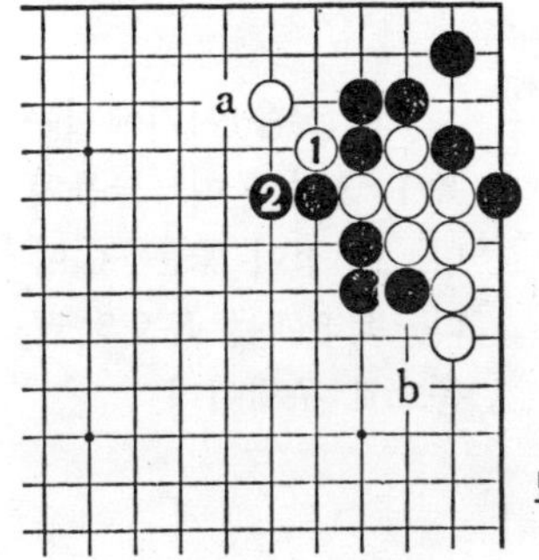

4도(맞보기) 백 1로 끊는 것은 흑 2로 올라선 다음에 a와 b의 곳을맞보기로 한다. 흑의 우세이다.

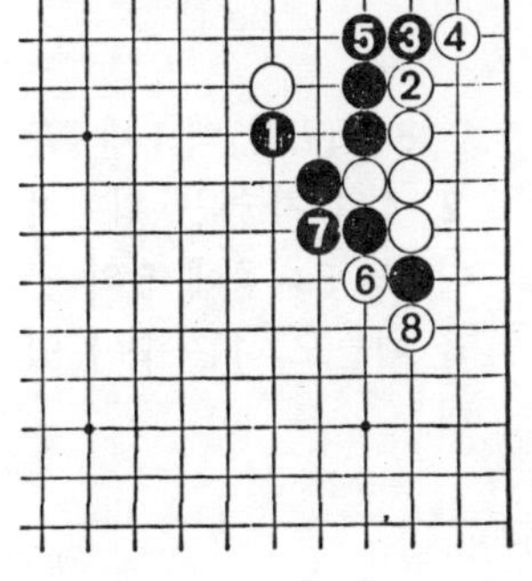

5도(급소) 흑 1로 그냥 호구치면 백 2가 급소이다. 흑 3, 5의 젖힘에서 6, 8로 끊어 잡는다.

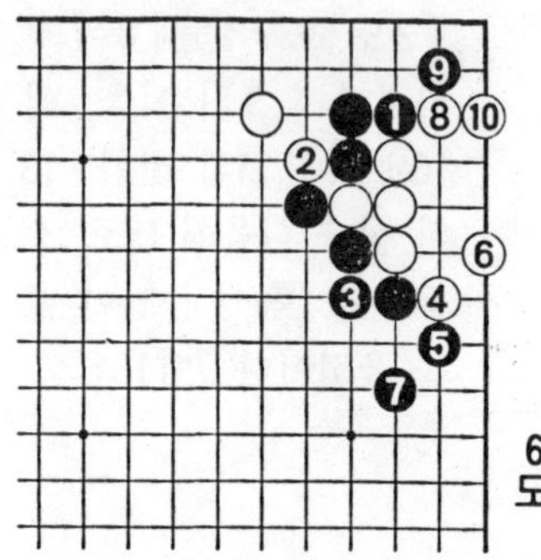

6도(주의) 흑 1의 꼬부림에 백 2는 주의를요하는 수이다. 흑 3의 이음은 당연하다. 백 4, 6 다음에 8, 10으로 내려선다. 이 다음이 중요하다.

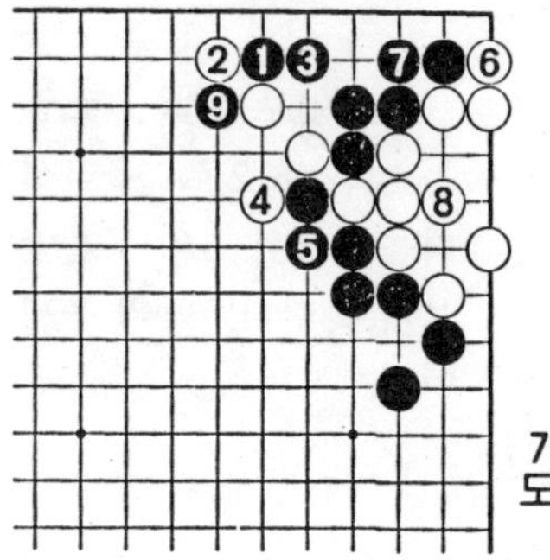

7도(끊음) 여기에서는 흑 1, 3의 붙여 늘음이다. 이 점이 좋은 수이다. 백 8에는 흑 9의 끊음으로 우세이다.

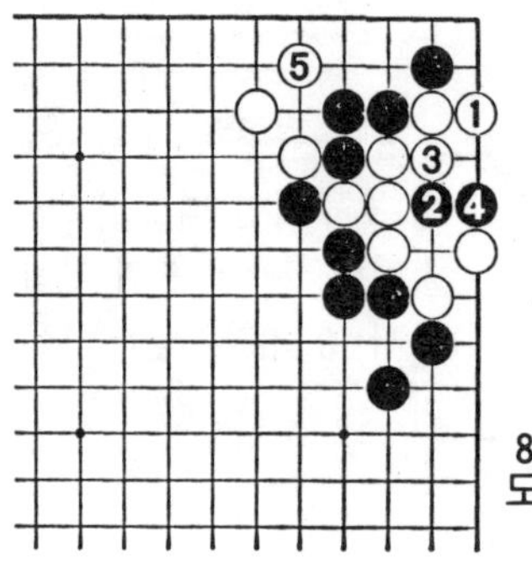

8도(위험) 백 1에 흑 2, 4의 치중은 위험하다. 백 3다음에 5의 곳을 마늘모 하는 수가 있다.

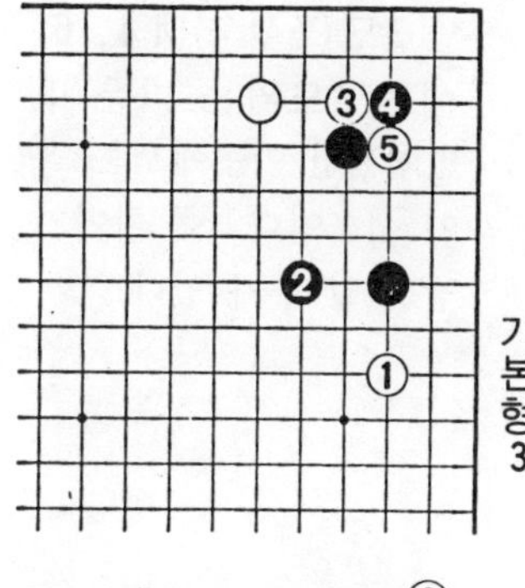

〈기본형 3〉

백 1, 흑 2의 교환이 있다면 백 3, 5의 끊는 수도 있다.

이후의 변화를 살펴보자.

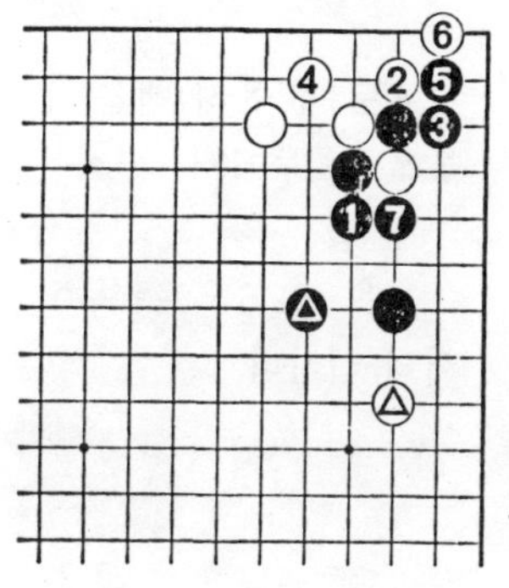

1도(모양)흑 1의 한쪽 뻗음이다. 그러나 이 수는 이런 모양에서는 악수이다. 백 2의 단수에서 7까지 정석이다. 흑 ▲가 중복이 되어 있음을 알 수 있다.

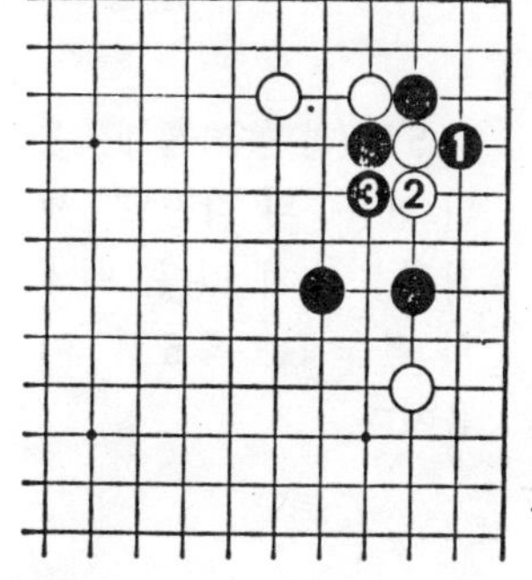

2도(단수이고 내려섬) 이런 모양의 정착은 흑 1로 단수를 하고 3의 곳을 내려서는 수이다.

백의 야망이 와해된다.

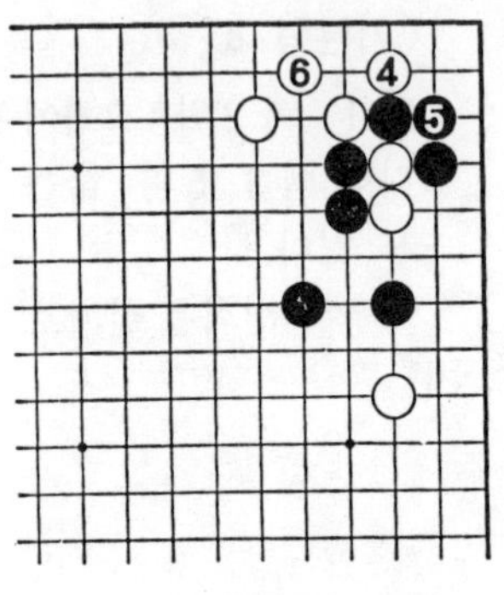

3도

3도(흑선수)백 4, 6에는 1도와는 다른 방법이지만 이곳에서는 흑이 선수이다. 큰 차이가 남을 알 수가 있다.

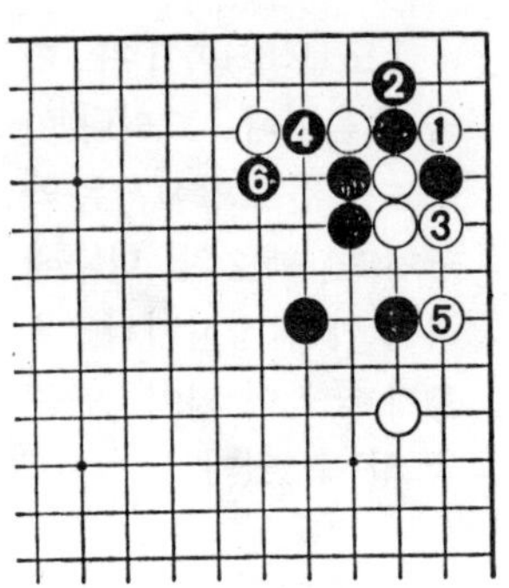

4도

4도(흑 유리)백은 1, 3으로 두어서 변화를 구한다.

흑은 4, 6으로 두어서 유리하다.

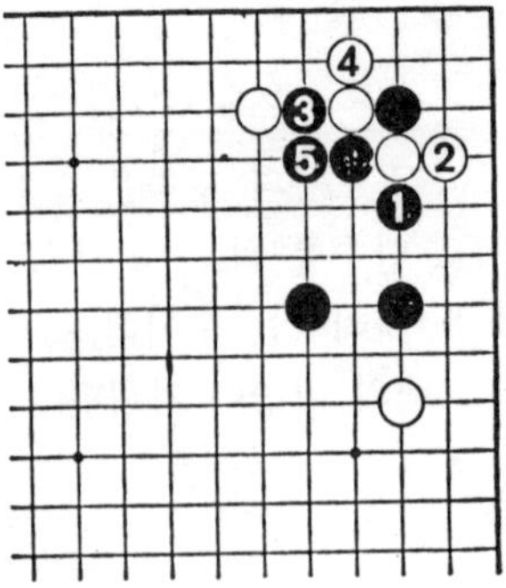

5도

5도(연단수)흑 1, 3의 연단수의 작전도 생각해 볼 수가 있다. 백 4의 뻗음에는 흑 5의 이음이다.

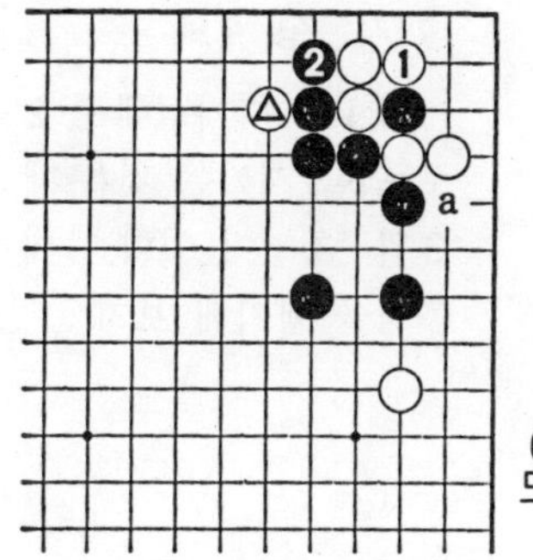

6도(내려섬)백 1로 귀를 확보하는 전법은 흑 2로 내려선다. 이 다음에 흑a 의 내려섬이 선수이다. 백 △가 완전히 고립이 되어 있다.

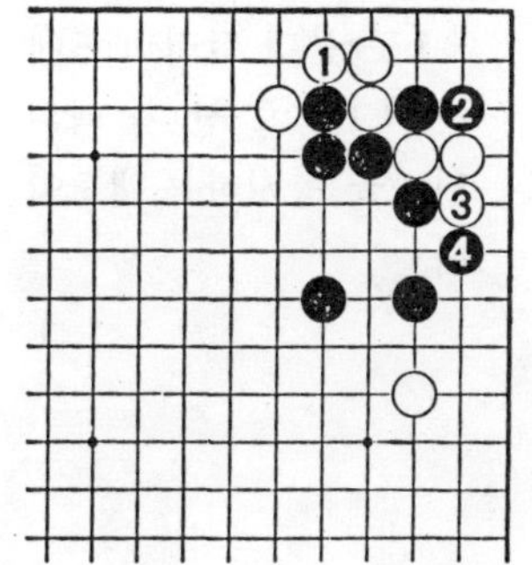

7도(변화)백 1로 상변을 건너가면 흑 2로 내려선다. 백 3에는 흑 4가 강수이다.

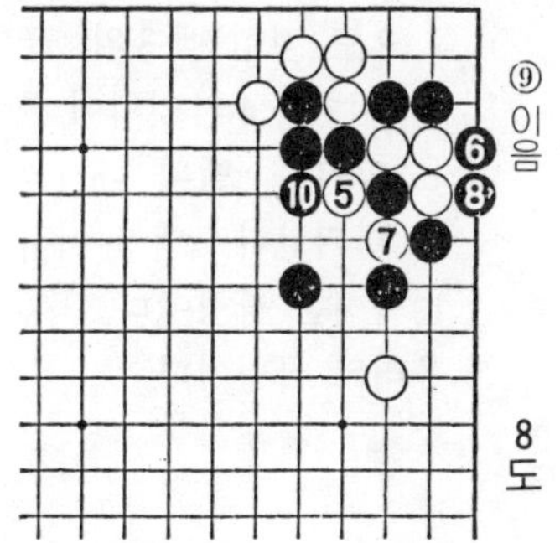

8도(회돌이)백 5의 끊음에는 흑 6, 8로 응수한다. 이 수가 강수이다. 흑10까지 백을 잡는다.

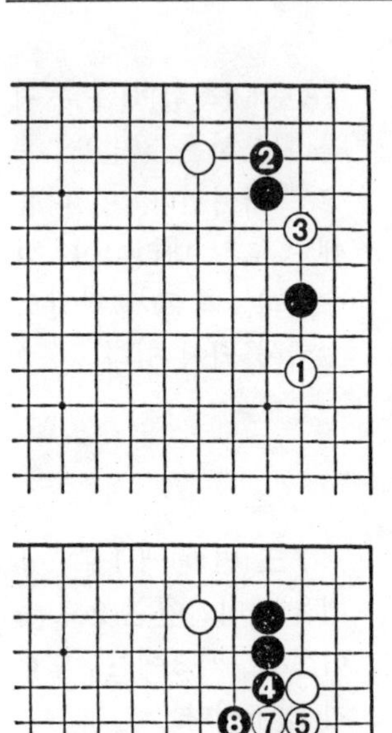

〈기본형 4〉

백 1의 다가섬에 흑 2로 귀를 지키는 것은 백 3의 침입이 있다. 대응책을 생각해 보자.

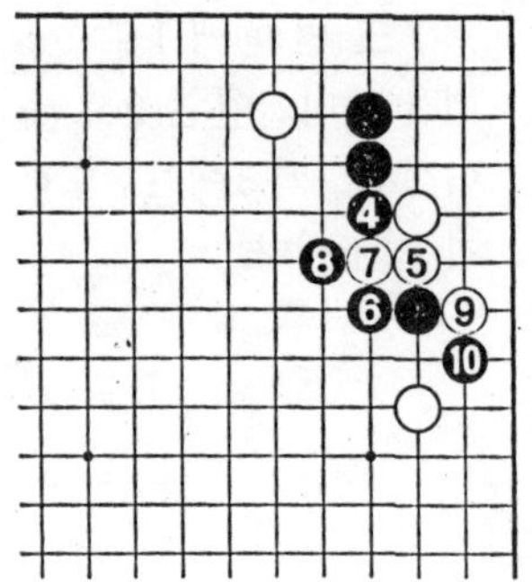

1도(분단 작전)백 5에는 흑 6으로 산다. 백의 연락을 방지하는 태도이다.

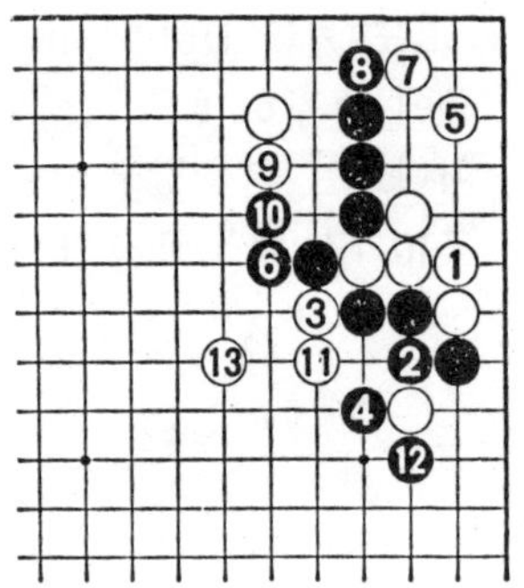

2도(젖힘)백 3의 끊음에는 흑 4의 젖힘이 좋은 수이다. 백의 다가섬을 파괴한다. 백 5 이하 13까지는 상형이다. 흑 유리의 국면이다.

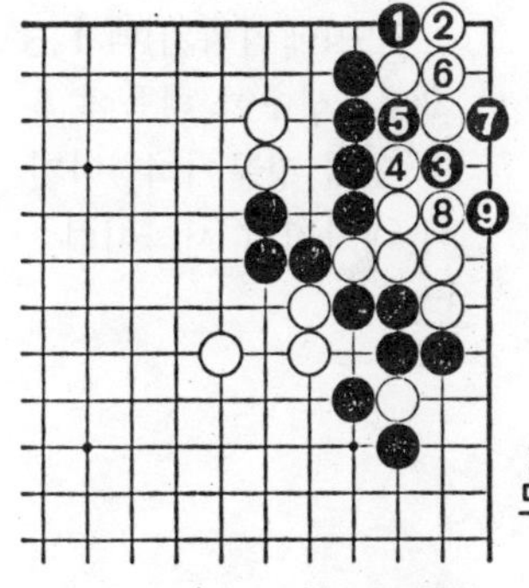

3도(패) 귀의 백에 문제가 남는다. 흑 1의 젖힘에 백이 2의 곳을 내려서면 흑 3에서 9까지 패이다. 흑의 꽃놀이 패이다.

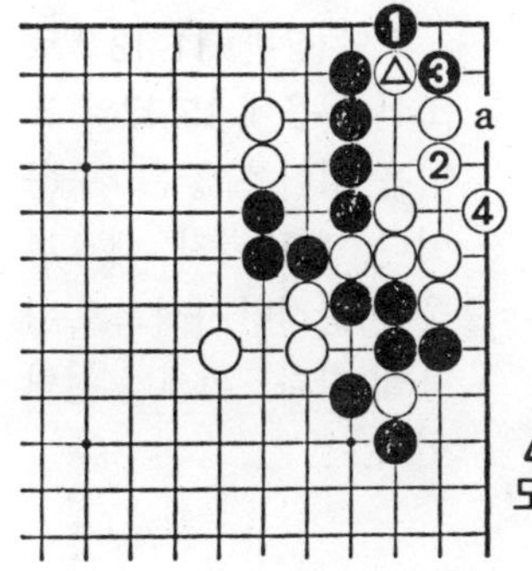

4도(쟁점) 흑 1에는 백 2의 뻗음, 흑 3에는 백 4로 사는 모양이다. 이 귀에서는 a의 곳 젖힘의 이익이 남는다.

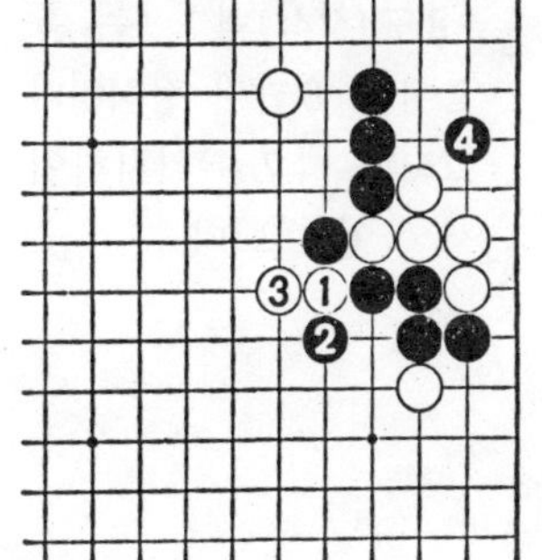

5도(단수) 백 1의 끊음에 흑 2의 단수. 백 3을 기다려 4의 곳에 두는 것은 어떨까?

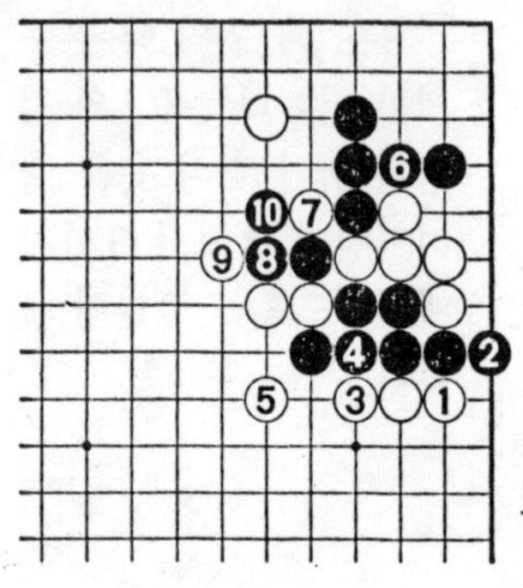

6도(에워싸기)백 1, 3으로 선수한 다음에 5의 곳에 장문이다. 이것이 대작전의 시작이다.

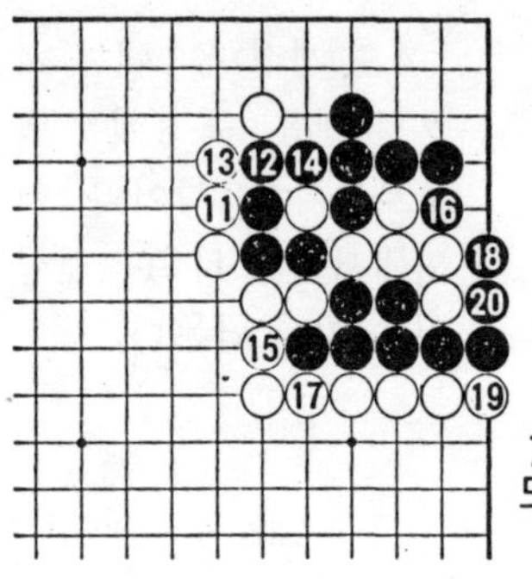

7도(장관) 11, 13으로 조인 다음에 15, 17의 조임은 십이분 좋은 수순이다. 백19까지 백 5점을 이상적인 사석으로 활용을 한다. 외세가 철벽이다.

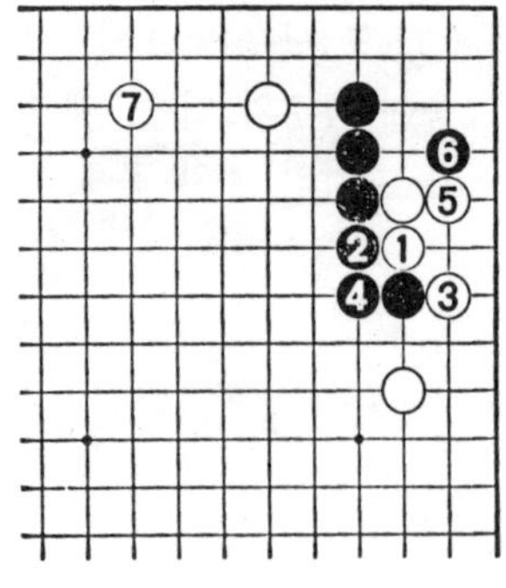

8도(정석)백 1에는 흑 2에서 6까지 정석이다. 그러나 백 7을 허락하여서 흑이 나쁘다.

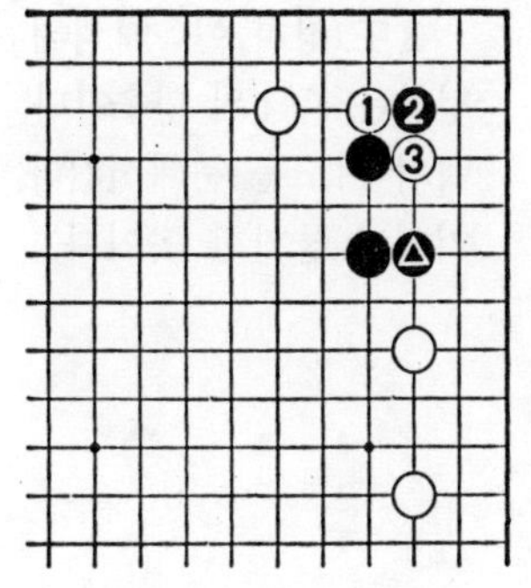

기본형 5

〈기본형 5〉

흑이 ▲로 내려서 있는 모양이다. 백 1, 3은 상용수단이다.

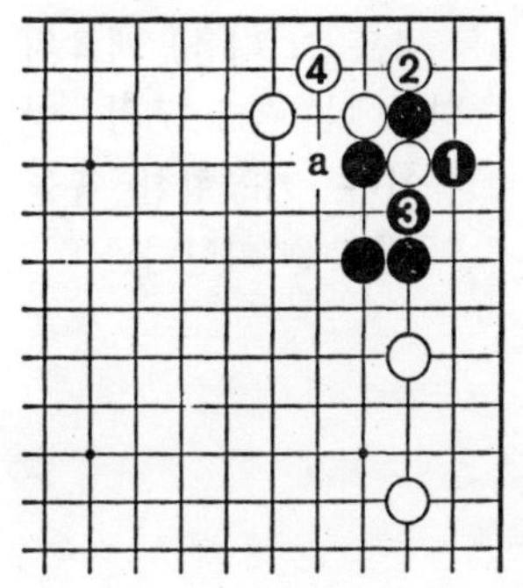

1도

1도(모양)흑 1의 단수에 백은 2, 4로 두었다. 백 2를 보류하면 a의 곳의 단수를 하는 맛이 있다.

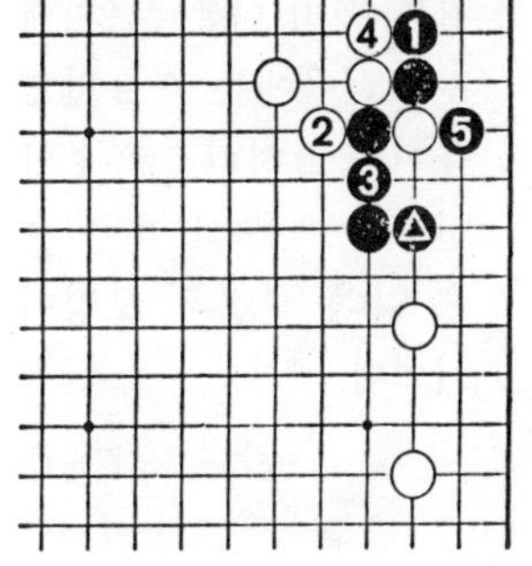

2도

2도(내려섬)이것은 한쪽 뻗음이다. 흑 1의 내려섬이다. 그러나 이 모양에서는 의문이다. 흑 ▲가 빈삼각의 우형이 되기때문이다.

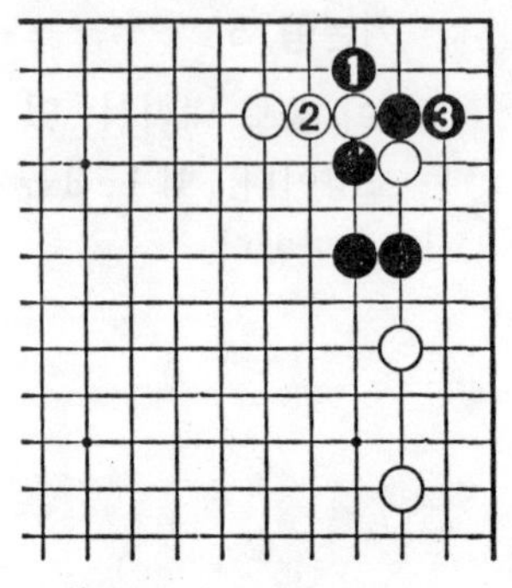

3도

3도(정착)이 배석의 정착은 흑 **1**의 단수이다. 백의 의도를 분쇄시킨다. 기억해 둘만한 곳이다.

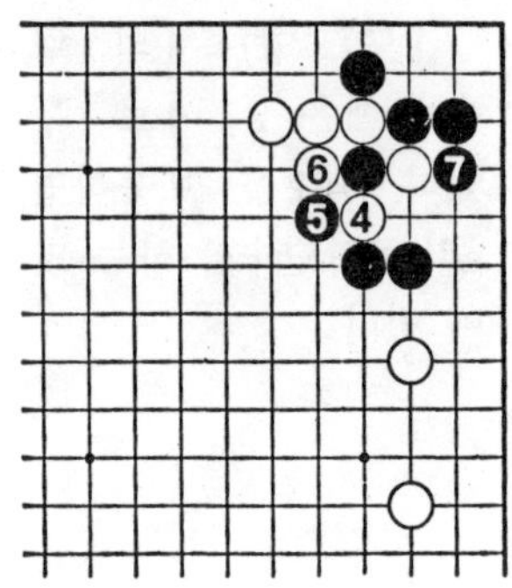

4도

4도(그 다음) 백 **4**의 단수에는 흑 **5**, **7**의 받음이다. 가능한한 흑돌의 중복을 피한다.

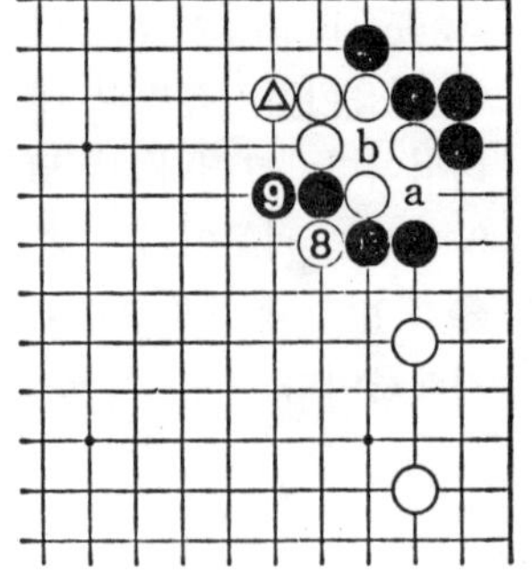

5도

5도(백이 나쁜 모양)백 **8**의 끊음에는 흑 **9**의 뻗음이 중요하다. 흑 a의 단수에 백은 b를 이을 수 없다. 백 △의 모양이 나쁘다.

이상에서, 4점 접바둑, 5점 접바둑의 초반의 유리한 싸움 방법을 알아보았다. 여기에서 또 한번 처음으로 거슬러 올라가서, 아래의 그림을 살펴 보아주기 바란다.

4귀의 화점에 놓여져 있는 흑의 세력은 압도적으로 위력적이다. 천원(天元) a에 돌이 있을 경우에는 5점 접바둑이 되지만 이른바 '4기둥'의 위력은 전국(全局)을 압도하고, 백의 고전(苦戰)은 불가피하다.

또한 프로의 말에 '4귀에서의 싸움에는 신에게도 지지 않는다.'라고 하는 말이 있다.

여기에서의 필승 초반의 전술을 시험하여 보기로 하자.

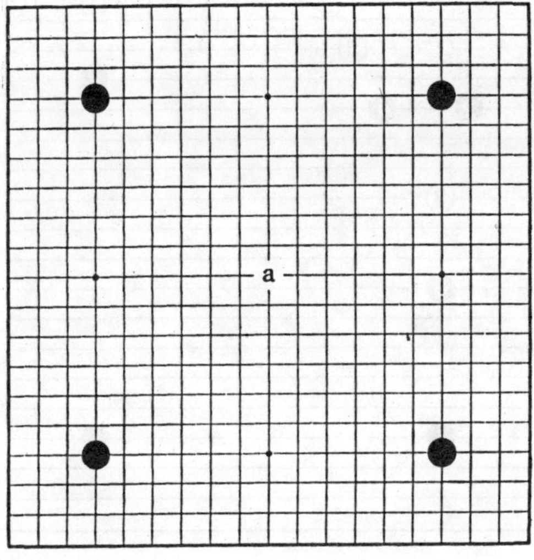

2점— 3점 바둑

대망의 호선바둑의 길로 접어들었다. 3점의 모양에서는 한 귀를 호선으로 둘 수가 있다. 3점국을 돌파하고 나면 2점 바둑이다. 역시 접근전의 힘은 호각이다. 금방 호선 바둑을 목전에 두고 있다. 여기에서부터 3점 바둑의 시작이다. 역시 비어 있는 좌상귀가 촛점이다.

백 1에서 5까지 호선 바둑의 정석이다.

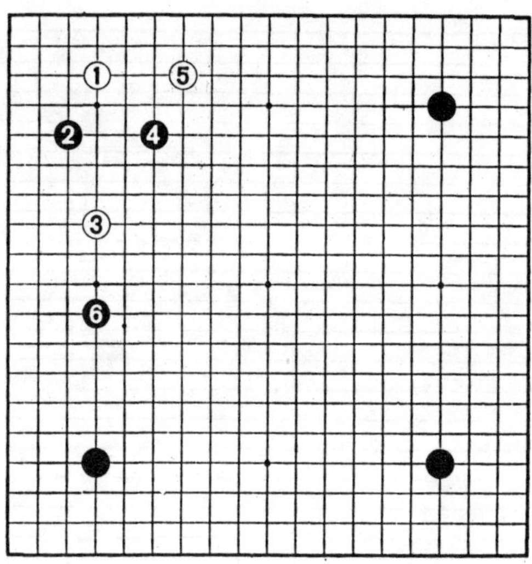

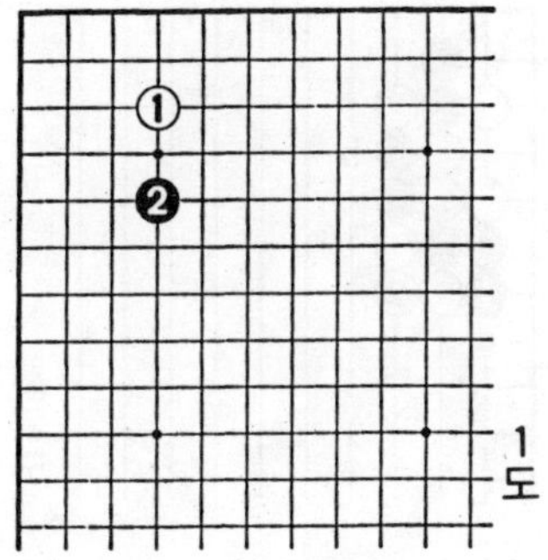

1. 호선정석

2점이나 3점에서 유효한 것은 한칸 높은 걸침으로 간단히 설명하고자 한다.

〈수순이 긴 정석〉

1도(한칸)백1의 소목에는 흑2의 한칸 걸침이 접바둑에서 유효하다.

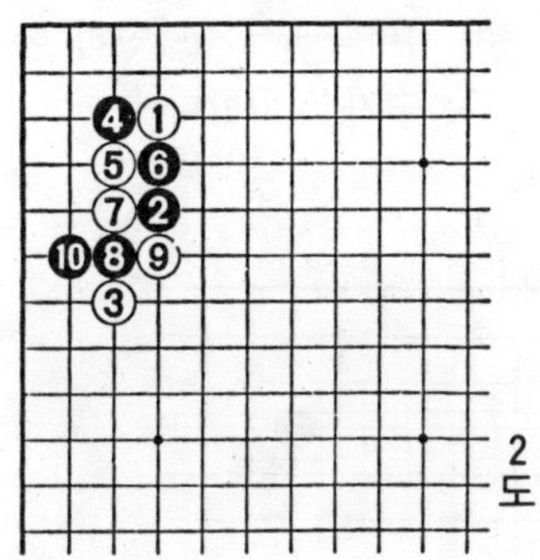

2도(협공)백3의 협공에는 흑4로 귀를 붙이는 수가 있다. 백5의 젖혀 나감에는 흑6의 끊음에서 10까지 필연이다.

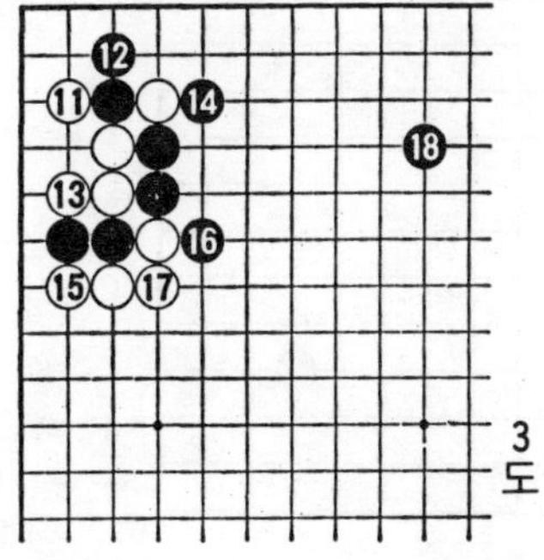

3도(정석) 11의 단수에서 17의 이음까지이다. 흑18의 벌림이 호각이다. 이 응접을 생각하여 보자. 흑의 축 관계가 있는 모양에서는 14를——.

참고도 흑 1의 꼬부림으로 둔다. 이것이 정석이다. 백 2의 이음은 당연, 백a 의 막음과 b 의 축이 맞보기이다. 이것은 조건부 응접이다.

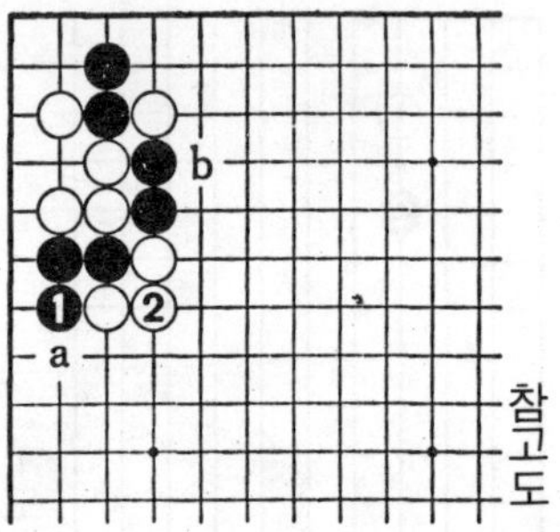

참고도

4도 (3점 바둑) 3점 바둑의 접바둑에서는 당연히 축은 흑이 유리하다. 1의 구부리는 수가 성립한다.

10까지 긴 정석의 모양이다.

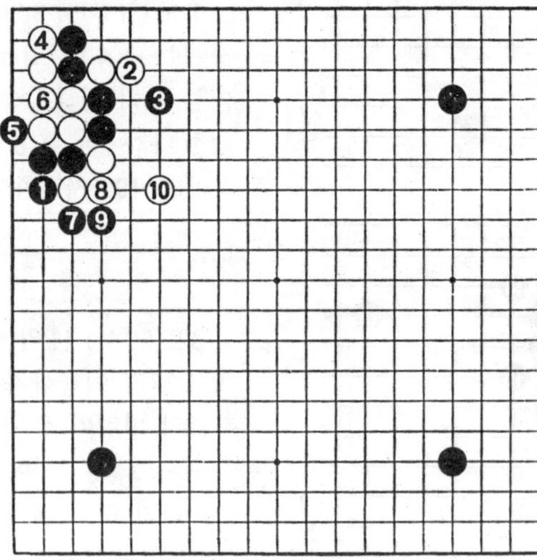
4도

5도(흑 유리) 흑11의 이음에서 백18의 뻗음까지이다. 외길의 응수이다. 흑19의 받음은 적절하다. 백20에는 흑21로 어깨를 짚는다. 수수가 긴 정석으로 흑이 유리함은 당연하다.

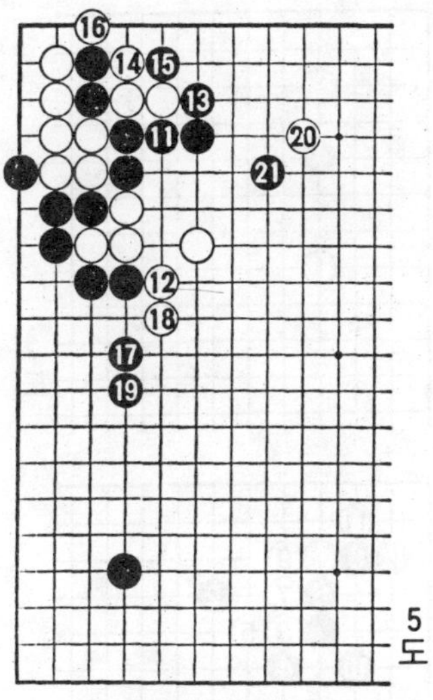
5도

6도 (변화) 흑1의 단수에는 백2로 변화를 구하기도 한다. 흑3 이하 8까지 되면 흑9의 눈목자로 움직인다.

백의 두터움을 흑9가 제어하고 있다.

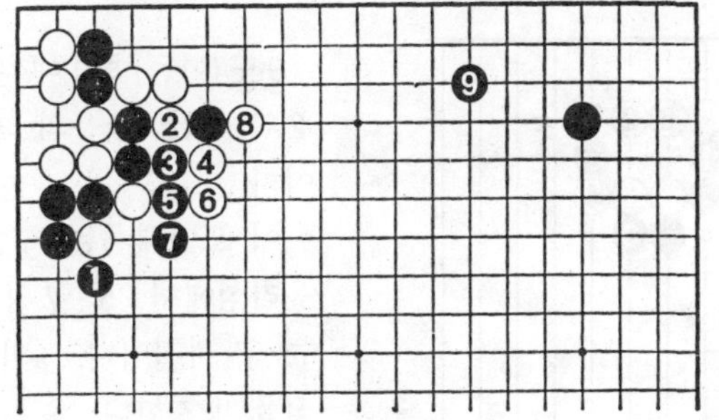
6도

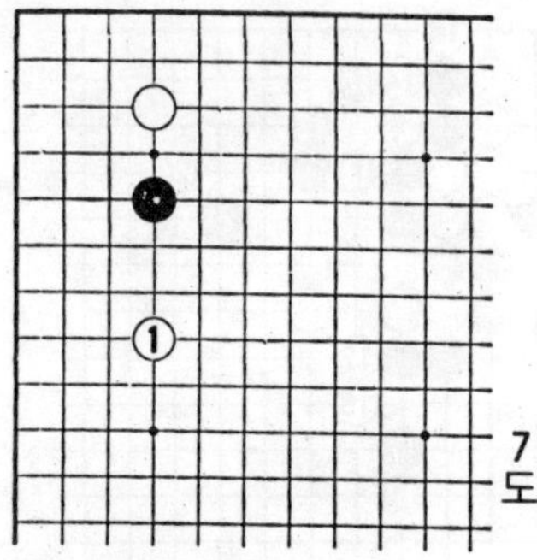

7 도(2칸 높은 협공) 백 1의 2칸 높은 협공은 정석으로 많이 두는 수이다.

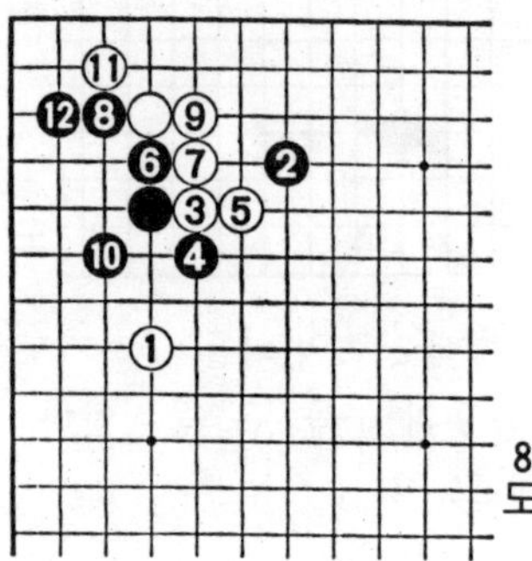

8 도(눈목자)백 1에는 흑 2의 눈목자 받음이보통이다. 백 3 , 5 다음에 흑 6에서 12의 내려섬까지이다.

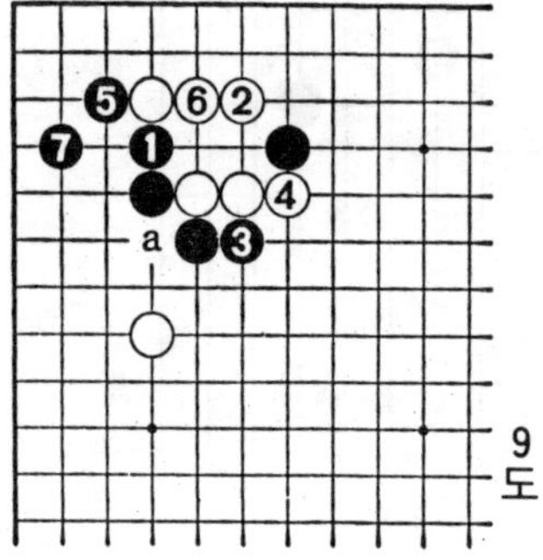

9 도(이음)흑 1에는 백 2의 한칸 받음의 정석이다.

이 모양에서는 흑 3의 올라섬에서 5 , 7의 잇는 수 까지이다. a의 단점을 방지한다.

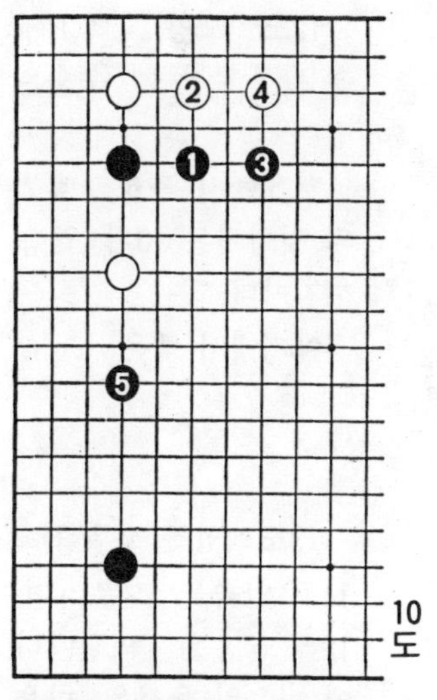

10도 (한칸 뜀) 흑 1의 한칸 뜀도 정석이다. 흑 3의 한칸 뜀에 흑은 5의 곳을 둔다.

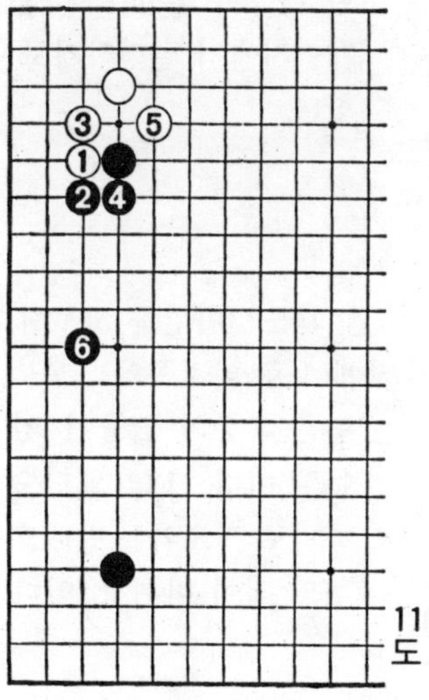

11도 (아래붙임) 백 1의 아래붙임에는 흑 2, 4로 두어서 십분 좋다. 6까지 일단락이다.

흑 2의 젖혀 막음은 당연한 호수(好手)이다. 백 3의 끌어 나가는 이음수도 필연적인 수순. 흑 4의 이음과 백 5의 마늘모 붙임수 역시 당연한 수순이다. 흑 6의 세 칸 뜀은 강력한 지킴이 되고 있다. 흑이 좋은 모양이다.

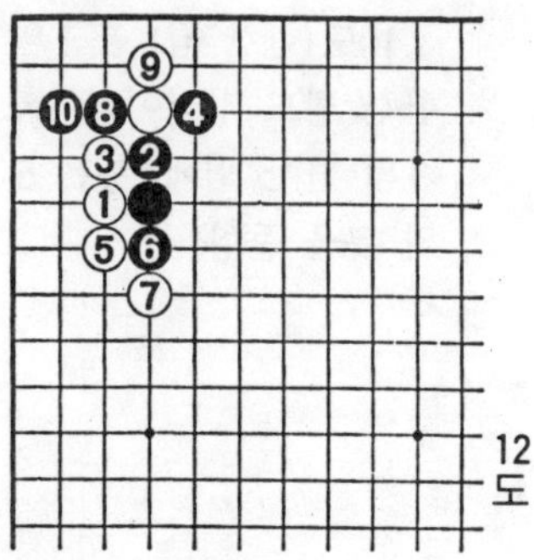

12도 (모양) 백 1 에 흑 2, 4 로 두는 수순은 길다.

백 5 에서 흑 6, 백 7 의 젖힘에는 10의 끊음까지이다.

여기에서 백은──.

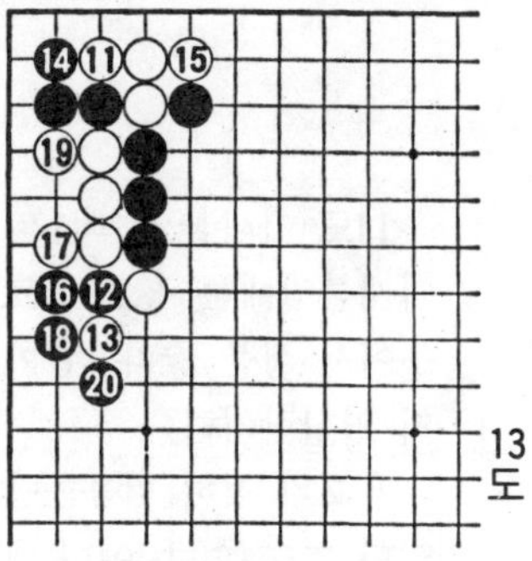

13도 (안쪽 꼬부림) 11로 안쪽을 꼬부리면 12의 끊음은 외길이다. 이 다음의 응접은 다음 페이지에서 설명하기로 한다.

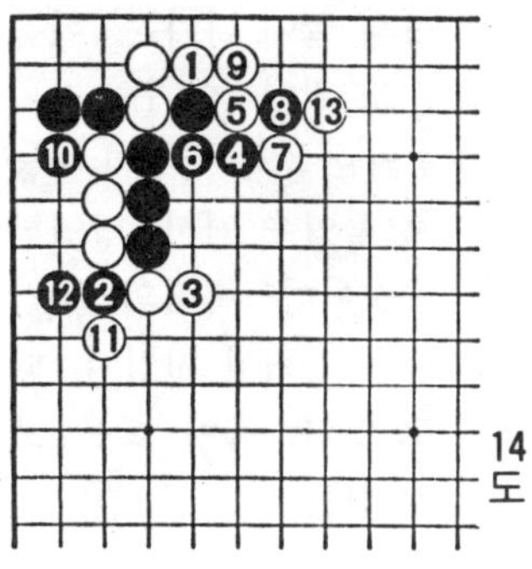

14도 (바깥쪽 꼬부림) 백 1 로 바깥쪽의 꼬부림은 흑 2 의 끊음이 있는 곳이다. 13의 단수까지로 전도와는 반대로 귀의 집이 바뀌고 있다.

15도 (30수) 13도 다음의 응접은 백21의 뻗음에서 흑30의 한칸 뜀까지이다. 30수의 긴 정석의 수순이 아닐 수 없다.

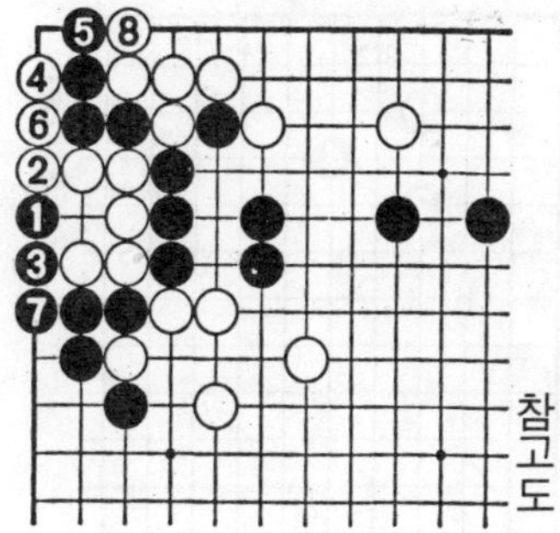
참고도

참고도 참고도 흑 1 로 두는 끝내기가 남는다. 백 2 에서 8 까지는 필연적인 수순(手順)이 된다. 이것은 팻감으로 이용을 한다.

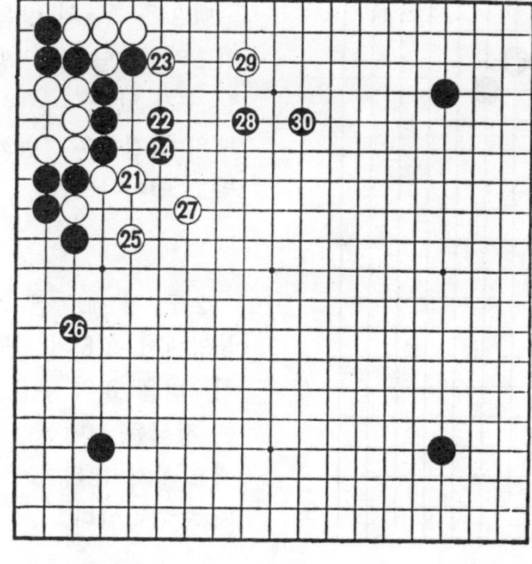
15도

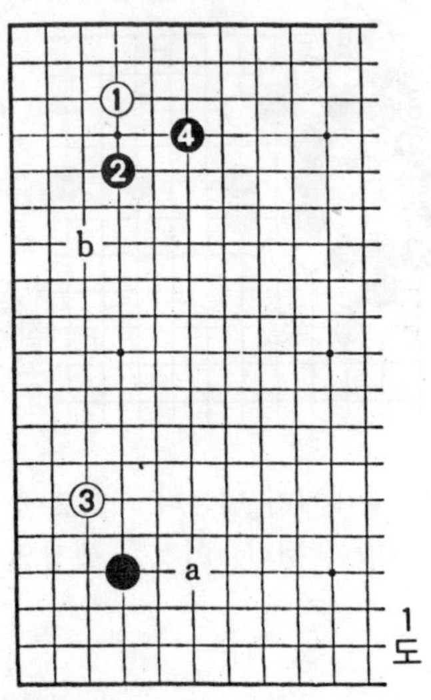

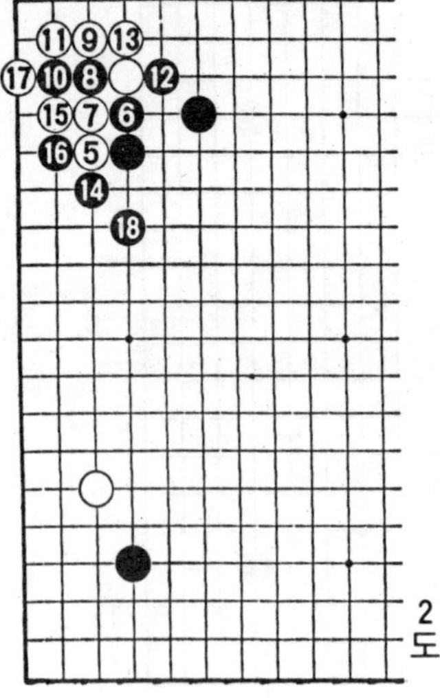

〈외세 작전〉

정석을 선택하는 모양에서 실리와 외세의 절충이다.

이것도 하나의 방법이다.

1도 (날일자) 예로써 흑2의 걸침에는 백이 손을 빼면 3의 곳을 둔다. 좌하를 손빼면 4의 날일자 씌움이 있다.

백3은 흑a의 받음이면 b의 곳 협공을 생각할 수가 있다. 좌하의 백의 양걸침은 변화를 알고 있어야 한다.

2도 (외 세) 백5의 붙임에서 흑6의 부딪힘. 다음 8의 곳을 끊는 정석을 선택한다.
백9 이하 18의 호구침까지 일단락이다.

3 도 (양걸침) 백 1 의 양걸침에는 흑 2 로 붙인다.

백 3, 5 에 6, 8 로 흑이 십분 좋다. 백은 왼쪽에 집이 있지만 흑의 발전 가능성은 무한하다.

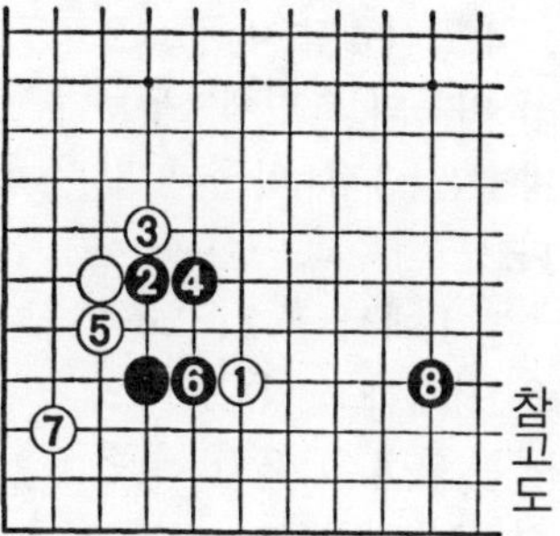

참고도

참고도 백 1 로 한 칸 걸침에 있어서는, 예컨대 흑 2, 4 로 이어서 뛰는 정석을 선택하고, 흑 8 로 뛰면 전체적인 밸런스가 좋게 된다.

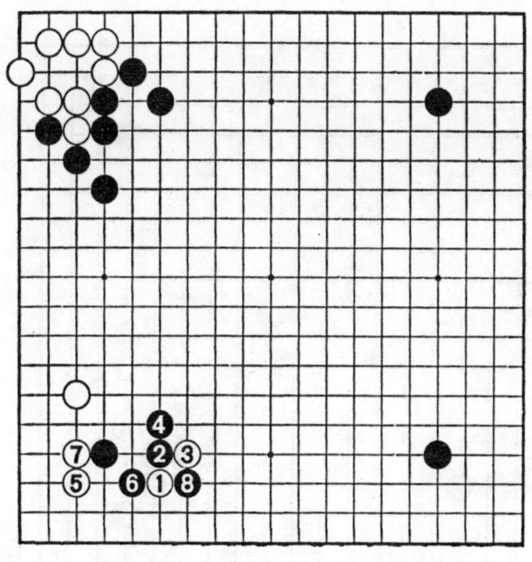

3 도

4도 (4점 대국) 2점 바둑의 초반에 두는 방법은 3점 바둑과 같다.

백 **1**에서 흑 **2**, 소목을 점거하고 있다. 백 **3**에는 흑 **4**의 2칸 높은 협공이 일책이다.

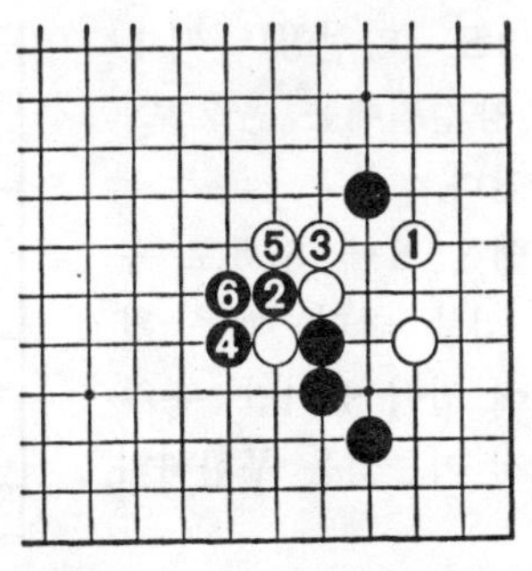

흑 **6**, **8**의 정석 선택이 현명하다. **15**의 내려섬까지 일단락이다. 흑**16**의 걸침에는 백은 a나 b의 곳을 협공한다. 백 **9**를 ——.

참고도 백 **1**에서 **2**의 곳을 끊으면 이하 **6**까지의 응접이다.

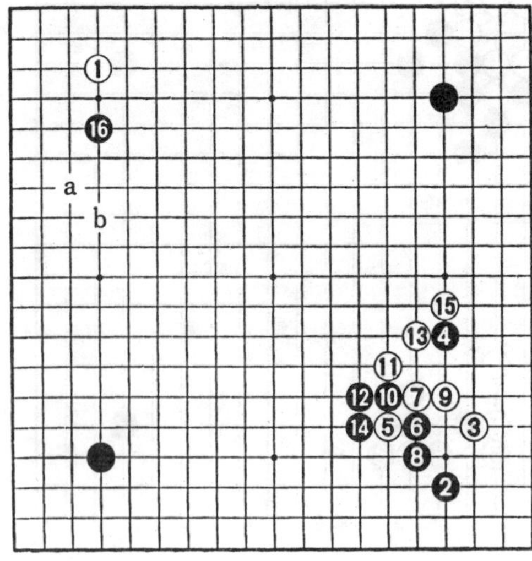

5도 (걸침) 백 3의 걸침에는 흑 4로 반대쪽을 걸치는 수도 있다. 백 5의 씌움에는 흑 6, 8까지 선수로 둔 다음에 10의 곳을 걸쳐간다. 우하 흑 6의 붙임으로는,

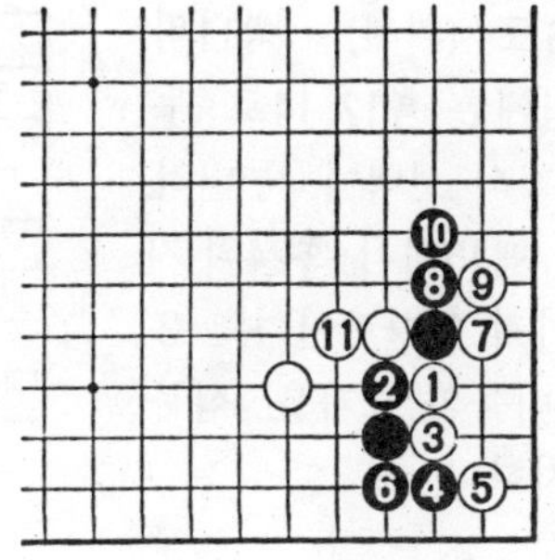
참고도

참고도 백 1의 젖혀나감도 정석이다. 흑 2의 끊음에서 백11의 뻗음까지이다. 수수(手数)가 긴 정석으로서, 흑이 기대해 볼 만한 곳이다. 그 이상의 변화는 독자 여러분이 스스로 연구하고 생각해 보기 바란다.

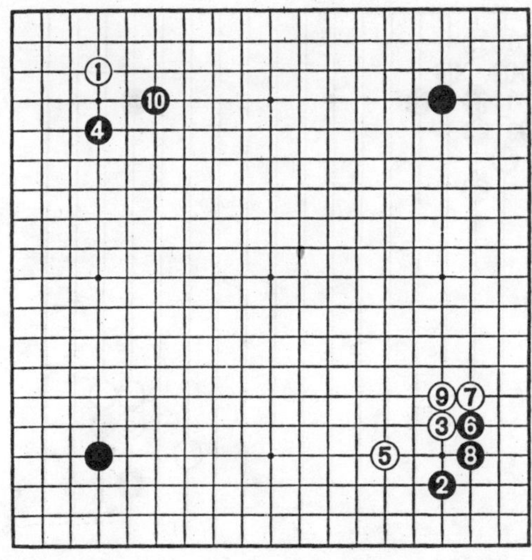
5도

6도 (외세) 백11의 붙임에는 흑12, 14로 두는 정석 선택이 무난하다. 백15에서 흑24의 지킴까지 일단락이다. 2점 바둑의 효과를 십분 유지한다.

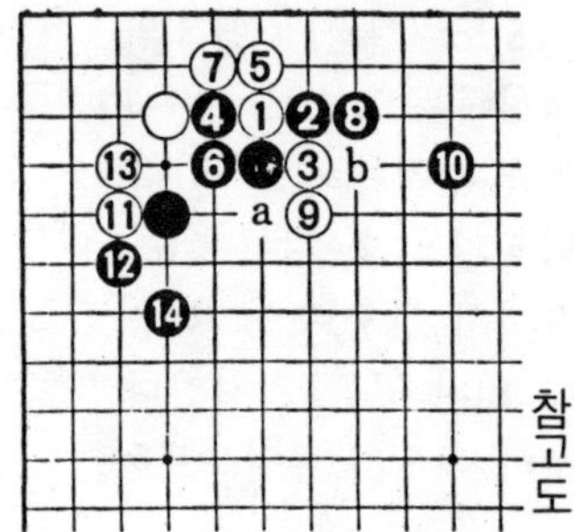

참고도

참고도 축관계가 유리하다면 백 1, 3 의 끊는 수가 성립을 한다. 흑 4 의 단수에서 14의 받음까지이다.

흑 6 을 a로 두면 7 과 b가 맛보기이다.

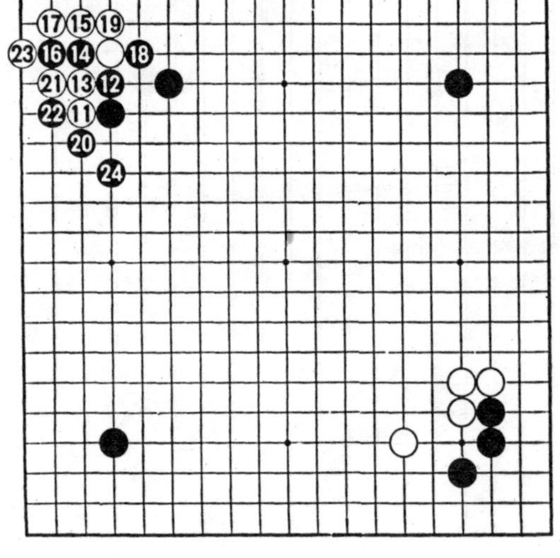
6도

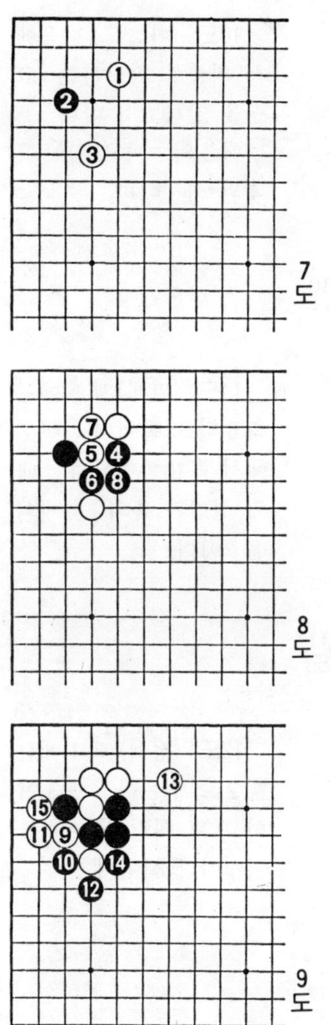

7도 (대사) 백 1의 외목에 흑 2의 걸침은 백 3의 대사 씌움이 있다. 이런 모양에서 대응책을 살펴보자.

8도 (위쪽 이음) 흑 4의 붙임에는 백 5로 젖혀서 끼우는 수가 있다. 대사백변의 수이다. 흑 8로 위쪽의 이음은 축 관계가 유리할 때 두는 수이다.

9도(때림) 백 9의 끊음에 흑10의 단수는 당연한 방어이다. 백 11의 나감에 흑은 12로 백 한 점을 단수하였다. 백은 손을 빼어 윗변쪽을 13으로 지켜 모양을 굳혔다.

흑14의 따냄은 당연한 지킴이다. 백은 15로 티눈처럼 박혀있는 흑 한 점을 축몰이 하였다.

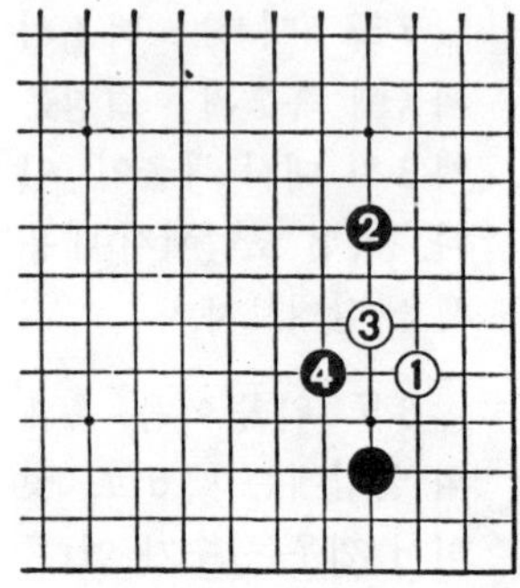

10도 (마늘모) 다음에서 외세를 확장하는 요령을 말하고자 한다.

백 3 의 마늘모에 흑 4 의 씌움이다.

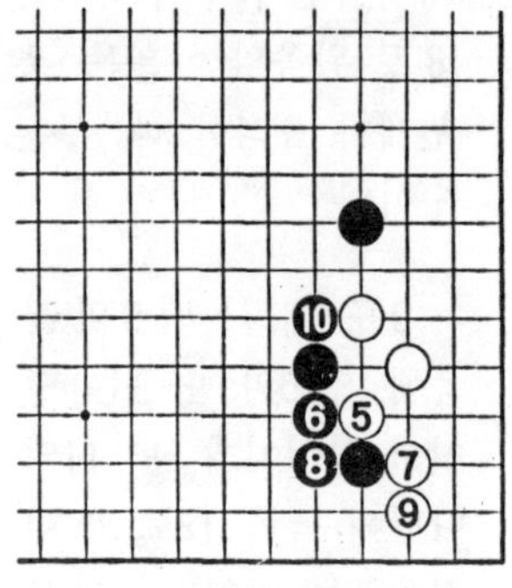

11도 (외세) 백 5 에는 흑 6 의 받음이다. 백 7 에서 흑10까지이다. 백의 실리와 흑의 외세의 절충이다.

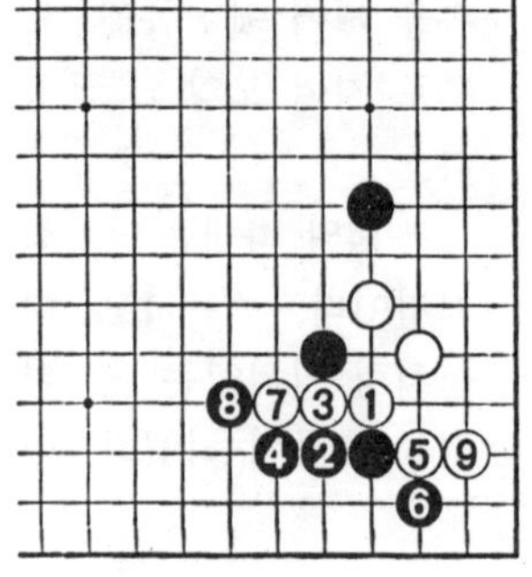

12도 (정석) 백 1 에는 흑 2 로 뻗는다. 백 3 이하 9 의 내림까지이다. 이것이 정석이다.

2. 포석에서 리이드

〈3점 바둑〉

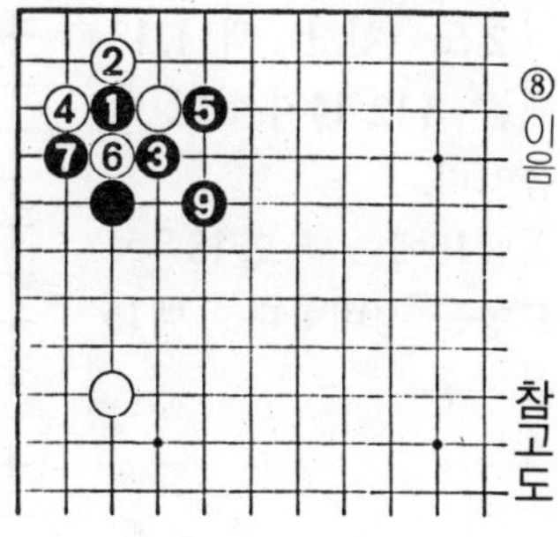

바둑을 초반에 리이드하는 방법을 소개하고자 한다.

1도 (3칸) 백 **3**의 3칸 협공에는 흑 **4**의 마늘모가 알기 쉬운 수이다.

흑**10**으로 되돌아가서 충분한 국면이다. 흑 **4**를——.

참고도 **1**, **3**으로 두면 백 **4**의 젖힘까지이다. 여기에서 좌상, 흑 **4** 이하를 손빼면 백 a의 날일자가 좋은 수이다. b나 c가 맞보기이다.

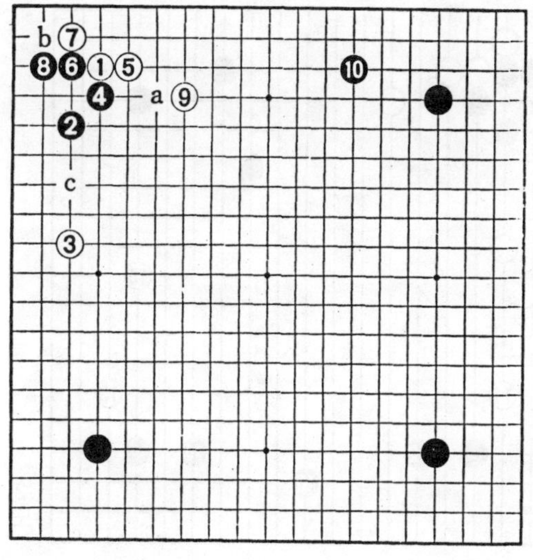

1도

2 도 (한칸) 백11, 13에는 흑12, 14의 한칸 받음이다.

백15에는 흑도 16으로 모양을 정비한다. 백15를——.

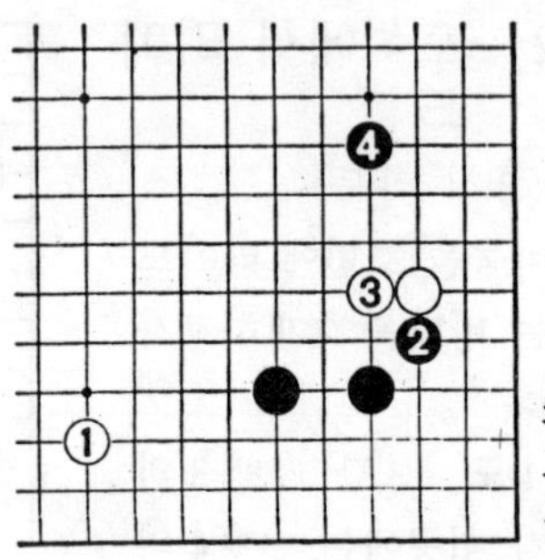

참고도 백 1 로 하변에 두면 흑 2 의 마늘모 다음에 4의 곳을 협공한다.

흑이 충분한 바둑이다.

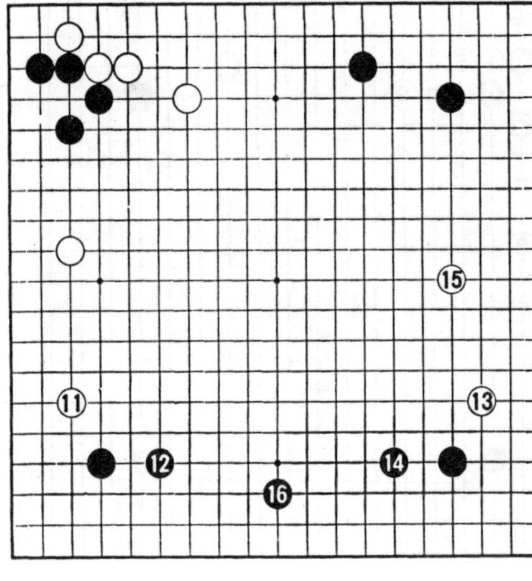

3도 (2칸 높은 협공) 백 3의 2칸 높은 협공에는 흑 4의 마늘모가 알기 쉽다. 백 5에서 7까지 일단락이다. 우변은 하변과 화점에 흑이 점거를 하고 있어 3연성이 입체적이다.

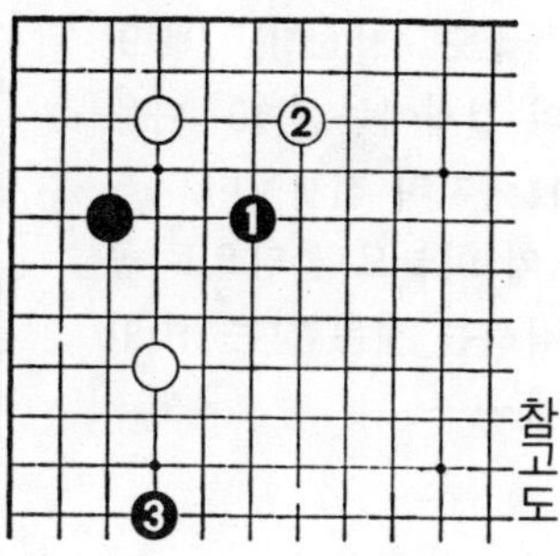

7은 a와 일장 일단이 있다.

참고도 흑 1의 2칸 뜀에는 백 2에서 3의 곳을 협공한다.

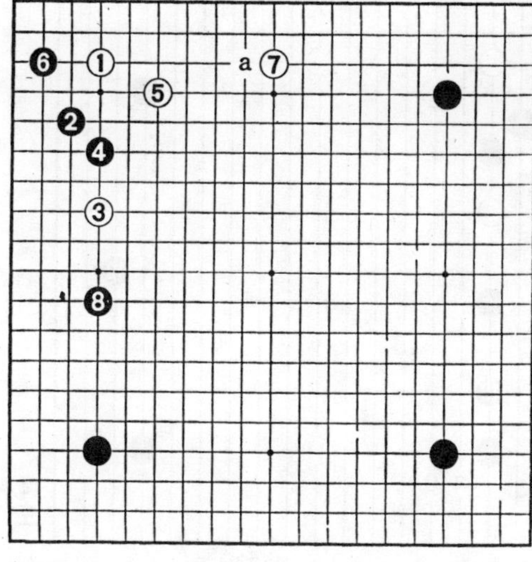

4도 (절호점) 백 9의 걸침에는 흑10 다음 11까지의 전개이다. 흑 a의 마늘모 붙임으로 공격하는 것은 잇는 점 인데……

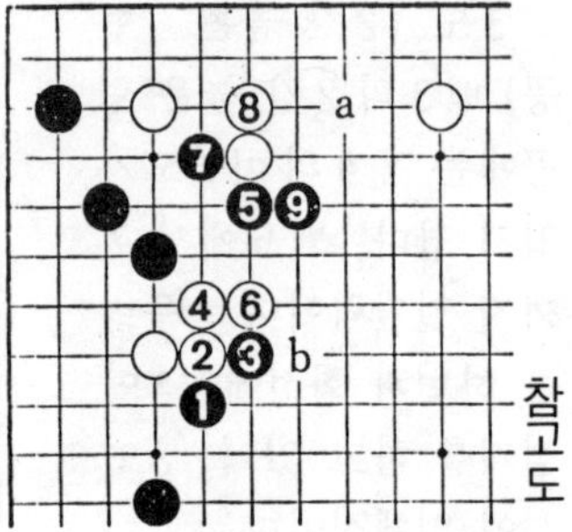

참고도

여기에서 흑은 12의 절호점을 점거하여 전국적으로 흑의 우세이다.

참고도 흑 1의 씌움에는 9의 뻗음에서 a와 b가 맞보기이다.

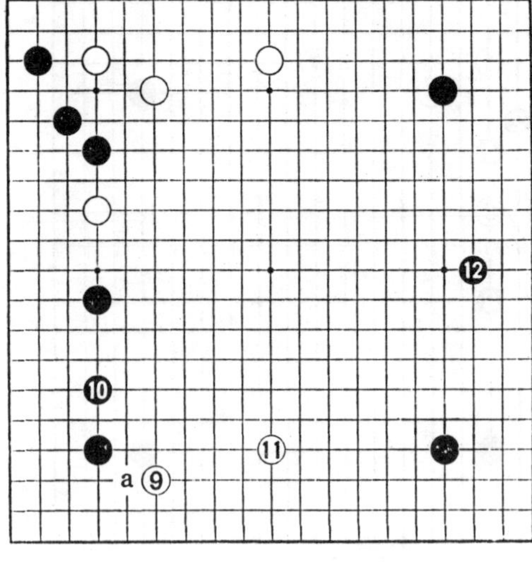

4도

다음 3점 바둑을 소개하고자 한다.

5도 (한칸 협공) 백3의 한칸 협공에는 흑4, 6의 붙여 늘음이다. 백7의 2칸 벌림에는 흑8의 끊음에서 집모양을 확보한다. 백7로는——

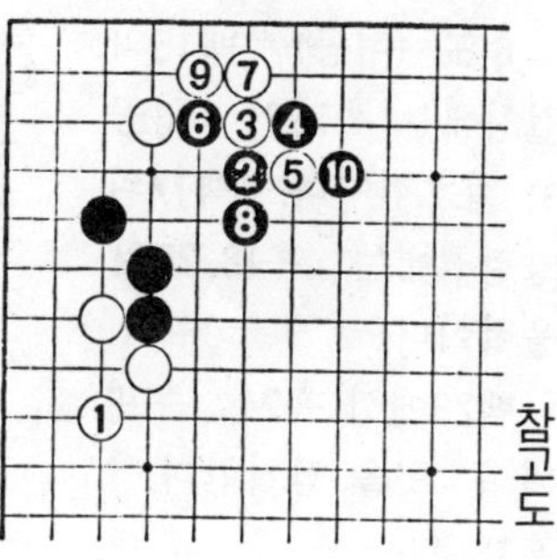

참고도

참고도 백1의 지킴에는 흑이 축이 유리한 경우 3, 5에서 10까지 외길이다. 흑6의 단수에서 10까지 자주 나타나는 모양이다.

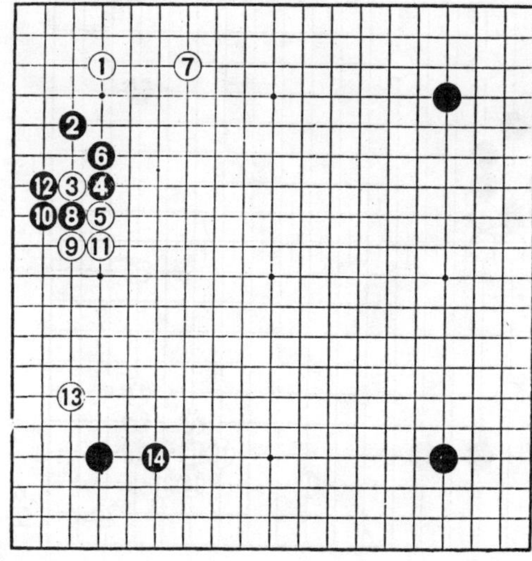

5도

6 도 (협공) 백15의 걸침에는 흑16의 협공이 절호점이다. 백17의 양걸침에는 흑18, 20의 응접이다.

백23에서 흑24, 우변의 큰 곳을 점거한다.

흑18로는——

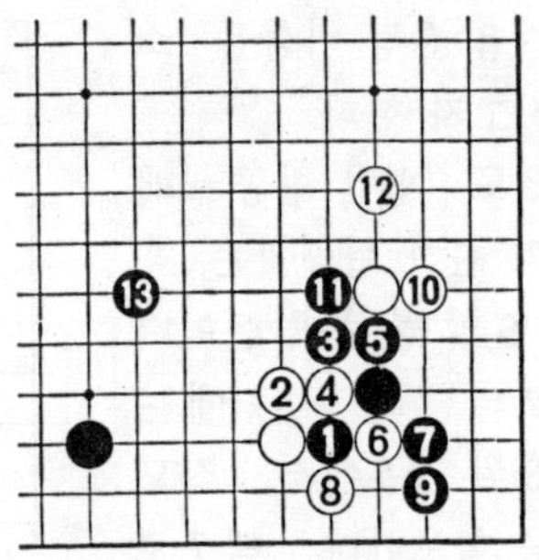
참고도

참고도 흑 1, 3 으로 두는 수가 성립한다. 백10에는 흑11의 나감은 외길이다. 다음 12에는 흑13으로 눈목자로 씌워 보는 대작전을 전개한다.

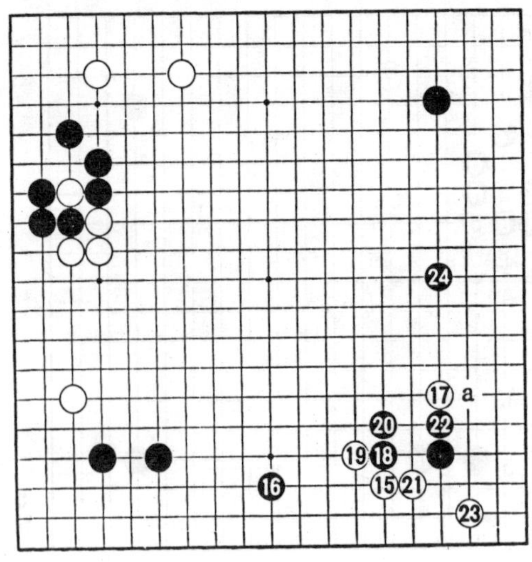
6도

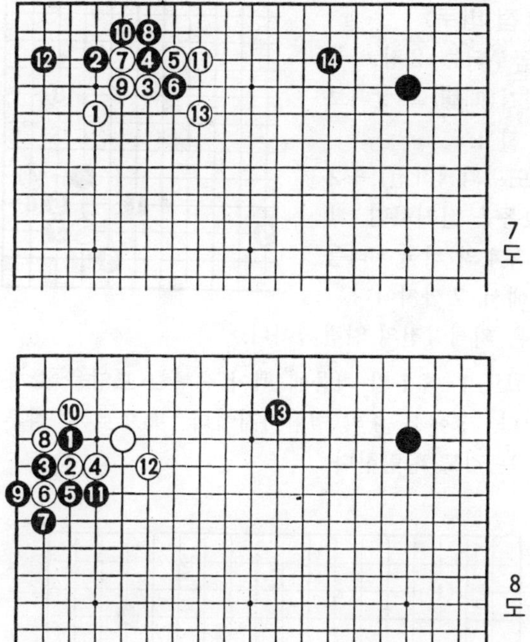

7 도 (고목) 고목에서 나타나는 모양이다. 흑 2 의 걸침에는 백 3 , 5 로 된 모양에서는 축 관계는 흑이 유리하다.

흑 4 에는 5 의 끊음에서 13까지 일단락이다. 흑14의 벌림으로 백의 두터움을 삭감한다. 흑이 좋다.

8 도 (붙여 뻗음) 백 2 , 4 의 붙여 뻗음에서 흑 5 의 젖힘에서 12까지 외길이다. 흑13으로 벌리는 수에 손이 돌아가서 흑이 우세하다. 이상이 3 점 바둑의 마무리이다.

〈2점 바둑〉

지금부터는 2점 바둑의 세기(細基)를 살펴보기로 하자.

1도 (외세작전) 흑2로 고목을 점거하면 백3, 흑4의 씌움 다음 백5에서 7까지이다. 이것은 외세작전의 일관책이다.

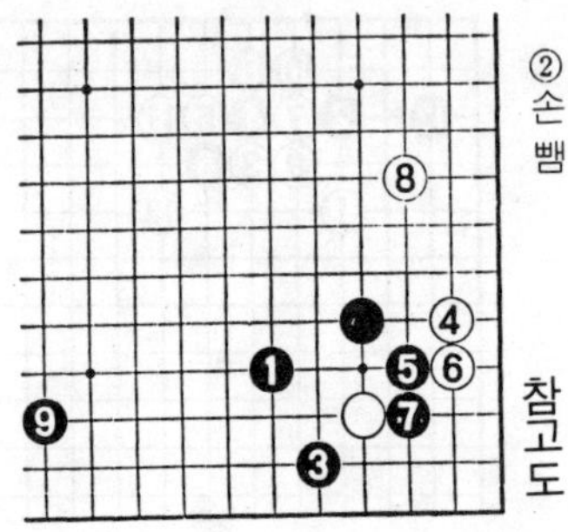

참고도

참고도1 흑1의 씌움에 백이 손빼는 모양을 소개하고자 한다. 3에서 9의 벌림까지이다. 흑9로는 다른 곳에 두는 것도 성립한다.

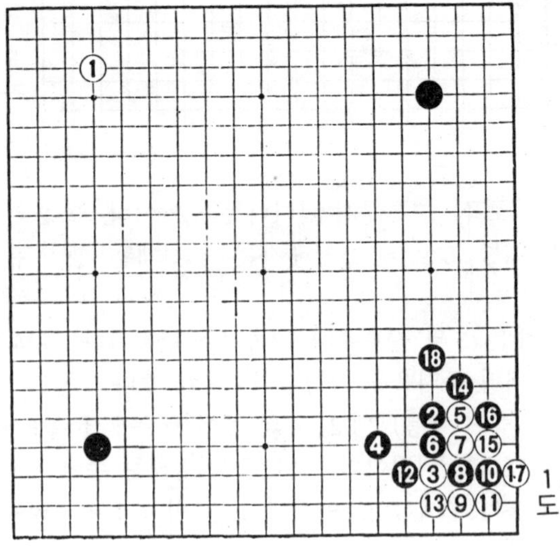

1도

2도 (절호의 벌림)

백은 a로 19의 수를 두는 것도 보통이다. 이때 20의 벌림이 절호점이다. 백21의 걸침에는 흑22의 공격이 날카롭다. 백23에서 28까지 일단락이다.

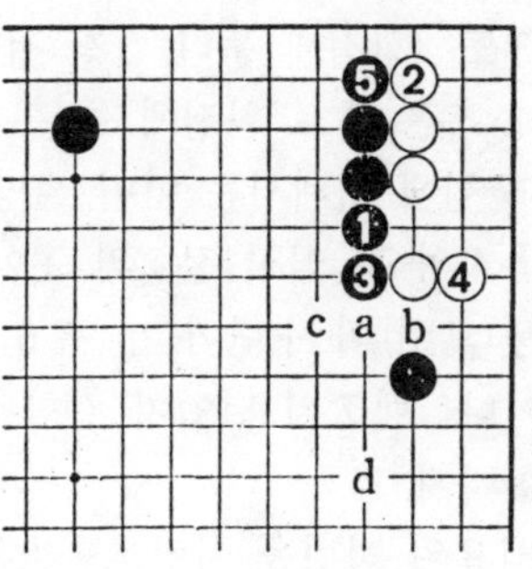

중앙의 흑의 두터움이 2점 바둑의 유리한 국면의 전개이다. 최근의 정석을 소개하고자 한다. 흑5의 막음까지 일단락인데 이 다음에 백a의 젖혀 나감이 남는다. 흑b, 백c가 보통이다.

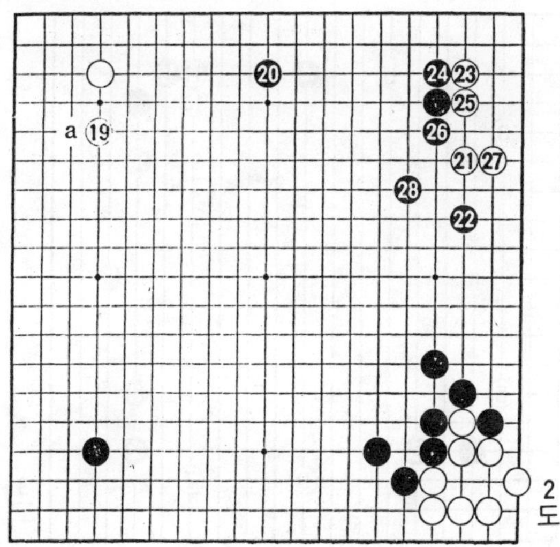

3도 (화점에 둔다) 2점 접바둑의 모양에서는 백1에 대해 흑은 2로 화점에 두는 것이 호수(好手)이다. 백3의 굳힘에 대해서는 이미 설명한 바 있다.

흑4의 곳 역시 절호의 곳이다. 백5의 날일자 걸침은 상용(常用)의 수단이다. 흑6의 한 칸 뜀도 흔히 쓰이는 수이다. 백7의 날일자 걸침에 대한 흑8의 한 칸 뜀도 마찬가지.

백9의 하변을 지킴도 절호의 수이다. 그러나 흑10의 우변 포착은 더욱 강력한 지킴이 되고 있다.

백11의 날일자에 대해 흑12의 마늘모 붙임은 귀를 양보하지 않겠다는 흑의 결연한 의지가 보이는 수단이다. 백13의 올라섬에는 흑14의 한 칸 뜀이 절대적이다.

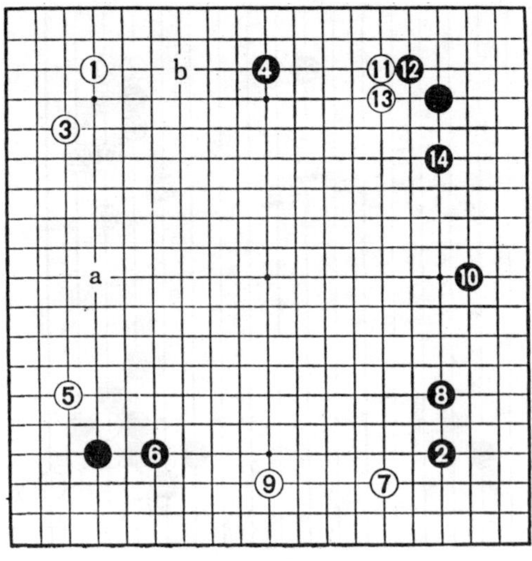

3도

4도 (자주 나타나는 모양) 백15의 다가섬에는 흑16의 한칸 뜀이다. 알기 쉽다. 백17에는 흑18, 20이 자주 나타나는 모양이다.

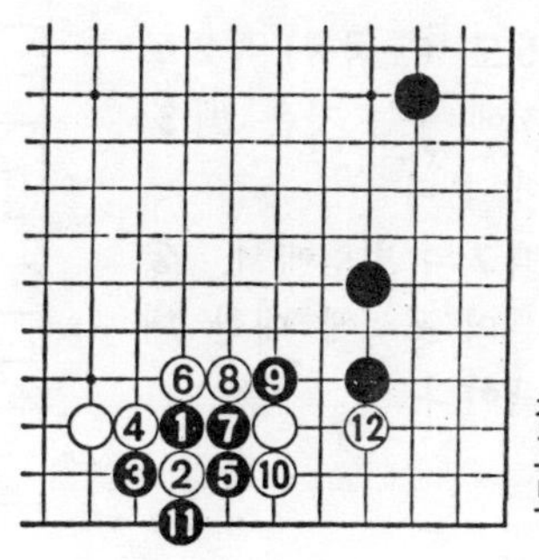
참고도

백은 21의 한칸 뜀에서 이하 26까지이다.

참고도 흑 1 에 침입을 하는 맛이 있다. 백 2 의 아래쪽 붙임이 상형이다. 이하는 외길 수순이다.

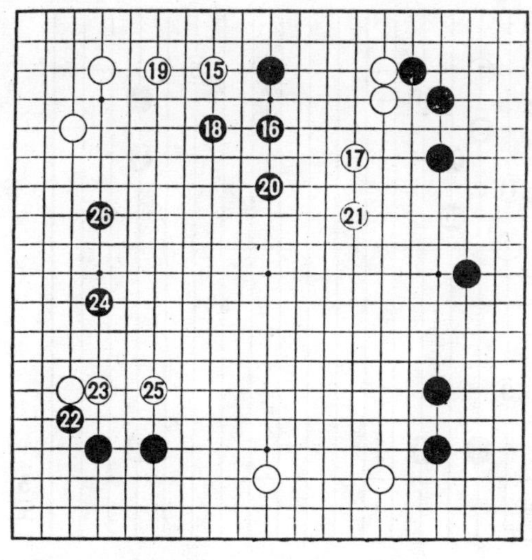
4도

5도 (중국류) 흑 2 로 화점에 두는 것은 백 3, 5 에 둔다.

백 7 의 벌림에서 중국류의 포석에 대한 대항책이다.

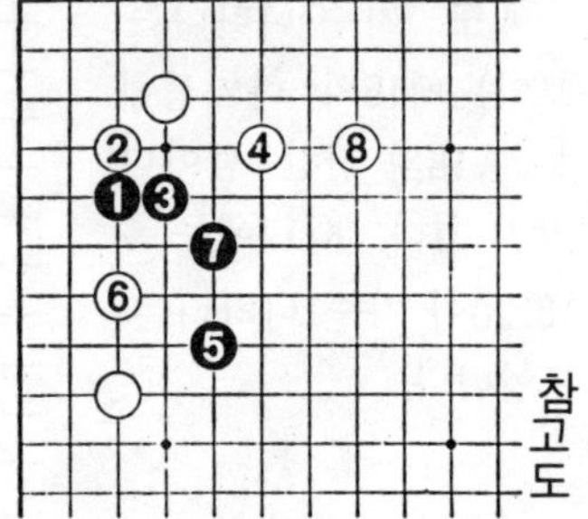
참고도

흑 8 의 걸침에는 백 9, 흑10의 눈목자 받음이 자주 나타나는 모양으로, 12는 견실한 수이다.

참고도 중국류의 포진에 흑 1 로 깊숙히 걸치는 것은 문제이다. 백 2 에서 8 까지 백의 이상적인 국면의 전개이다. 주의가 필요한 곳이다.

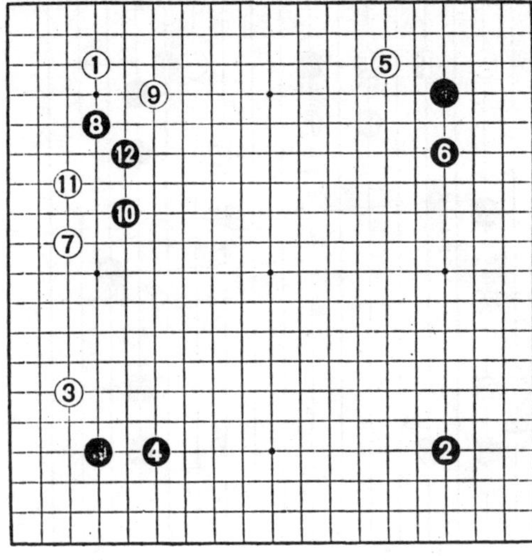
5도

6도 (고목) 백1의 고목에도 흑2의 화점에 대항이다.

여기서 백3, 5, 7의 지킴에는 흑8의 3·3의 침입을 잊어서는 안 된다.

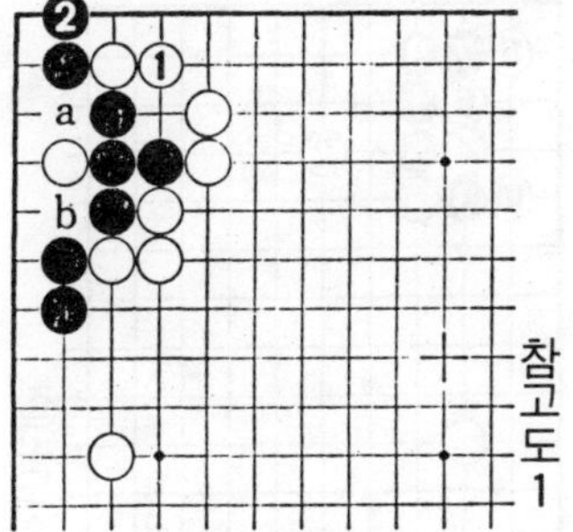

참고도 1

백9에는 흑10, 12로 두는 정석이 있다. 백13의 2단 젖힘에는 흑14의 응수가 중요하다. 이하 22의 이음까지 일단락이다.

참고도 1 백1의 뻗음에는 흑2로 뻗는다. 나중에 a나 b의 끊는 뒷맛이 있다. 6도를 두는 케이스가 많다.

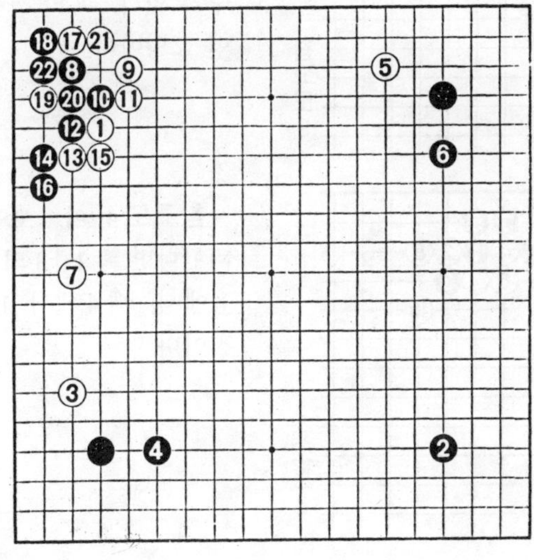
6도

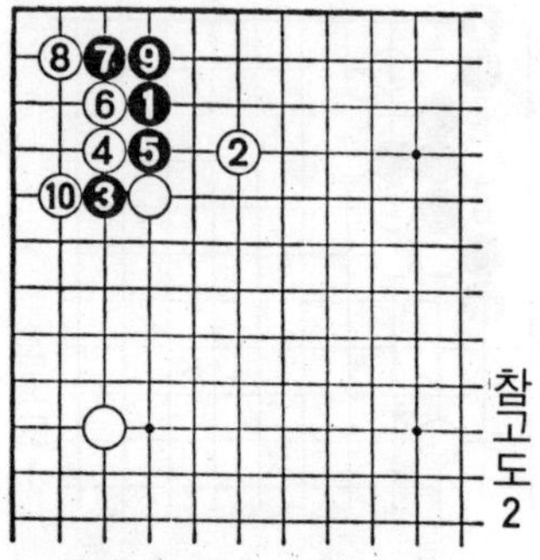

참고도 2 흑 1로 소목에 걸치는 모양의 응접이다. 이점을 소개하고자 한다. 백 2의 씌움에 흑 3으로 아래쪽을 걸치는 것은 위험하다.

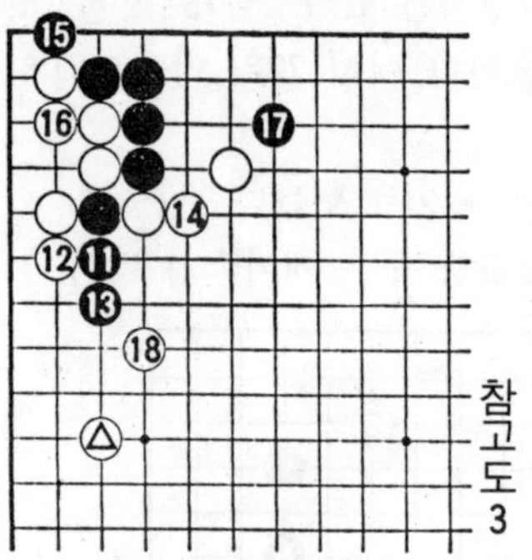

참고도 3 11에서 17의 시점까지이다. 좌변에 백 ◬가 놓여있는 모양에서 18의 씌움으로 살 수가 없다. 흑의 전형적인 모양이다.

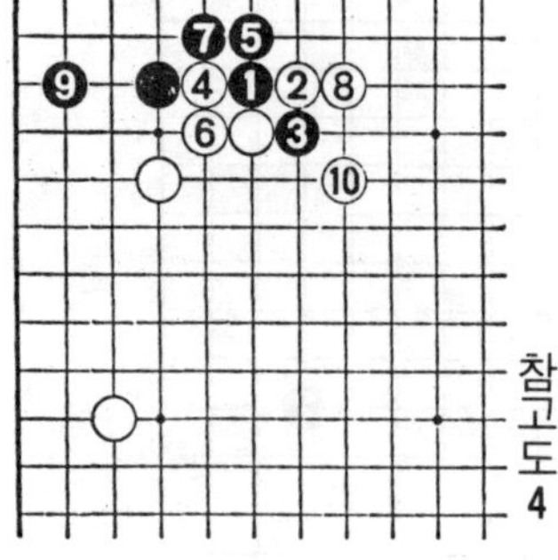

참고도 4 이 모양을 피한다면 흑 1, 3의 끊음에서, 백 4에서 10까지이다.

〈나의 실전보·2 점 바둑〉

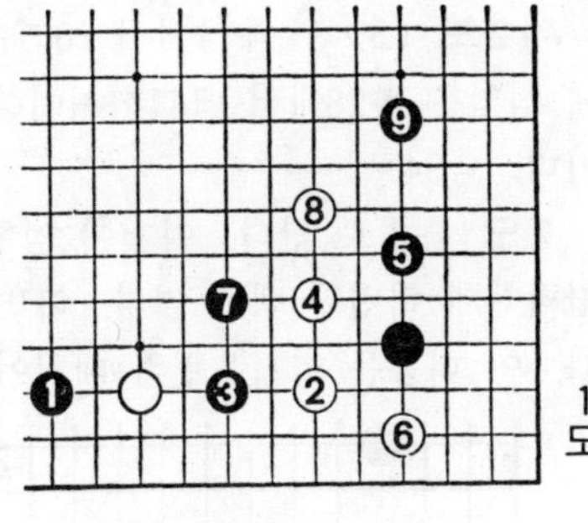

제 1 보 변칙 중국류

백 1, 3, 5 는 변칙 중국류이다. 백 5 를 A 에 두는 것과는 일장일단이 있다. 흑 6 으로는 B 의 3 연성도 있다.

흑 8 과 백 9 의 교환은 흑의 손해이다. 흑 10은 백 C 에서 흑 B 의 전개가 있는 곳이다. 흑 10으로는——.

1 도 흑 1 의 다가섬이 적절하다. 백 2 에서 흑 9 까지 흑이 충분하다.

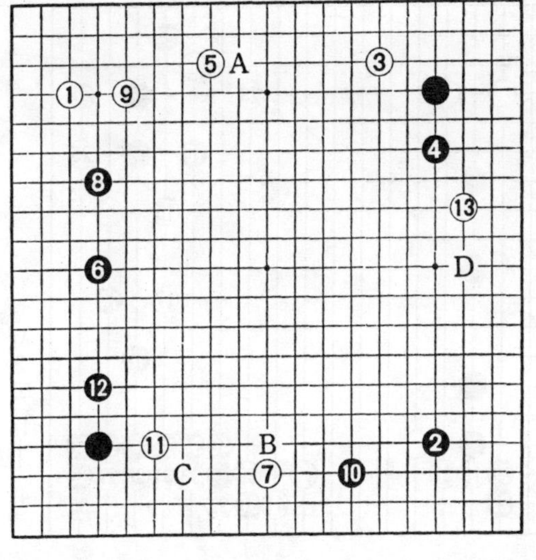

제 2 보 (3 · 3) 흑14에서 26까지의 수이다. 27의 3 · 3에 침입은 흑28에서 백41까지이다. 이 응접은 34가 문제이다. 흑34로는——.

2 도 흑 1 로 산다. 이것이 엄한 수이다. 흑 7 까지 일단락인데 하변의 백이 엷다. 좌변은 백의 침입은 a나 b이다. 이 다음은 임기응변의 대처이다.

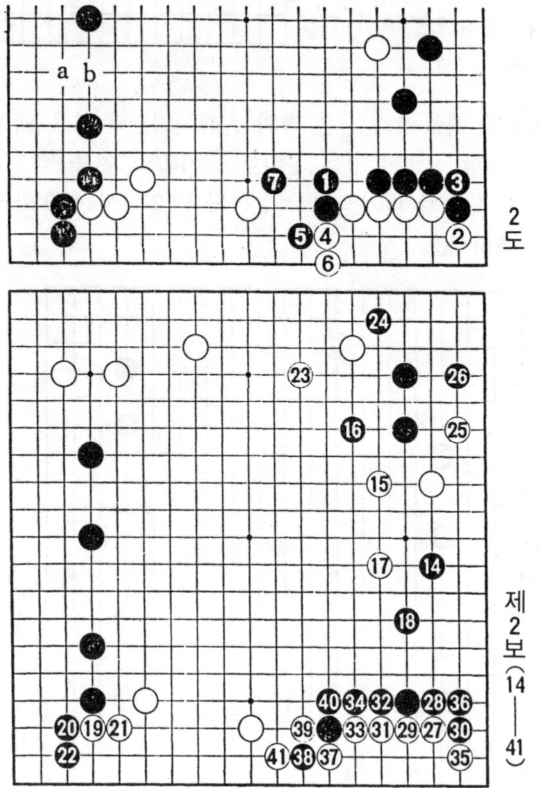

제 3 보 공격개시

흑42의 늘음으로 백의 집모양을 빼앗는 급소에 두면 백43의 한칸이다. 흑44의 들여다봄에 흑46의 이음.

이 다음은 우변의 백 일단이 공격목표이다.

흑46, 백47의 교환은 부분적으로는 백을 튼튼하게 만들어 주어서 실패이다. A의 곳은 대표적인 견지에서 타당한 착수이다. 흑48의 붙임은 경묘한 수이다.

백49에는 흑50, 우변의 백대마를 노린다. 백의 기미가 나쁘다.

백51의 단수는 당연한 수순. 흑52의 나감 역시 상수(常手)이다. 백은 53으로 흑을 견제하고 있다. 흑54의 단수 끊음은 그런대로 의미가 있다.

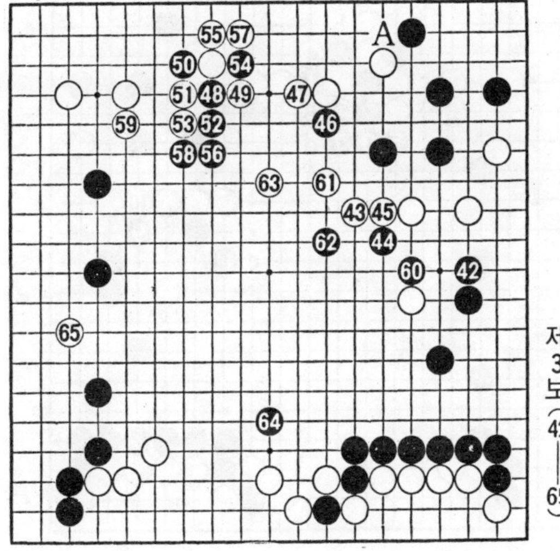

제3보(42—65)

백51에서 흑56은 중반의 정형으로 이 모양에서 흑56,

3 도 흑 1, 3으로 두는 수이다. 백 4 에서 흑 5, 7 까지이다. 흑 9, 11 은 큰곳. 백 4 를 8은 흑 a의 뻗음으로 b와 c가 맛보기가 된다.

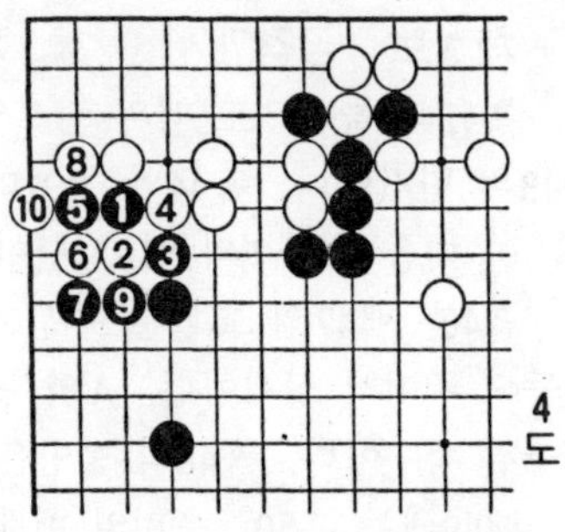

4 도

본도의 흑d가 선수여서 백e의 붙임에는 흑f로 젖혀나감이 강수여서 흑이 유망하다. 흑64로는 4도의 수순으로 좌변이 굳어진다. 결국 백65에 침입하는 수로 되돌아간다.

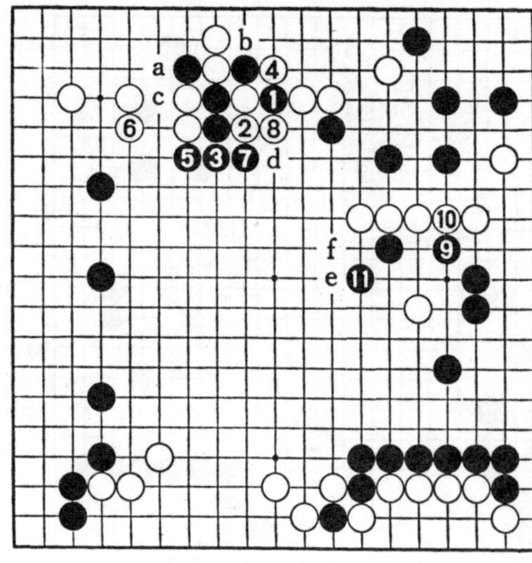

3 도

20. 초급 접바둑 입문

2013년 3월 15일 인쇄
2013년 3월 30일 펴냄

옮긴이/ 프로바둑연구회
펴낸이/ 최 상 일
펴낸곳/ 구.진화당(태을출판사)
서울특별시 중구 신당6동 52-107 (동아빌딩내)
등록/1973년 1월 10일(제4-10호)

■ 주문 및 연락처

우편번호 100-456
서울특별시 중구 신당6동 52-107 (동아빌딩 내)
전화 / 2237-5577 팩스 / 2233-6166

ISBN 89-493-0337-X 13690